Herbert Haffner

Wen die Götter lieben

Herbert Haffner

Wen die Götter lieben

Zwanzig Portraits frühverstorbener Klassik-Interpreten

Königshausen & Neumann

Bibliografische Information der Deutschen Nationalbibliothek

Die Deutsche Nationalbibliothek verzeichnet diese Publikation in der Deutschen Nationalbibliografie; detaillierte bibliografische Daten sind im Internet über http://dnb.d-nb.de abrufbar.

Gedruckt auf säurefreiem, alterungsbeständigem Papier
Umschlag: skh-softics / coverart

Printed in Germany

ISBN 978-3-8260-8697-7
eISBN 978-3-8260-8698-4

www.koenigshausen-neumann.de
www.ebook.de
www.buchhandel.de
www.buchkatalog.de

INHALTSVERZEICHNIS

„Die Welt ist ein ungeheurer Friedhof gestorbener Träume."

(Robert Schumann)

Was haben Jacqueline du Pré und Fritz Wunderlich, Dinu Lipatti und Christian Ferras, die zusammen mit weiteren Künstlern in diesem Band versammelt sind, miteinander zu tun? Auf den ersten Blick nicht viel. Gewiss, sie alle sind Interpreten Klassischer Musik, haben sich vermutlich aber wohl nicht einmal persönlich getroffen.

Eine Gemeinsamkeit gibt es allerdings doch: Sie und die anderen hier vorgestellten Musiker sind jung, enorm talentiert und oft völlig überraschend gestorben, an Krankheiten, bei Unfällen, durch Suizid sogar. Manche von ihnen und ihre oft überragenden Platteneinspielungen sind heute fast nur noch Kennern und Plattensammlern bekannt: Noel Mewton-Wood etwa oder Ossy Renardy.

Nicht selten haben sie, wie Josef Hassid, Dinu Lipatti, Ginette Neveu oder Julian Sitkovetsky, im zwanzigsten Jahrhundert als „Wunderkinder" begonnen. Man nennt sie so, weil sie schon meist in ganz jungen Jahren eine natürliche Begabung haben, die man sonst allenfalls erst im Erwachsenenalter erreicht, weil sie schon als kleines Kind – wie es immer wieder heißt – von einer Affinität, einem Talent und einer spontanen Auffassungsgabe für Musik sind, früher Noten als Buchstaben erfassen und komplexe musikalische Probleme lösen können. Ihr Schicksal ist aber auch oft, dass sie bei einer noch nicht abgeschlossenen Entwicklung zu früh in den Musikbetrieb der Erwachsenen geworfen werden, noch bevor sie einen eigenen Stil, einen persönlichen Ausdruck finden können. Nicht selten spielen ehrgeizige Eltern eine wichtige Rolle, man denke nur an Neveu oder Rabin, Eltern, die selbst eine große Karriere verfehlt haben und jetzt zumindest die ersten Entwicklungsschritte ihrer Kinder begleiten möchten. Ihre Ansprüche können dagegen für die Töchter oder Söhne zu einem engen Korsett aus Druck und Entbehrungen werden. Andererseits ändert sich nicht selten – wie etwa beim Vater Josef Hassids – mit der Karriere des

Kindes auch das Leben der Eltern eklatant, ist ihnen doch für die Tochter oder den Sohn kein Opfer zu groß. Nicht ohne Grund widmet die Geigerin Ida Haendel – auch sie ein Wunderkind – ihre Buch-Memoiren „To all parents who are ambitious for their children" [Allen Eltern, die große Pläne für ihre Kinder haben].

Während die meisten Gleichaltrigen die Zeit mit Freunden und ihren Spielen verbringen, sitzen diese jungen Talente oft wie berufstätige Erwachsene unzählige Stunden einsam bei der Arbeit an Beethoven, Paganini oder Liszt, unter einer täglichen Bürde von Disziplin bis hin zum Drill. Wenn ihre Altersgenossen gemeinsam zu einer öffentlichen Lehranstalt gehen, können sie, wie Lipatti zum Beispiel, zuweilen von der Schulpflicht befreit sein und eine Schule manchmal gar nicht kennenlernen. Sie sind fest mit der Musik verbunden und dabei in der Regel mit strengen Lehrern verknüpft, üben, ja erarbeiten bestimmte Stellen immer und immer wieder – um den Preis, ein einsames Leben zu führen, manchmal gar von anderen verspottet zu werden. Und die Tonaufnahmen, die Fernsehauftritte zwingen zum Vergleich – mit sich selbst etwa in früheren Stadien ihrer eigenen Karriere oder mit Kollegen. Und schaffen sie es, wirklich erfolgreich zu sein und sich aus dieser physischen, verbalen, mentalen Zwangsjacke aus den Anforderungen von Eltern, Publikum, Agenten und Medien zu befreien, ja, werden sie sogar zu „Stars", sind sie nicht selten wenig darauf vorbereitet. Sie konnten und können, weil man ihnen die Zeit dazu nicht lässt, ihre Entwicklung nicht verarbeiten und stürzen durch diesen Druck in innere Konflikte, auch in Depressionsphasen.

Und wenn jemand – wie die hier vorgestellten Interpreten – jung stirbt und gleichwohl der Nachwelt bedeutende Werte hinterlassen konnte, wenn er vielleicht eine Zeit lang schon zu den ganz Großen gehörte und weltbekannt war, bilden sich bald Mythen, und jeder Hörer oder Leser wird für sich und ganz nach seiner Denkart über den Sinn eines solch frühen Todes reflektieren. Soll man sich mit einem Wort des jungen Robert Schumann abfinden, wonach die Welt „ein ungeheurer Friedhof gestorbener Träume" ist und ihrer in Demut und Dankbarkeit gedenken? Demut und Dankbarkeit auch von Kollegen, die selbst ein sehr langes Leben und Wirken haben durften. Was „früh" bei ihrem Tod ist, lässt sich zahlenmäßig nicht starr festlegen, sondern hängt nicht selten von der genauen Profession ab. Wenn ein Dirigent wie Ferenc Fricsay mit achtundvierzig Jahren stirbt, hätte er – wäre er so alt geworden wie sein bis zuletzt aktiver Berufskollege Leopold Stokowski – fast noch ein halbes Jahrhundert Karriere vor sich haben können, während die Sopranistin Elisabeth Schwarzkopf mit sechsundfünfzig Jahren aus Altersgründen freiwillig ihren Abschied von der Oper nehmen will und vielleicht auch muss. So kann die Altersauswahl hier nur subjektiv bleiben. Ein Kriterium war bei der Darstellung aber auch, dass die Kunst dieser Interpreten in einem hervorragenden diskographischen Erbe „erhörbar" ist, auch wenn es, weil die Karriere ja in der Regel erst anläuft, oft nicht sehr umfangreich wurde.

Zwanzig solcher Künstler werden hier vorgestellt. Welche Fragen werden entstehen oder bleiben?

ATAÚLFO ARGENTA

(1913–1958)

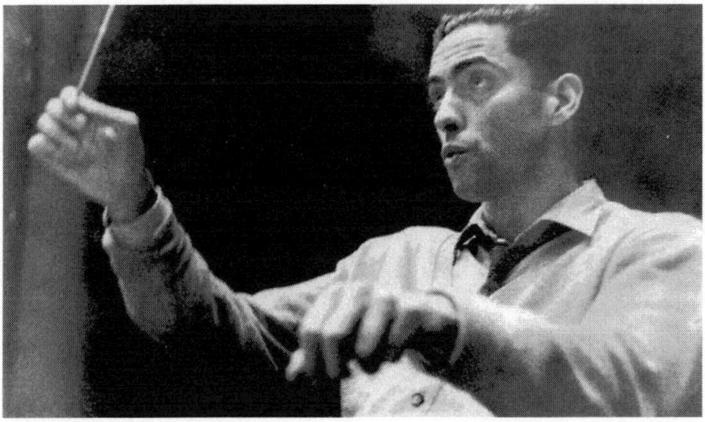

Zahlreiche Menschen mit Blumen säumen im Januar 1958 einen Trauerzug durch die Madrider Straßen. Dirigent Ataúlfo Argenta, der hochverehrte „spanische Karajan“ ist tot. Es gibt darüber hinaus aber auch eine große Zahl von Spekulationen und Klatsch. War der Tod die Folge einer schweren Krankheit? Eine Eifersuchtstat vielleicht? Wurde Argenta Opfer eines Unfalls? War es Suizid? War es gar Mord – vielleicht aus künstlerischem Neid oder möglicherweise politisch motiviert?

Argentas Biografie beginnt dabei, wie sie schlichter nicht sein könnte. Der Vater Juan Martín, Sohn eines Madrider Pharmazieprofessors und ein großer Musikliebhaber, hat sein Medizinstudium abgebrochen und ist inzwischen Bahnhofsvorsteher. Mutter Laura Maza stammt aus Sámano in der Gemeinde Castro Uridales. In diesem nordspanischen Fischerort, der drittgrößten Stadt Kantabriens, werden auch ihre beiden Kinder geboren: Elena und Ataúlfo Exuperio Martín de Argenta Maza, der am 19.November 1913 zur Welt kommt. Ata, wie Ataúlfo meist genannt wird, ist musikalisch begabt, versucht sich ab dem sechsten Lebensjahr am Klavier und an der Geige und singt schon früh gerne in der Kirche Santa Maria, bald sogar als Solist, und er geht ins Colegio Doctrina Cristiana. Wie die Schule nahelegen könnte, will er aber nicht Priester, sondern Konzertpianist werden und spielt mit zwölf bei Aufführungen des Circulo Católico, einer kulturellen Institution, die Chor- und Instrumentalmusik fördert. Doch gerade seine Biografie wird zeigen, wie schwierig in Spanien der Aufbau einer musikalischen Karriere in diesen Tagen ist. Er kann und muss nämlich erst einmal die Zuschauer in einem Kino des Ortes pianistisch unterhalten.

1927, als Ata dreizehn Jahre alt ist, lässt sich der Vater, der dessen Musikalität kräftig fördert, in die Zentrale der Staatsbahn nach Madrid versetzen, damit der Sohn ein Studium am Real Conservatorio Superior de Música, also am königlichen Madrider Konservatorium fortsetzen kann. Zu den Lehrern gehören der Pianist Manuel Fernández Alberdi und der renommierte Komponist und Violinist Conrado del Campo y Zabaleta. Nicht ganz unwichtig ist für Ata aber auch bald, dass es da eine attraktive Klavier-Mitschülerin namens Juana Pallares Guisasola gibt; sie wird später seine Frau werden ...

1930 schon gewinnt Argenta einen Premio Extraordinario, einen außerordentlichen Preis für Klavier, im Februar 1931 den schwedischen Kristina-Nilsson-Preis. Dessen Prämie ist ein eigener Flügel. Er kommt Ata nicht ungelegen – auch, weil einige Tage vor dem Wettbewerb sein Vater gestorben ist und er nun das Instrument verkaufen kann, um überleben zu können. Die Mutter zieht mit ihm und seiner Schwester ins belgische Lüttich zu Verwandten. Dort studiert der Sohn im Königlichen Konservatorium, das einen sehr guten Ruf und mit dem herausragenden Jean de Chasteins einen erfahrenen Lehrer hat. Bei Armand Marsick studiert er Harmonielehre, kehrt aber nach einem Jahr wieder zurück nach Madrid – er will den Kontakt zu Freundin Juana [„Juanita“] nicht verlieren und setzt seine Studien bei Alberdi und de Campo fort. Finanziell kann er sich aber auch weiterhin nur gerade einmal so über Wasser halten, arbeitet nebenbei im Büro der Staatsbahn, als Korrepetitor an der Oper und als Musiklehrer, er spielt in Kneipen und Tanzlokalen Klavier.

Die Sommerzeit über ist Ata viel in Los Molinos am Südrand der Sierra de Guadarrama, knapp sechzig km nordwestlich von Madrid. Dort, wo das Klima dann erträglich ist, verbringt die Familie seiner Freundin Juana in einer Höhe von über tausend Metern die heißen Tage. Hier entstehen von Ataúlfo sogar Kompositionen wie eine

„Rapsodia Montañesa“ (Rhapsodie der Berge) oder „La Danza de Quiche Venack“ (Quiche Venacks Tanz) für Orchester, zudem eine nie veröffentlichte Zarzuela „María de la Pena“, auch Chorwerke entstehen, wie „Al cocer el pucheruco“ (Beim Kochen des Pucheruco) oder „La voz del agua“ (Die Stimme des Wassers).

Der 2.März 1934 – Argenta ist jetzt zwanzig – wird ein wichtiges Datum in seiner Biografie: Da hat er seinen ersten öffentlichen Auftritt als Dirigent mit dem Orchester des Berufsverbandes der Konservatoriumsstudenten. Und schon Ende des folgenden Jahres wird er in der Hauptstadt als Hausdirigent ans Teatro Calderón verpflichtet, eine Bühne, bei der Zarzuela und Flamenco das musikalische Programm dominieren. Doch schon in Argentas erster Spielzeit beginnt der spanische Bürgerkrieg zwischen der demokratisch gewählten Regierung der Zweiten Spanischen Republik („Republikaner“) und den rechtsgerichteten Putschisten unter General Franco („Nationalisten“). Argenta der als recht unabhängige, liberal gesonnene, offene Persönlichkeit politisch schwer festzulegen ist, ist damals gerade in Galicien und will zurück nach Madrid, kommt aber über Segovia nicht hinaus, ja wird gezwungen, sich zu den nationalen Streitkräften zu verpflichten. Da er einziger Sohn einer Witwe ist und immer wieder unter Tuberkulose leidet, muss er nicht zum Waffendienst, sondern kann als Funker in einem Kommunikationsbataillon dienen. Allerdings ist er auch an der faschistischen Segovianischen Falange beteiligt und wird unter dem Schutz militärischer Vorgesetzter sogar musizieren. Allerdings wirft man ihm einmal vor, während des Dirigierens die republikanische Hymne gesungen zu haben. Auch dem vorherrschenden Nationalkatholizismus kann Argenta nichts abgewinnen. Der Priester Federico Sopeña, nicht nur Musikwissenschaftler, sondern auch Falangist und hoher Beamter des Regimes, macht ihm daher das Leben schwer, denn er kann weder seine Einstellungen noch Argentas Respekt vor dem mit den Kommunisten sympathisierenden Komponisten Salvador Bacarisse teilen. Noch weniger will der Theologe die diversen Liebschaften von Argentas charismatischer Persönlichkeit akzeptieren, die seine ihn bewundernde Juana Pallares wohl toleriert, denn schließlich heiratet er sie im Oktober 1937 in Segovia.

Als die Stadt Gijón, der letzte republikanische Stützpunkt in Nordspanien, eingeschlossen wird, wird Argentas Einheit zurückgezogen; er erkrankt, kann aber wenigstens in Segovia als Pianist auftreten.

Da er sich einmal am falschen Ort und auch noch verspätet bei seiner Einheit zurückmeldet, wird er der Fahnenflucht bezichtigt, auch von Spionage ist die Rede. Nur auf Intervention der Schwester des legendären Falangegründers Primo de Rivera entgeht er einem Erschießungskommando, ja die Anklage wird fallen gelassen.

1939, nach dem Bürgerkrieg, geht Argenta nach Madrid zurück und verfolgt weiterhin eine Karriere als Konzertpianist. Bei seinem Debüt erfährt er in der Pause vom Tod seines erstgeborenen Sohnes. Anfang 1940 kommt er im Teatro María Guerrero unter und kann einige Konzerte im Teatro Español geben. In einem seiner Rezitale sitzt der deutsche Pianist Winfried Wolf. Das NSDAP-Mitglied ist Professor an der Berliner Musikhochschule und leitet seit 1936 Sommerkurse in Potsdam. Wolf ist von Argenta so beeindruckt, dass er bei der deutschen Regierung ein dreimonatiges Stipendium des Achtundzwanzigjährigen für ein Studium bei ihm erwirkt; so kommt Argenta nach Deutschland. Im Juli 1941 lernt er auf einem deutsch-spanischen Musikfest im sächsischen Bad Elster die Dirigenten Franz von Hoesslin und Carl Schuricht kennen. Er bittet Schuricht, bei der deutschen Regierung für eine Verlängerung seines Stipendiums zu intervenieren. So wird Argenta zusammen mit Wolf von Potsdam aus an die Universität Kassel gehen, wo er als Klavierlehrer arbeitet. Schuricht hatte ihm empfohlen, doch das Klavier gegen den Taktstock zu tauschen und seine musikalische Ausbildung als Dirigent in Deutschland zu vervollständigen („Wie kann jemand die ‚Pastorale' dirigieren, wenn er Deutschland nicht kennt"). „Wenn Schuricht mir nicht diese Idee in den Kopf gesetzt hätte, wäre ich wohl keiner geworden", gesteht Argenta. Also entscheidet er sich auch noch für ein Dirigierstudium. Sicher lernt er bei Schuricht die exakte Partiturarbeit und poetische Durchleuchtung der musikalischen Struktur. Bei aller geistigen Transparenz, bei Klarheit und Ordnung wird jeder Takt überdacht. Und durch Argenta kommt dazu wohl noch die Liebe zu musikalischen Farben. Argenta etabliert sich nun fest mit Familie in Deutschland und hat inzwischen zwei kleine Töchter. Zwar zeigen sich bei ihm immer wieder Tuberkulose-Symptome, so dass er seine Tätigkeit ein Vierteljahr lang sogar einstellen muss, er kann im Mai 1942 aber das Berliner Rundfunkorchester dirigieren. Auch das Interesse an zeitgenössischer Musik könnte von Schuricht kommen: „Zeitgenössische Musik wird

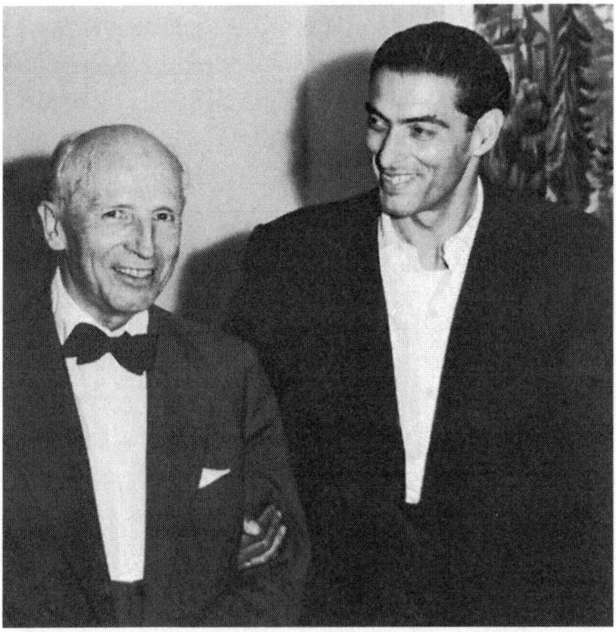

Carl Schuricht (links) mit Ataúlfo Argenta

von Menschen unserer Zeit geschrieben, die ähnliche Probleme und Gewohnheiten haben wie wir", schreibt Argenta.

Doch 1943 wird bei einem Bombenangriff sein Haus zerstört, und er geht endgültig wieder nach Spanien zurück. Da sich eine Karriere als Konzertpianist in der Tat nur schwer aufbauen lässt, legt er jetzt immer mehr das musikalische Gewicht auf das Dirigieren. „Als ich jung war", schreibt er einmal, „gab es keine Schule, wo man sich für das Fach Dirigieren einschreiben konnte. Wenn man das lernen wollte, engagierte man ein Orchester zusammen und stellte sich davor; ein Taktstock würde einem in die Hand gesteckt und man war auf sich allein gestellt." Und er realisiert die Idee vom eigenen Orchester: Gesponsert von einem Bankier, baut er in Madrid, vorwiegend mit Studienkollegen von der Musikhochschule, das Orquesta de Cámera auf, ein Kammerorchester, das im Frühjahr 1945 erste Konzerte gibt und dem spanischen Publikum zu schwierige Werke etwa von Brahms aufführt. Gleichzeitig bemüht er sich auch darum, das Radioorchester zu dirigieren. Er erhält einen Sechsmonatsvertrag und wird im Oktober nach Wettbewerbsprüfungen auch noch ständiger Pianist und Celestaspieler des Orquesta Nacional de España, des spanischen Nationalorchesters.

Aber sein Vertrag mit dem Rundfunkorchester wird nicht verlängert, so muss er Engagments der Städtischen Orchester von Valencia, Bilbao oder Barcelona annehmen. Er konzentriert sich aber auch weiterhin auf das Nationalorchester. Dessen Chefdirigent ist seit Ende des Bürgerkrieges Bartolomé Pérez Casas. Dieser ist vor allem durch seine Bearbeitung der spanischen Nationalhymne bekannt und soll – auch um ihn vor der Orchesterarbeit gesundheitlich zu schonen – Generalkommissar für Musik werden, in einem Schreibtischposten beim Bildungsministerium. So sucht man einen Nachfolger für ihn; einer der Kandidaten ist Franz von Hoesslin, mit dem Argenta seine früheren Kontakte erneuert, und er dirigiert am 10.Oktober 1945 nun auch sein erstes Konzert mit dem Nationalorchester. Hoesslin stirbt im September 1946 bei einem Flugzeugabsturz. So wird Argenta im November (neben Pérez Casas) zunächst zweiter Dirigent des Nationalorchesters, 1947 – und bis zu seinem Tod – dann dessen Chefdirigent; zweihundertzweiundsiebzig Konzerte wird er mit ihm haben. Mit Frau Juana und inzwischen fünf Kindern zieht er in die nahe Bergstadt Los Molinos, die er ja seit frühen Tagen kennt.

Argenta arbeitet intensiv mit seinem neuen Orchester (achtzig Konzerte pro Jahr!). Sein gewaltiges Repertoire reicht von Bach bis Berg, Haydn bis Hindemith, Scarlatti bis Petrassi. Er leitet die erste kommerzielle Einspielung von Joaquín Rodrigos berühmtem Concierto de Aranjuez mit Widmungsträger Regino Sainz de la Maza und mit dem berühmten Gitarristen Narciso Yepes die erste Aufführung außerhalb Spaniens. Auch dirigiert er die Uraufführung von Rodrigos Concierto Galante und kann sich so auch international einen Namen machen. Auf Vermittlung eines Landsmanns, nämlich des Pianisten und Komponisten José Iturbi, wird er 1948 beim London Symphony Orchestra in der gewaltigen Harringay Arena mit dessen Werken debütieren.

Schon 1949 dirigiert Argenta zum ersten Mal das Genfer Orchestre de la Suisse Romande. Er hat zu dessen Chef Ernest Ansermet, dem Vorkämpfer der „Moderne“ seiner Zeit, eine gute Beziehung; Ansermet sieht in dem höflichen, gutaussehenden und auf dem Podium gebieterischen Argenta einmal seinen Nachfolger und bereitet ihn als „Stammgast“ des Ensembles allmählich darauf vor. Im November 1950 hat Argenta auch ein erstes Konzert beim Orchestre de la Société des Concerts du Conservatoire in Paris, von dem er immer wieder verpflichtet wird und mit dem er auch Plattenaufnahmen macht – Albéniz, de Falla, Ravel oder Turina; aber nicht nur Spanisches spielt er ein, es gibt von ihm auch im frühen Stereo-Klang Liszts Faust-Sinfonie in Originalfassung (ohne Solisten und Chor), Beethovens „Eroica“, Schuberts Große C-Dur-Sinfonie oder Strauss' „Till Eulenspiegel“. Es folgen Kontakte nach Österreich, Portugal, Italien oder wieder Deutschland. „Ein großer schlanker Mann auf dem Podium. Dunkles Haar, dunklen Teint. Spanisch sowohl in der äußeren Erscheinung als auch im musikalischen Temperament“, kann man in der deutschen Presse lesen, die eigens betont, er sei „überhaupt nicht rüpelhaft“ und lobt die rhythmische Präzision und Akzentuierung der instrumentalen Struktur. Über vierzig verschiedene Orchester wird er als Gast im Lauf der Jahre dirigieren; sogar das Orquesta de la Radio del Estado de Buenos Aires ist bei einem außerordentlich erfolgreichen Amerika-Aufenthalt dabei.

Auch Solisten arbeiten gerne mit dem geschätzten Begleiter, der ja nicht zuletzt durch seine Zeit als Pianist darin sehr geübt ist. Da finden sich nicht nur Spanier wie Zabaleta, Yepes, Cassadó oder De los Angeles, die mit ihm arbeiten, sondern auch Elisabeth Schwarzkopf, Alfred Cortot, Henryk Szeryng, Christian Ferras, Alfredo Campoli oder Julius Katchen. Mit Campoli und Katchen macht er Schallplatten (ein Tschaikowsky-Violinkonzert mit neuartigem Finale bzw. Liszt-Klavierkonzerte).

A propos Schallplatten: Argenta kommt damit in eine ausgesprochen günstige Konstellation. In den 40-er und 50-er Jahren ist ja die Magnetbandaufzeichnung populär geworden, die Vinyl- und Langspielplatte kommen auf den Markt und schließlich die Stereotechnik, die alle nicht nur Neuaufnahmen erfordern, sondern auch die Produktion umfangreicherer Werke ermöglichen. Argenta unterzeichnet einen Vertrag mit dem britischen Plattenlabel DECCA, mit Schwerpunkt auf (insbesondere spanischer) Musik des neunzehnten und zwanzigsten Jahrhunderts. Er macht nun immer häufiger Aufnahmen mit dem Orchestre de la Suisse Romande, das mit Ansermet bei derselben Firma unter Vertrag ist – 1955 Liszts „Les Préludes“ und eine leidenschaftliche Vierte Tschaikowskys (damals eine Referenzaufnahme), ein Jahr später Haydn, dann Werke von Bach bis Smetana. Bei DECCA hatte man 1954 mit Test-Stereoaufnahmen begonnen und veröffentlicht im Oktober 1958 eine erste Stereo-Langspielplatte. Mit zwei Produktionen ist Argenta ganz vorne dabei – einem Album mit dem Titel „España!“, in dem er das London Symphony Orchestra für eine Demonstrationsplatte dirigiert, und im November 1957 zeichnet er eine vielbeachtete Einspielung der „Symphonie fantastique“ von Berlioz auf. Große Beachtung finden in ihrer Vitalität aber auch Klarheit Debussys „Images Pour Orchestre“ mit dem Orchestre de la Suisse Romande. Man schätzt ebenso seine Gesamtaufnahme der Oper „Goyescas“ von Enrique Granados und die „Danzas fantasticas“ von Joaquín Turina. Hinzu kommen für „Alhambra“, das spanische Columbia-Label, über fünfzig Zarzuela-Aufnahmen, dieser spanischen Gattung des Singspieltheaters, mit Werken von Breton, Chapi, Chueca, Jiménez oder Serrano, die ihn zu einer nationalen Berühmtheit machen. Argenta arbeitet auch für den Film, dirigiert den Soundtrack zur Musikproduktion „La Cancion de Malibran“ [Malibrans Lied, 1951]. Er ist geschätzt bei Dirigentenkollegen wie Karajan oder Celibidache, trifft sich mit Wilhelm Furtwängler.

Schwerer ist es für ihn noch immer in seiner Heimat Spanien. Im Unterschied zu Deutschland oder Italien hat es dort nach dem Weltkrieg keine grundlegende politische Wandlung gegeben. Noch immer (und noch bis 1975!) ist Diktator Franco an der Macht. Ende Januar 1954 verpflichtet man Argenta für ein Konzert in Madrid, wohl anlässlich der Verleihung des Gran Cruz de Alfonso el Sabio an Joaquín Rodrigo. Drei Wochen später wird von ihm ein Artikel mit dem zunächst recht unverfänglichen Titel „La música española en el mundo“ (Die spanische Musik in der Welt) in „Ateneo“ (Athenäum) veröffentlicht, einem angesehenen Madrider Kulturmagazin. Argenta schreibt dort von den Schwierigkeiten, das zeitgenössische spanische Musikschaffen in die internationale Avantgarde zu integrieren und kritisiert vehement die Musikszene unter Franco und auch den Komponisten Joaquín Rodrigo, für den Argenta ja viel getan hatte. Rodrigo, gewohnt, dass er umschmeichelt wird, ist sichtlich verärgert und antwortet in gedruckter Form und in unmissverständlichen Worten. Argenta entschuldigt sich daraufhin, sein einziges Ziel sei gewesen, Spaniens Komponisten zu einer besseren Produktion zu drängen und anzuspornen. Außerdem sei er immer ein überzeugter Falangist (!) gewesen, der „seinen persönlichen Frieden, den Frieden seiner Familie und den Frieden seines Landes Franco und der falangistischen Bewegung verdanke. „Es liegt mir fern, die musikalischen Aktivitäten des Regimes zu kritisieren, dem ich von ganzem Herzen diene.“ Diese Stellungnahme löst bis heute Diskussionen aus, zumal „Arriba“, das Organ der Falange, im Anschluss die Genugtuung darüber ausdrückt, dass „wir in der Lage sind, Ataúlfos Freunde und Kameraden zu bleiben“. Das irritiert gerade ebendiese Freunde.

Nach einer Uraufführung mit dem Orchestre de la Suisse Romande, kehrt Argenta aus der Schweiz für zwei Konzerte mit deutlich nationalistischem Inhalt und einer Hommage an Yepes wieder nach Madrid zurück, woraufhin er für über einen Monat aus der Öffentlichkeit verschwindet, um erst im Mai in Italien wieder aufzutauchen. Im September 1955 tritt er noch als Klavierbegleiter des Geigers Arthur Grumiaux beim Internationalen Musikfestival in Besançon auf (wovon sogar eine Aufnahme erhalten ist), dann fällt er wegen einer Darmtuberkulose immer wieder langfristig aus, kann allenfalls Plattenaufnahmen dirigieren. 1956 wird er Mitglied der Real Academia de Bellas Artes de San Fernando, der Akademie der Bildenden Künste. Er hat mittlerweile eine Technik entwickelt, schnell mit den verschiedensten Ensembles kommunizieren zu können.

Immer intensiver werden daher Pläne, sich mit Hilfe zahlreicher Gastspiele aus der Reichweite des spanischen Regimes zu begeben, etwa weiterhin Einladungen Ernest Ansermets anzunehmen, er plant sogar im Lauf des Jahres 1958 mit Familie in die Schweiz zu ziehen.

Es wird nicht dazu kommen: Am 19.Januar 1958 führt Argenta mit dem Nationalorchester und dem Chor des Orfeo Donostiarra im Palacio de la Música Catalana in Barcelona Händels „Messias“ auf, am nächsten Abend dasselbe Werk im Monumental Cinema von Madrid. Am Ende dieses Konzerts – es schneit in der Stadt – will er, der Liebesbeziehungen ja nie abgeneigt ist, mit der französischen Klavierstudentin Sylvie Mercier, einer dreiundzwanzigjährigen Erbin aus dem Cointreau-Spirituosen-Imperium, deren „erste Liebe“ er ist, eine Nacht in Los Molinos verbringen. In seinem Haus herrscht in dieser Bergwinternacht große Kälte, so dass man erst den Kamin anheizt und bis zur Erwärmung des Raums lieber zusammengekauert in der Garage bei laufendem Motor und geschlossenem Tor die Heizung seines blauen Austin A-90 SIX anschaltet. Beide fallen in ihrem provisorischen Liebesnest, durch die entstehenden Kohlenmonoxid-Emissionen, die wie ein Narkotikum wirken, in einen Schlaf, und die Lungen des ja immer wieder mit Tuberkulose angeschlagenen vierundvierzigjährigen

Dirigenten werden mit dieser Belastung nicht fertig, sie führt unverzüglich – also am 21.Januar 1958 – zum Tod. Die junge Frau kann gerettet werden, erleidet aber einen derartigen Schock, dass sie die Musik für immer aufgibt.

Juana ist gerade in Begleitung der älteren Tochter zur Behandlung eines Bandscheibenvorfalls in der Schweiz und fliegt zu Ataúlfos Beerdigung im Almudena-Friedhof nach Madrid zurück. – Am 31.Januar, zehn Tage nach Argentas Tod, spielen seine Musiker dirigentenlos den Choral der Kantate BWV 140 von Johann Sebastian Bach (Wachet auf, ruft uns die Stimme) vor einem stehenden Publikum – für den Träger des Cruz de Isabel la Católica, des Königlichen Ordens von Isabella der Katholischen, dem man posthum auch noch das Gran Cruz de Alfonso X el Sabio, das Großkreuz von Alfons X., des Weisen verleiht. Eine Statue des Bildhauers Rafael Huerta wird 1961 im Park von Castro Urdiales aufgestellt und in Santander erhält der Zuschauerraum des Konzerthauses sowie eine Straße seinen Namen. Doch wie eingangs erwähnt, verbreitet man nach seinem Tod noch allerlei negative Legenden und Gerüchte, die auch seine Ehefrau ins Visier nehmen. Juana und die Kinder müssen dreizehn Jahre lang auf ihre Rente warten …

FERENC FRICSAY

(1914–1963)

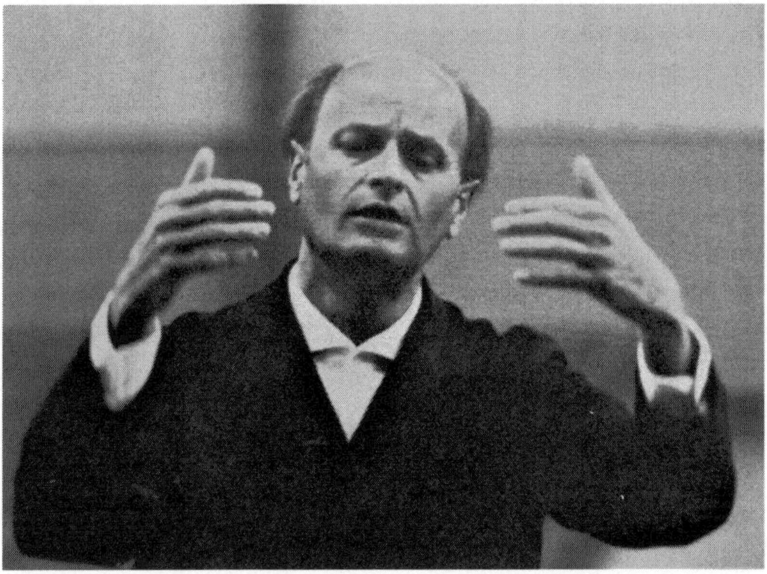

Seit 2014 hängt sein Porträt, gemalt von Dietrich Fischer-Dieskau, im Büro des Deutschen Symphonie-Orchesters, und dessen Probensaal im Fernsehzentrum des Rundfunks Berlin-Brandenburg trägt heute seinen Namen: Ferenc Fricsay. Kein Wunder, spielt er doch nach dem Zweiten Weltkrieg in Berlin eine große Rolle: Er ist Generalmusikdirektor der Städtischen Oper, dirigiert bei den berühmten Philharmonikern, vor allem aber arbeitet er dreizehn Jahre mit dem RIAS-Symphonie-Orchester (aus dem das Deutsche Symphonie-Orchester ja hervorgegangen ist), acht davon in der Verantwortung als Chefdirigent, und er verhilft ihm zu internationalem Ansehen.

Der Dirigent kommt am 9.August 1914 im damals österreichisch-ungarischen Budapest zur Welt, am Tag, als Ungarn gerade die Mobilisation befiehlt und der Erste Weltkrieg beginnt. Die Mutter ist Berta Lengyel; sein Vater, Richard Aloys Fricsay, dessen Muttersprache tschechisch ist, war 1897 von Ostmähren nach Ungarn gekommen. Er hat noch unter Anton Dvořáks Leitung Geige gespielt und ist Kapellmeister beim Orchester des Ersten Budapester Landwehr-Infanterie-Regiments. Damals bestehen in Österreich-Ungarn Militärorchester zwar Blasmusik aber ebenso aus einer sinfonischen Formation, und mit der dirigiert der Vater jedes Jahr sechs bis acht Konzerte auch in Budapest. Ferenc gesteht: „Ich wollte nie etwas anderes als Dirigent werden. Ich wollte auch Fußball spielen, ich wollte auch Tennis spielen – aber ich wollte immer Dirigent werden."

Manche sind überrascht, wenn sie lesen, dass der Junge schon im Alter von sechs Jahren als Klavierschüler an die Budapester Franz-Liszt-Akademie kommt, denn sie ist immerhin eine der bedeutendsten Musikhochschulen. Der kleine Feri, wie man ihn nennt, ist nicht etwa ein Wunderkind, auch wenn er das absolute Gehör hat. Vielmehr sucht man damals Schüler, die sich den zukünftigen Musiklehrern übungshalber zur Verfügung stellen, und so kommt er so jung an die Akademie. Der Vater bringt ihm das Geigespielen bei, ist allerdings an einer weit umfassenderen Musikausbildung seines Söhnchens interessiert, lässt ihn alle Instrumentengruppen des Orchesters exemplarisch lernen, schreibt ihn für Klarinette ein, für Ventilposaune und schließlich auch für Schlagzeug. Als der Sohn vierzehn Jahre alt ist, soll er sogar noch Kompositionslehre studieren. Das geht im Prinzip nicht ohne Abitur, aber bedingt durch das große Ansehen, das der Vater genießt, geben die Professoren nach, nehmen eine Aufnahmeprüfung ab, und so studiert Feri in kurzen Hosen zusammen mit zwanzig- bis vierzigjährigen Mitschülern Komposition. Obwohl er sich später immer als dessen „geistigen Schüler" bezeichnen wird, ist er nicht beim großen Zoltán Kodály, sondern bei Albert Siklós. Heimlich kann er aber auch Ernst von Dohnányi und Béla Bartók beobachten. „Der eine, der Hochromantische, Subjektive, der andere der Gesetz-respektierende Objektive mit einem kalten Feuer und mit einer unbeschreiblichen Willenskraft, notengetreu zu sein. Ich weiß nicht, auf welcher Hochschule in diesem Jahrhundert das möglich gewesen wäre." Und im Hochschulsaal kann Feri die Proben zu Konzerten mit Furtwängler, Erich Kleiber, Klemperer oder Bruno Walter verfolgen.

Der Vater überlässt dem Sohn die Musikeleven seines Orchesters. Sie werden damals vom zwölften Lebensjahr an in Uniformen gesteckt und zum Orchesternachwuchs erzogen. So hat Ferenc eine intensive

Praxis: Jede Woche kann er mit einem richtigen Orchester klassische Sinfonien einüben. Eines Tages soll es im Rundfunk ein Live-Konzert mit dem Orchester des Ersten Infanterieregimentes geben, aber der Dirigent – Fricsays Vater – verspätet sich; so fragt man Ferenc, und der springt für ihn ein.

Sein Musikstudium absolviert er parallel zur Schule, und im Jahre 1933, mit neunzehn Jahren, schafft er die Abschlussprüfung. Dabei ist der damalige Direktor der Oper anwesend, und der bietet ihm eine Stelle an seinem Haus an. Fricsay antwortet: „Exzellenz, ich will ja nicht Korrepetitor sein, ich will Dirigent sein." So kommt er nicht an die Oper, sondern wird Einjährig-Freiwilliger bei der Flak und, als der Vater in Pension geht, Militärkapellmeister in Szeged, der damals zweitgrößten ungarischen Stadt.

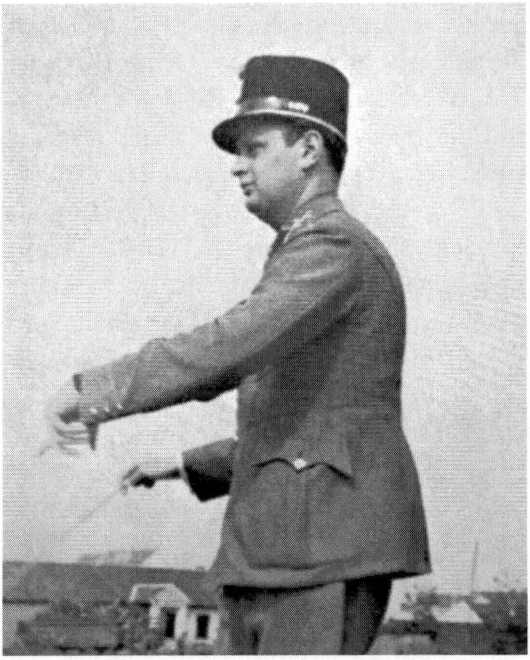

Ferenc Fricsay in Szeged (1938)

Eher pazifistisch eingestellt, muss er sogar einen Säbel tragen, wird Fähnrich, Leutnant, Oberleutnant, zum Schluss Hauptmann. Dann schafft er es, unter zweiundfünfzig Mitbewerbern Dirigent der dortigen Städtischen Philharmonie zu werden, einem Provinz-Orchester aus

Mitgliedern der Militärkapelle, Professoren der Städtischen Musikschule und Laien. Doch immerhin erreicht er, dass als Gastdirigenten dort Issay Dobrowen, Willem Mengelberg und Désiré Defauw am Pult erscheinen, als Solisten Ernst von Dohnányi, Jacques Thibaud, Alfred Cortot oder Joseph Szigeti kommen.

Im Jahr 1941 beginnt für Ungarn der Krieg, doch Kapellmeister Fricsay braucht nicht an die Front zu gehen und wird bis über den Zweiten Weltkrieg hinaus im Land bleiben. Allerdings wird 1942 ein Militärgerichtsverfahren gegen ihn eröffnet, weil er jüdische Künstler engagieren will. Er warnt auch den (jüdisch verheirateten) Chefredakteur einer Szegeder Tageszeitung vor der Verhaftung durch die Gestapo und gerät dadurch selbst in Gefahr verhaftet zu werden. Anfang März 1943 erklärt er wegen mangelnder Unterstützung und zu vieler administrativer Aufgaben auf einer Sitzung des Philharmonischen Orchestervereins seinen Rücktritt vom Amt des Städtischen Kapellmeisters, und ein Jahr später besetzen deutsche Truppen in der „Operation Margarethe" Ungarn. Fricsay ist inzwischen Vater von drei Kindern und muss schon deswegen – aber auch wegen seiner ‚halbjüdischen' Herkunft (seine Mutter ist jüdisch, er ist römisch-katholisch getauft) – mit seiner jungen Familie aus Szeged verschwinden und sich im Keller eines Budapester Sanatoriums verstecken. Während in einigen Stadtteilen noch Kämpfe zwischen deutschen und sowjetischen Truppen toben, dringen Emissäre zu ihm durch: Man sucht inzwischen einen Dirigenten für den (Wieder-)Aufbau des Hauptstädtischen Orchesters. So wird ihm im Januar 1945 der Posten des Ersten Kapellmeisters an der Staatsoper Budapest angeboten, wo er auch ein erstes Konzert in der befreiten Hauptstadt leiten kann. Kurz danach stirbt sein Vater.

Im April 1945 debütiert Fricsay als Operndirigent in der Staatsoper mit „La Traviata", und verständlicherweise dauert es nicht lang, bis man sich auch in Wien für ihn interessiert, wo er 1946 für die vorerst in die Volksoper ausgelagerte Staatsoper eine „Carmen" dirigiert. Als er im folgenden Frühjahr mit dem Budapester Hauptstädtischen Orchester, dessen Leitung er sich nun mit László Somogyi teilt, zu den Wiener Festwochen kommt, wird beiden angeboten, im Folgejahr Otto Klemperer bei den Salzburger Festspielen zu assistieren. Klemperer ist von 1947 bis 1950 musikalischer Leiter der Ungarischen Staatsoper in Budapest, Fricsay wiederum als ständiger Dirigent des Philharmonischen Orchesters Ensemblemitglied und kann ihn dort bei der Neueinstudierung von Mozart-Opern und Wagner-Werken beobachten.

Jetzt allerdings geht es um die Salzburger Uraufführung von Gottfried von Einems Oper „Dantons Tod“, die Klemperer dirigieren soll, aber mit gesundheitlichen Problemen nach den ersten Proben ausfällt. Als möglicher Ersatz zur Verfügung zu stehen lehnt Somogyi entrüstet ab, Fricsay hingegen sagt sofort zu. Herbert von Karajan, der ihn in einem Konzert erlebt hat, verbürgt sich für dessen Begabung, auch weil er „die größere Ausstrahlung auf das Publikum“ hat. Nur zehn Tage können Fricsay für das Studium der neuen Partitur zur Verfügung stehen. Er macht zur Bedingung, dann aber mindestens eine der Aufführungen auch dirigieren zu dürfen.

Es wird sein internationaler Durchbruch. Da Klemperer völlig ausfällt, wird er 1947 nämlich *alle* Aufführungen leiten, und sein Erfolg ist überwältigend. „Dass er mit Humor und Strenge vermochte, sich als homo novus auf Salzburgs glattem Parkett durchzusetzen, bis er einer der begehrtesten Dirigenten war, spricht für seine menschlichen und künstlerischen Qualitäten. Er suchte die Kunst, und ich darf bezeugen, dass er sie fand“, schreibt von Einem später. Man freut sich über einen derart mutigen jungen Dirigenten, und so leitet er im Jahr darauf bei den Festspielen die szenische Uraufführung von Frank Martins Oratorium „Le vin herbé“ (Der Zaubertrank), 1949 hebt er Carl Orffs „Antigonae“ aus der Taufe.

Dann wird Fricsay von Gottfried von Einem und Werner Egk, der damals Leiter der dortigen Musikhochschule ist, nach Berlin empfohlen. Im November 1948 debütiert er an der Städtischen (heute Deutschen) Oper in Charlottenburg mit Verdis „Don Carlos“, dann beim Rundfunk-Sinfonieorchester (RSB) und den Philharmonikern. Die Besatzungsmächte der Stadt haben bald erkannt, dass Musik eine zentrale Funktion für die deutsche Kultur hat, und so reorganisiert sich überraschend schnell das Berliner Musikleben. Man ernennt Fricsay zum Chef des 1946 gegründeten RIAS-Symphonie-Orchesters, und der kehrt (unter Vertragsbruch) nicht mehr nach Budapest zurück.

Beim RIAS wirkt Elsa Schiller, eine ungarisch-deutsche Pianistin, eben dem KZ entkommen, als Leiterin der Redaktion für klassische Musik. Der Sender muss sich ein Archiv aufbauen, muss verlorenes und verbotenes Repertoire nachholen und hat dafür dieses Sinfonieorchester gegründet. Fricsay debütiert im Dezember 1948 dort mit

Rossini, Mendelssohn, Ravel und Dukas. Die Hörer begeistert der Perfektionist, der mit einem genauen Plan zum Orchester kommt; man bewundert seine enorme musikalische Energie, die differenzierte Schlagtechnik, das zügige (wenn auch zuweilen recht mechanische) Tempo, die herrliche Bläsergruppe, seine rhythmische Präzision bei einem zugleich aus dem Augenblick geborenen Musizieren und einem transparenten Klangbild. Die Wochenzeitung „Die Zeit" feiert ihn als den „Durchleuchter". Kein Wunder daher, dass seine Karriere schnell Fahrt aufnimmt: Er dirigiert nicht nur Konzerte des RIAS-Symphonie-Orchesters, er macht ab 1948 mit einem Exklusiv-Vertrag der Deutschen Grammophon Gesellschaft auch am laufenden Band Aufnahmen. Schnell ist er einer der wichtigsten Künstler der beginnenden LP-Ära. Über fünfundsiebzig Platten werden entstehen, und das Orchester kommt schnell zu internationalem Ansehen. 1952 bestätigt ihm Dirigent Igor Markevitch, „aujourd'hui un des meilleurs d'Europe" zu sein – heute eines der besten von Europa. Und so macht ihn Intendant Heinz Tietjen – in dessen Inszenierung Fricsay im Juni 1949 „Fidelio" dirigiert hat – von September dieses Jahres an auch noch zum Generalmusikdirektor der Städtischen Oper.

Doch seine Bäume sollen nicht in den Himmel wachsen: Als er – der ‚Kalte Krieg' lässt grüßen – mit Walter Felsenstein von der Komischen Oper in Ostberlin über eine „Carmen"-Inszenierung konferiert, nimmt seine Westberliner Opern-Karriere ein jähes Ende. Die Vorwürfe wegen politisch unerwünschter Kontakte sind allerdings wohl nur vorgeschoben. Es gibt auch interne Widerstände im Ensemble, die aber letztlich nach außen hin unklar bleiben. Der Dirigent klagt gegen den Senat – es kommt zu einem gerichtlichen Vergleich, und Fricsay gibt – wohl auch wegen der anstrengenden Doppelverpflichtung – zum Ende der Spielzeit 1951/52 freiwillig sein Opern-Amt auf.

Zur selben Zeit zeichnet sich allerdings auch die Gefahr einer Auflösung seines RIAS-Orchesters ab, da diesem seine amerikanische Patenschaft entzogen wird. Es gibt Rettungsversuche: Die Musiker verzichten zum Teil auf über dreißig Prozent ihres Gehalts, man gibt ihnen Garantien für eine Weiterarbeit nur noch jeweils von Jahr zu Jahr. Die Deutsche Grammophon Gesellschaft und die Klassenlotterie springen helfend ein, Flötist Heinz Hoefs übernimmt die Geschäftsführung einer „Gesellschaft des bürgerlichen Rechts". Um die Arbeit fortsetzen zu können, stellt sich das Orchester in existenzsichernden

Produktionsverträgen auch für Rundfunk-Aufnahmen von – schlechter, wie Fricsay sagt – Unterhaltungsmusik zur Verfügung.

So beginnt für den Dirigenten eine immer umfangreichere Reisetätigkeit. 1950 leitet er in Edinburgh bei den Festspielen Mozarts „Figaro“ und in Buenos Aires die „Carmina Burana“. Er heiratet seine zweite Frau Silvia und bezieht 1952 mit Familie das Haus Westerfeld in Ermatingen am Schweizer Bodenseeufer als ständigen Wohnsitz. Auch Gast bei den nahen Luzerner Musikfestwochen wird er, dirigiert in Paris, an der Mailänder Scala, in Glyndebourne, ist mit dem RIAS-Orchester in USA, in Boston und Houston. Doch 1954 tritt er überlastet durch Festivals und Gastdirigate von der Position des Chefdirigenten beim RIAS zurück, wenngleich er ihm weiterhin als Gast erhalten bleibt. Im Oktober folgt dann allerdings ein Ruf in die USA, und er wird Musikdirektor des Houston Symphony Orchestra in Texas mit 22-wöchiger Anwesenheitspflicht. Dadurch gibt es in Berlin über ihn Diskussionen, auch, weil er RIAS-Musiker mit in die USA nehmen will, einen Solo-Bratscher, den Solo-Klarinettisten und den Konzertmeister. Doch sie alle lehnen ab; für das Berliner Orchester wäre der Schaden zu groß gewesen. In Houston versteigt Fricsay sich in einem Interview zu der Erklärung, er müsse dort neben Gott der Größte sein. Mit der für ihn ausgesuchten Suite in einem Luxus-Hotel ist er nicht einverstanden und fordert ein größeres Haus als das der Präsidentin der Symphony Society mit entsprechender Dienerschaft. „Seine Vorstellungen von sich selbst“, sagt ein Berliner Musiker, „sind doch erheblich gestiegen.“ In Houston hat man Fricsay freie Hand versprochen, und er versteht darunter, seinen Musikern ihre sozialen Verhältnisse zu erleichtern, will die Bezahlung auf die gleiche Höhe bringen, wie in Chicago oder Cleveland, und er möchte die Saisondauer verlängern. Außerdem konstatiert er, dass die Akustik der Konzerthalle völlig unzureichend für seriöse Orchesterarbeit sei. Das führt zu Querelen mit der Direktion – und so bittet der Dirigent bereits im Januar 1955 den geschlossenen Vertrag wieder zu lösen. Sein Nachfolger wird Leopold Stokowski.

Jetzt ist Fricsay also frei von allen festen Engagements, und so wird er 1956 von Rudolf Hartmann zum Generalmusikdirektor der Bayerischen Staatsoper nach München berufen. Der Kritiker Karl Heinz Ruppel schreibt in der „Süddeutschen Zeitung“: „Seien wir uns klar, es ist nichts Geringeres als das Erbe Toscaninis, das jetzt in München mitverwaltet wird." Fricsay will das Mozart- und Verdi-Repertoire neu aufbauen und startet nach seinem Debüt mit Verdis „Otello" als GMD mit Mussorgskys Oper „Die Fürsten Chowansky" [Chowanschtschina] und Bergs „Wozzeck" um Repertoirelücken zu schließen. Das Wagner- und Strauss-Repertoire, das man von ihm wohl gerade an diesem Haus erwartet, überlässt er Hans Knappertsbusch beziehungsweise Karl Böhm. Damit ist er öffentlichen Angriffen ausgesetzt. Er leitet zwar einen vielbeachteten „Figaro" anlässlich der Wiedereröffnung des Cuvilliés-Theaters, doch dann wandelt er seinen Generalmusikdirektorenvertrag vier Jahre vor seinem Ablauf schon 1958 in einen Gastspielvertrag. „Die Alltagssorgen der Administration und des Repertoireproblems haben mir nicht genug Ruhe gelassen zu studieren und so zu arbeiten, wie es mir richtig schien."

1957 – zum zehnten Orchesterjubiläum des RIAS-Orchesters – legt er sich in einer Rundfunkansprache für das Ensemble mächtig ins Zeug. Es wird mehrere Jahre lang, nicht zuletzt wegen Fricsays Krankheitsausfällen, nun nur mit Gastdirigenten arbeiten, denn es kommt knüppeldick: Ende November 1958 wird bei Fricsay Magenkrebs diagnostiziert, und er muss noch im selben Monat in Zürich operiert werden. Zwei Monate später folgt eine zweite Operation und eine mehrmonatige Rekonvaleszenz-Zeit bis zum September 1959. „Als ich von München wegging, bin ich krank geworden, und ich habe schwere Zeiten verbringen müssen. Ich habe lange Zeit zwischen Tod und Leben geschwebt. Heute weiß ich, dass es notwendig war, und ich habe lernen müssen in meiner Krankheit, mit der mich Gott beschenkt hat; denn ich betrachte es nicht als eine Strafe, dass ich krank war, sondern als eine Auszeichnung, dass man diese Geduldung (!) auf sich nehmen darf", sagt Fricsay rückblickend. Vor allem verändern sich in einem gereiften „Spätstil" die Tempi zugunsten einer größeren Verinnerlichung. Wenn man die beiden Aufnahmen von Verdis Requiem aus den Jahren 1953 und 1960 vergleicht, stellt man fest, dass die nur sieben Jahre später aufgenommene Produktion (bei nahezu identischen Ausführenden) eine Viertelstunde länger dauert.

Am 24.September 1961, wenige Tage nach dem Bau der Berliner Mauer, eröffnet Fricsay in der Stadt mit einer Neueinstudierung von Mozarts „Don Giovanni" die neu gebaute Deutsche Oper. Hierbei findet auch zum ersten Mal die Live-Übertragung einer Oper im Fernsehen statt. In Luzern leitet er die Uraufführung von Kodálys Symphonie in C, dirigiert in Salzburg „Idomeneo“. Das soll dort übrigens der Beginn eines neuen Mozart-Zyklus’ unter seiner Leitung sein, den er – seiner Zeit voraus – ‚entromantisiert‘. Mozart steht überhaupt ganz oben in Fricsays künstlerischer Arbeit. Er „ist einer der Größten der je auf dieser Erde gelebt hat. Mozarts Musik ist das höchste und reinste Geschenk, das Gott uns zur Verschönerung unserer Wanderung auf dieser Erde mitgegeben hat. Durch Mozart wird man ein besserer Mensch“, sagt er und schreibt ein Buch „Über Mozart und Bartók“.

Fricsay kann letztlich vom ehemaligen RIAS-Symphonie-Orchester nicht lassen. Es ist jetzt – in Zusammenarbeit mit dem neu gegründeten Sender Freies Berlin (SFB) – eine GmbH und nennt sich „Radio-Symphonie-Orchester Berlin“. 1959 nimmt Fricsay dort die Konzerttätigkeit wieder auf. Der harte Handwerker, der dem Orchester das Äußerste abverlangt, will, dass es das (wie er sagt) „beste Orchester der Welt“ wird, zumindest eine echte Konkurrenz zu den Berliner Philharmonikern, die von ihm zuweilen ja ebenfalls dirigiert werden.

Obwohl seine Interpretationen in ihrer Spiritualität und vertieften Sensibilität für all die unterschiedlichen Emotionen, die in den von ihm dirigierten Werken zum Ausdruck kommen, jetzt an den tiefgehenden Stil Wilhelm Furtwänglers erinnern, setzt er sich vom Repertoire des parallel agierenden konservativen Philharmoniker-Chefs ab, dirigiert Werke von Karl Amadeus Hartmann und Strawinsky, Henze, Dutilleux oder Rolf Liebermann. Und er wird immer wieder als Spezialist für die Musik seines Landsmanns Béla Bartók engagiert, in der er sowohl die Abgründe des Jahrhunderts widergespiegelt sieht als auch eine kraftvolle Lebensfreude.

Immer mehr kann man Fricsay für die Medien interessieren. 1958 leitet er ein Wohltätigkeitskonzert zugunsten des Wiederaufbaus des Münchner Nationaltheaters. Zu dieser Gelegenheit sendet man die erste Eurovisions-Liveübertragung eines öffentlichen Konzerts aus Deutschland. Im SFB gibt es nun die Sendereihe „Das Fricsay-Fernsehkonzert“. Dem Publikum erschließt sich durch Mitschnitte seiner Proben von Dukas’ „Zauberlehrling“ oder Kodálys „Háry János-Suite“ das Entstehen und Wachsen einer künstlerischen Leistung; hinzu kommt die legendäre Probenaufzeichnung des Süddeutschen Rundfunks mit Smetanas „Moldau“ aus dem Jahr 1960. Fricsay wird ein geschätzter Mediendirigent und erhält Preise über Preise:

allein den Grand Prix du Disque für den „Don Giovanni", für Beethovens Tripel- und Brahms' Doppelkonzert sowie Bartók-Werke.

Noch einmal, im April/Mai 1961, geht Fricsay mit dem Radio-Symphonie-Orchester auf Tournee – durch Westdeutschland, nach Kopenhagen, London und Paris. Der mitreisende Solist ist Yehudi Menuhin. Im Oktober erhält Fricsay das Große Verdienstkreuz der Bundesrepublik Deutschland.

Am 14.November 1961 hat er mit einem „Don Giovanni" seinen letzten Berliner Auftritt, denn die Krankheit lässt ihn nicht los. Schon im Dezember fällt er wegen einer Gallenstein-Operation erneut länger aus. Zwar scheinen im folgenden Sommer die meisten gesundheitlichen Schwierigkeiten überwunden zu sein, doch dann werden (zum Beispiel wegen eines Leberabszesses) wieder weitere Operationen erforderlich, dreizehn werden es insgesamt sein, und er lebt nun in äußerster Zurückgezogenheit in Ermatingen.

Weihnachten 1962 schreibt er an die von ihm geförderte Pianistin Margrit Weber: „Das kommende Jahr wird die Entscheidung bringen. Entweder werde ich wieder ein ganzer Mensch oder die Weihnachtskerzen werden in diesem Jahr ganz abbrennen." – Und das werden sie. Am 20.Februar 1963 stirbt Fricsay nur achtundvierzigjährig an den Folgen einer nicht rechtzeitig erkannten Gallenblasenperforation in einem Basler Spital. In seiner letzten Nacht hat er Bruckners Achte studiert. Er spricht ungarisch. Niemand dort kann ihn verstehen.

GUIDO CANTELLI

(1920–1956)

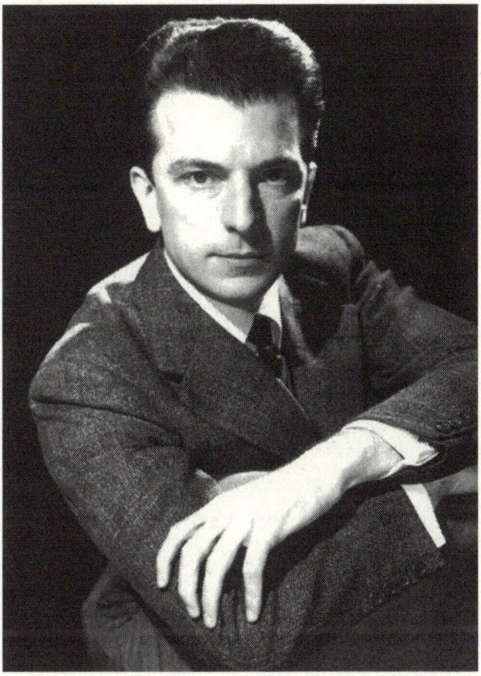

„Eine ganze Dirigentengeneration hat seine äußerlichen Charakteristika sklavisch nachgeahmt, seine Schnelligkeit, seine starren Tempi", schreibt der große Geiger Yehudi Menuhin in seinen Lebenserinnerungen über die bloßen Imitatoren des Dirigenten Arturo Toscanini. Auch der Dirigent Guido Cantelli hat ein enges Verhältnis zu Toscaninis Musizieren. „Er kopierte Toscanini perfekt in seinen Bewegungen und allem, aber er war ein großes Talent für sich", erinnert sich der Trompeter William Vacchiano von den New Yorker Philharmonikern. Menuhin macht auch darauf aufmerksam, dass zu Toscanini „seine Elastizität, das rhythmische Federn, die leichten Unebenheiten seines tiefen Musikverständnisses" gehören. „In Konzert- und Radioübertragungen setzte er für Amerika neue Maßstäbe, seine Nachbeter reihten eine trockene, hastige, leere, schale Aufführung an die andere". In der Tat gehört Cantelli nicht zu diesen mäßigen Nachahmern. Ein Musikkritiker schreibt einmal, er „dirigiert auswendig. Viele andere Dirigenten tun das auch, aber er erinnert sich ganz genau, was in der Partitur steht. Er akzeptiert die Musik so wie sie ist und widmet seine Energie ausschließlich der Verwirklichung der Intentionen des Komponisten. Das ist einer der Gründe, warum er ein großer und kein Stardirigent ist."

Wie Toscanini stammt Cantelli aus Oberitalien, aus Novara, einem Provinzstädtchen in der italienischen Region Piemont, etwa fünfzig Kilometer von Mailand entfernt. Dort betreibt die Familie Riccardone einen Lebensmittelladen, in dem ein Antonio Cantelli gerne einkauft. Der ist beim Militär, war im Ersten Weltkrieg Kapellmeister beim siebzehnten Artillerie-Regiment und hat eine hübsche Tenorstimme. 1912 heiratet Antonio die hübsche Kaufmannstochter Angela Riccardone, und sie werden bald Eltern eines Sohnes namens Giuseppe, dem erst sieben Jahre später, am 27. April 1920 ein zweiter folgt: Guido. Die beiden können dennoch bald Familienkonzerte geben, Giuseppe an der Violine, Guido am Klavier, erhält dieser doch schon mit sechs Jahren Unterricht. Für Musik interessiert er sich noch ehe er schreiben oder lesen kann, gibt schon mit vierzehn Jahren öffentliche Klavierabende und kommt gerne zu Proben seines Vaters mit der Kapelle.

Natürlich wird Guido den besten Klavierlehrer von Novaro erhalten, Felice Fasola, und singt im Kirchenchor, lernt dort sogar die über einhundertjährige Orgel zu spielen. Zwar interessiert er sich auch für Fußball, schreibt aber schon mit zehn Jahren für seine Eltern eine Messe, die man tatsächlich in der Basilica San Gaudenzio unter seiner Leitung aufführt. Wenn der Lehrer verhindert ist, kann der halbwüchsige Guido ihn im Gottesdienst an der Orgel vertreten – nicht immer mit geistlicher Musik, manchmal erklingt auch das Liebesduett aus Wagners „Tristan und Isolde". Nach einiger Zeit ist Felice Fasola klar, dass sein Klavierschüler bald mehr kann als er und empfiehlt, ihn doch an das Giuseppe Verdi-Konservatorium in Mailand zu schicken, wo er im Sommer 1939, er ist jetzt neunzehn, seine Studien beginnt. Nach kurzer Zeit sind seine Lehrer dort Giorgio Federico Ghedini (Komposition) und Antonio Votto (Dirigieren), der übrigens auch Riccardo Mutis Dozent werden wird. Am 21.Februar 1943 hat Guido seine musikalische „Feuertaufe": Er debütiert als Dirigent von Verdis „La

Traviata“ im berühmten (1899 von Toscanini gegründeten) Teatro Coccia in Novara. Eine Wiederaufführung ist das, ohne Probe. Guido ist überzeugt, dass er keine Partitur benötige, so gut beherrsche er das Werk. In der Pause zwischen zweitem und drittem Akt feiert man ihn schon ausgiebig. Als der dritte dann beginnt, kann er sich nicht an dessen Beginn erinnern. Jemand bietet an, ihm eine Partitur zu holen, und da ist schlagartig das Gedächtnis wieder verfügbar ...

Im Zug nach Mailand lernt Guido Iris Bilucaglia kennen; sie ist Tochter eines istrischen Kinderarztes und bildende Künstlerin. Von ihrem Gegenüber hat sie den Eindruck eines „alten Mannes“, mit dunkelgrauem Anzug und Filzhut. Doch das hindert sie anscheinend nicht, ihn im April 1945 zu heiraten.

Cantellis vielversprechender Beginn wird allerdings durch den Zweiten Weltkrieg unterbrochen. Obwohl Thoraxprobleme seine Einberufung verzögern, wird er 1943 in die Armee eingezogen, wenngleich er die Faschisten nicht unterstützen will. Da er einmal unverdrossen in seiner Kaserne verharrt, wird er von deutschen Truppen gefasst, die das Gebiet besetzen, und vor die Alternative gestellt, mit ihnen gegen die Alliierten zu kämpfen oder von ihnen in ein Arbeitslager eingeliefert zu werden. So kommt der an sich völlig Unpolitische in ein Lager an der Ostsee bei Stettin. In der Kälte erkrankt er ernstlich und wird nach Stuttgart verlegt. Schließlich bietet man ihm an, nach Italien zurückzukehren, wenn er ein Dokument zur Befürwortung der neuen faschistischen „Republik“ unterzeichnet, und so unterschreibt er eben. In einem Lazarett bei Bozen hilft ihm ein Geistlicher mit Geld, einem Fahrrad und einer Rotkreuz-Armbinde ins heimatliche Novara zu flüchten, wo Cantelli dann antifaschistische Widerstandskämpfer unterstützt.

Ständig knapp bei Kasse, arbeitet er nach dem Krieg zunächst bei einer Bank in Novara, dirigiert aber auch in der Oper einige Aufführungen von „Tosca“, „Madame Butterfly“ oder „Rigoletto“. Dann zieht er mit seiner Frau nach Mailand und studiert dort weiter. Zwar liegt die Scala nach dem Krieg in Trümmern, doch ist ihr Orchester intakt. Daher veranstaltet Antonio Ghiringhelli, der neue Intendant, gerne Freiluftkonzerte mit jungen Künstlern; und einer davon wird Cantelli. So hat dieser im Juli 1945 im Rocchetta-Hof des Castello Sforzesco ein erstes Konzert, unter anderem mit Tschaikowskys „Pathétique“. Die Kritiken sind gut, man lobt die Eleganz der Geste, die interpretatorische Kraft und prognostiziert ihm eine große Zukunft. Kurze Zeit später wird er das Werk auch im italienischen Rundfunk (RAI) dirigieren.

Legendär ist, dass der weltbekannte Arturo Toscanini, bis 1936 Chef der New Yorker Philharmoniker und ein Jahr später Leiter des für ihn geschaffenen NBC-Sinfonieorchesters, krankheitsbedingt einen Assistenten sucht, der gelegentlich an der Oper für ihn einspringen kann. Er fragt Ghiringhelli, und der empfiehlt ihm zwei junge Talente, allerdings nicht Cantelli. Toscanini jedoch, der eben aus USA zurückgekehrt ist, hört im Mai 1948 dessen zweites Konzert an der Scala, mit Ravels „Rhapsodie espagnole", Brahms' Violinkonzert (Solist ist Nathan Milstein), Busonis „Berceuse élégiaque" und Hindemiths „Mathis der Maler"-Sinfonie – übrigens nicht die Probe, wie so oft zu lesen ist. „Ich liebe diesen jungen Dirigenten. Ich denke, er ist wie ich, als ich jung war", sagt er. Wie gesagt, Cantelli ist ein Bewunderer Toscaninis, er will von ihm lernen, und der nimmt ihn wie einen Sohn an. Guido ist agil, steht immer unter Spannung und Leidenschaft, ist bei genauem Textstudium stets auf die Noten, auf den Aufbau konzentriert. Zunächst vermittelt Toscanini ihm vier Gastkonzerte im Januar und Februar 1949 bei der New Yorker NBC. „Amerika wartet auf mich", jubelt Cantelli bei seiner Frau Iris, und macht zwei Monate später sogar für RCA Victor eine erste Aufnahme: Haydns Sinfonie No.93. Jetzt sieht er seine Aufgabe darin, Amerikas Musik nach Italien und Italiens Musik nach Amerika zu bringen. Toscanini schreibt an Iris: „Ich bin glücklich und bewegt, Sie von Guidos großem Erfolg unterrichten zu können, glücklich und bewegt auch, dass ich ihn meinem Orchester vorgestellt habe, das ihn ebenso liebt wie ich. Es ist das erste Mal in meinem langen Leben, dass ich einem so begabten jungen Mann begegnet bin. Er wird es weit bringen, sehr weit." So steht Cantelli mit gerade einmal achtundzwanzig Jahren im New Yorker Rampenlicht – und damit nahezu dem der ganzen musikalischen Welt. Er wird die Wiener Philharmoniker, das San Francisco und Chicago Symphony Orchestra dirigieren, Pittsburgh und Boston Symphony oder das Philadelphia Orchestra. Vierzigmal steht er, bis zu dessen Auflösung 1954, am Pult des NBC-Sinfonieorchesters.

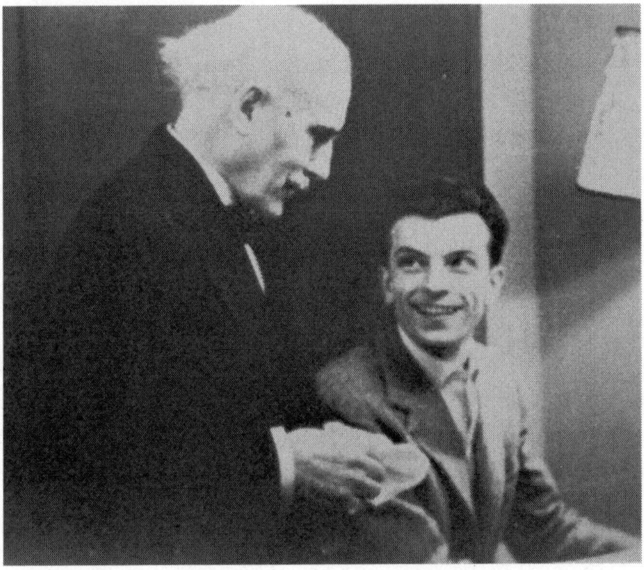

Der „geistige Erbe“: Arturo Toscanini
mit Guido Cantelli (1949)

Für Columbia nimmt er Vivaldis „Vier Jahreszeiten“ auf und schließt 1948 mit EMI einen Vertrag, der mit Aufnahmen beim Santa Cecilia Orchester beginnt. „Das Orchester kann sich keinen Namen machen, wenn es nur in der Scala spielt“, sagt Cantelli über das Ensemble der Mailänder Scala und wird es später sogar auf eine Südafrika-Tournee begleiten. Im Herbst 1950 unternimmt die Scala ihre erste Großbritannien-Tournee nach Kriegsende. Beim Edinburgh Festival dirigiert neben Victor de Sabata und Franco Capuana auch Cantelli. In der Edinburgher Usher Hall wird er nach Tschaikowskys Fünfter als „die Entdeckung“ gefeiert. Als man am 22.September Station in Londons Covent Garden macht, will er Monteverdis Magnificat aufführen, doch es gibt nicht genügend Strom für die Orgel. So setzt er eben Beethovens 7. Sinfonie an – ohne Probe, das Orchester soll einfach seinen Dirigierbewegungen folgen. Es wird eine herrliche Aufführung und Plattenfirma EMI macht später im Lauf eines Tages (!) mit dem Scala-Orchester eine vollständige Studioproduktion der so gefeierten Fünften von Tschaikowsky. Sie ist einer von EMIs Bestsellern. Cantelli wird so auch in Großbritannien zur Legende.

Das einzige englische Orchester, mit dem er arbeiten will, ist übrigens das Londoner Philharmonia Orchestra, das der EMI-Produzent

Walter Legge 1945 gegründet hat, und mit dem auch Furtwängler, Karajan und Klemperer arbeiten. Legge will sein Ensemble auf eine breite Basis von Dirigenten stellen und denkt dabei auch an ihn, nicht zuletzt, weil er damit spekuliert, er könnte über Cantelli auch Toscanini gewinnen, der sich nicht noch einmal mit einem ihm unbekannten Orchester befassen will. (Es wird gelingen; Toscanini dirigiert 1952 mit dem Philharmonia Orchestra einen Zyklus aller Brahms-Sinfonien). So leitet Cantelli ab September 1951 fünfundzwanzig Konzerte und macht zahlreiche kommerzielle Platteneinspielungen – von einer atemraubenden Rossinischen „diebischen Elster" über Schubert oder die erste und dritte Brahms-Sinfonie bis hin zu Wagners Siegfried-Idyll. Er pflegt Freundschaften zu Philharmonia-Musikern – der erste Hornist Dennis Brain zählt dazu oder Konzertmeister Manoug Parikian – aber der Dirigent wird durchaus nicht von allen geschätzt. So sagt etwa der erste Flötist Gareth Morris: „Ich hielt ihn für einen Neurotiker, er war in einer solchen Verfassung. [. . .] Ich denke, es ging alles ziemlich schnell, und es war die ganze Zeit elektrisierend. [...] Ich habe es nicht genossen, für Cantelli zu spielen." Als er bei der Probe einer Rossini Ouvertüre unterbricht und Morris kurz weiterspielt, fällt Cantelli über ihn her: „Warum machen sie so ein Geräusch? - Wieso denn? - Wieso? - Was soll das?". Er steigert sich zu einer gewaltigen Wut: „Sie beleidigen den Komponisten, indem Sie diesen Ton machen, Sie haben den Komponisten beleidigt. Rossini ist ein italienischer Nationalkomponist, es ist eine nationale italienische Musik, Sie beleidigen die gesamte italienische Nation!" Das könnten auch Zitate des cholerischen Toscanini sein. Die Rezensenten schätzen hingegen Cantellis Klangfarben und Klangbalance in Debussys „La Mer" oder Ravels „Daphnis und Chloé"-Suite No.2, sein sicheres Gespür für Tempi. Die „Pavane pour une infante défunte" wird in einer einzigen Sitzung eingespielt. Eine Aufnahme von Mendelssohns „Italienischer" Sinfonie verwirft er selbst in ihrer Einspielung von 1951 und spielt sie 1955 noch einmal ein.

Mit der Zeit wird der Kontakt zu Toscanini immer enger. Man besucht sich, telefoniert, wechselt Briefe. „Der glückliche Guido, der dirigiert und noch ein ganzes Leben vor sich hat", sagt der Maestro. Legendär ist Cantellis Eingriff in Toscaninis letzte Rundfunksendung: Die New Yorker National Broadcasting Company (NBC) will im Frühjahr 1954 ihre Produktionen mit Toscanini einstellen. Am 4.April soll das letzte Konzert stattfinden – ein reines Wagner-Programm.

Dieses Live-Sonntagskonzert verläuft zunächst scheinbar reibungslos. Der Siebenundachtzigjährige macht zwar kleinere Fehler, das Ensemble versteht es aber, sie aufzufangen. Dann hört man im Radio das Orchester allmählich verstummen, und jäh setzt eine Schallplattenaufnahme von Brahms' Erster ein. Selbst ein so abgebrühter Kritiker wie Harold Schonberg bezeichnet das Folgende als „shocking" und „heartbreaking": Während des „Tannhäuser"-Bacchanales versagt Toscaninis legendäres Gedächtnis, und er hört allmählich zu dirigieren auf. Cantelli, der im Abhörraum sitzt, lässt übernervös die Übertragung wegen eines „technischen Defekts" unterbrechen. Er gibt den Einsatz für die Platte, die schon vorbereitet war, falls das Konzert etwa gar nicht zustande gekommen wäre. Doch Toscanini gewinnt die Selbstbeherrschung wieder und bringt das Programm schließlich zu Ende. Trotz sieben Minuten Applaus wird er nie mehr auf ein öffentliches Podium zurückkommen.

Nur sehr langsam findet Cantelli zur Wiener Klassik. Von Mozart spielt er lediglich eine Sinfonie – No. 29 KV 201 – auf Schallplatte ein, hinzu kommen noch die harmonischen Scherze von „Ein musikalischer Spaß" KV 522; das ist alles. Will man ihn als Dirigent einer Mozart-Oper hören, muss man sich schon auf den „grauen Markt" begeben. Da könnte man eine Aufnahme von „Cosí fan tutte" bekommen, ein Werk, das er Ende Januar 1956 zum zweihundertsten Geburtstag des Komponisten in der Piccola Scala dirigiert und sogar für den Regisseur Giorgio Strehler einspringt. Auch dabei ist ihm das genaue Textstudium („com'è scritto") wichtig, aus dem er dann die Tempi ableitet. Stets hat zu allen Proben das gesamte Ensemble anwesend zu sein, auch Künstler, die in der betreffenden Szene gar nicht erforderlich sind, so dass alle ständig mit dem Werk verbunden bleiben. Er gibt den Sängern genaueste Einsätze, da die meisten von ihnen mit dem Werk kaum vertraut sind. So sind an vielen Nachmittagen Proben, gerade auch der Rezitative. Nan Merriman (Dorabella), Graziella Sciutti (Despina), Luigi Alva (Fernando), Rolando Panerai (Guglielmo) und Franco Calabrese (Don Alfonso) sind dabei. Sogar eine selbst so perfektionistische Künstlerin wie Elisabeth Schwarzkopf (Fiordiligi) spricht von Cantelli als einem „Vollkommenheitsfanatiker". Walter Legge erinnert sich: Seine Orchesterproben „wurden vom ersten bis zum letzten Moment mit einer brennenden Intensität betrieben, die es ihm physisch unmöglich machte, mehr als einmal am Tag zu proben. Er war selbstkritisch bis zur Selbstquälerei". Einmal schickt Cantelli das Orchester weg und tritt im Graben wutig gegen Notenständer. Auch umklammert er seinen rechten (Dirigier-)Arm immer wieder und murmelt „dieser verfluchte Arm". Bei einem Carnegie-Hall-Konzert kann er den Applaus nach einer Aufführung der Dritten Symphonie von Brahms nicht entgegennehmen: er hat einen Schwächeanfall und den Rest des Konzerts muss ein Stellvertreter dirigieren. Man sagt er leide an einer Virusinfektion, hat aber wohl – vom Orchester so sehr beansprucht – seit Tagen keine ordentliche Mahlzeit mehr gehabt.

Selbst mit Beethoven-Werken lässt Cantelli sich Zeit, hat dessen „Eroica" und die Neunte nie dirigiert. Er glaubt keine Eile haben zu müssen, glaubt, sich professionelle Beständigkeit leisten zu können und bleibt lange Zeit bei der siebten Sinfonie, die er auch mit dem Philharmonia Orchestra aufzeichnet. Die Fünfte bleibt Fragment – vor der Kingsway Hall, die als Aufnahmestudio dient, ist eine zu laute Baustelle.

Im übrigen ist heute weder der Rundfunk noch die Plattenindustrie groß interessiert, nach lohnenden Mitschnitten zu forschen. Doch mit etwas Geduld und dem Internet können Sammler zum Beispiel ein Verdi-Requiem finden, Schuberts große C-Dur-Sinfonie, Tschaikowskys Vierte, Ravels Boléro und La Valse oder Bartóks Orchesterkonzert – die Auswahl ist da relativ groß. Obwohl Cantelli mit dem New York Philharmonic Symphony Orchestra nur eine einzige kommerzielle Platteneinspielung macht – Vivaldis „Vier Jahreszeiten" mit Konzertmeister John Corigliano –, absolviert er die größte Zahl aller seiner Konzerte mit dem gerade auch disziplinär sehr schwierigen Klangkörper. Hier arbeitet er mit Solisten wie Claudio Arrau, Wilhelm Backhaus oder Jascha Heifetz, Isaac Stern und Rudolf Serkin. Als er in einem Konzert Aaron Coplands „El Salón México" erklärt und aufführt, gelingt ihm, junge Zuhörer so sehr zu begeistern, wie später nur noch Leonard Bernstein. Einmal verletzt er sich mit dem Taktstock an der linken Hand. Obwohl er blutet, will er die Probe nicht abbrechen, bis der Konzertmeister für einen Verband sorgt.

Der Musikjournalist Howard Taubman fragt im April 1956 in der „New York Times": „The Philharmonic – What's Wrong With It and Why" [Die Philharmoniker – Was mit ihnen nicht stimmt und warum]. Er listet alles auf, was ihn am Orchester stört – technische Schwächen, schlechte Balance, schlechte Solisten, einseitige Programme, Zweitklassigkeit – und weiß, wer dafür verantwortlich ist: der damalige Chefdirigent Dimitri Mitropoulos. Man munkelt von Cantelli als dem wohl neuen Mann, doch der lehnt ab. Mitropoulos schlägt den Philharmonikern vor, „meinen Kollegen Leonard Bernstein einzuladen, mit mir zu arbeiten. Und ich bin sicher, dass wir beide es zusammen schaffen werden, den richtigen Orchesterklang und eine ansprechende Saison auf die Beine zu stellen." So werden Mitropoulos und Bernstein schon in den Programmen der Saison 1957/58 als „principal conductors" vorgestellt.

Im Juni 1956 kommt Cantellis Sohn Leonardo zur Welt, und der junge Vater erklärt, nach den letzten noch anstehenden Engagements werde es „kein Fliegen, keine Konzerttourneen mehr geben, sondern ich werde in Mailand bleiben". Das könnte sich vielleicht realisieren lassen, denn er wird – nach seinem Mozart-Erfolg – im September zum musikalischen Leiter der Mailänder Scala ernannt. Er will in diesem Haus zwei Klangkörper schaffen – einen für die Oper und ein Orchester für sinfonische Konzerte, womit man dort bisher wenig Praxis hat. Doch dazu wird es nicht mehr kommen: Wie jedes Jahr will Cantelli zu restlichen Verpflichtungen in die USA fliegen, wo er vom 29. November bis 14.März 1957 arbeiten muss; unter anderem soll er die amerikanische Erstaufführung des Orchesterkonzerts von Giorgio Federico Ghedini leiten, seines Lehrers am Mailänder Konservatorium. So fliegt er am Freitag, 23.November 1956, vom römischen Flughafen Ciampino ab; der Flug einer nagelneuen, viermotorigen Douglas DC6-B von Linee Aeree (der späteren Alitalia) soll über Mailand, Paris und das irische Shannon nach New York führen, wo Cantelli sich zu einem der Abendessen mit Arturo Toscanini treffen will, wobei es immer sehr entspannte Gespräche gibt. Der Nebel ist in Mailand so dicht, dass die Maschine nicht landen kann und nach Paris-Orly weiterfliegt. Auch dort gibt es Nebel und sogar leichten Schnee, so dass das Flugzeug erst nach Mitternacht wieder Richtung Irland startet. Doch schon nach fünfzehn Sekunden verliert es an Höhe, knallt 600 Meter hinter dem Pistenende krachend gegen ein unbeleuchtetes Haus, stürzt brennend in das Dorf Paray-Vieille-Poste. Die Ursache wird man nie vollständig klären können. Vierunddreißig Passagiere sind tot. Auch der sechsunddreißigjährige Guido Cantelli, der in nur acht Jahren die musikalische Welt erobert hat. An Schuhen mit der Einprägung seines Namens kann man ihn identifizieren und findet eine teilweise verbrannte Partitur des

Ghedini-Konzerts. Toscanini verschweigt man den Tod seines „Ziehsohns". Keine zwei Monate später wird auch er sterben – allerdings zu Hause im Schlaf. Geradezu symbolisch bleiben im EMI-Archiv Cantellis drei Sätze von Beethovens fünfter Sinfonie als Fragment liegen.

ISTVÁN KERTÉSZ

(1929–1973)

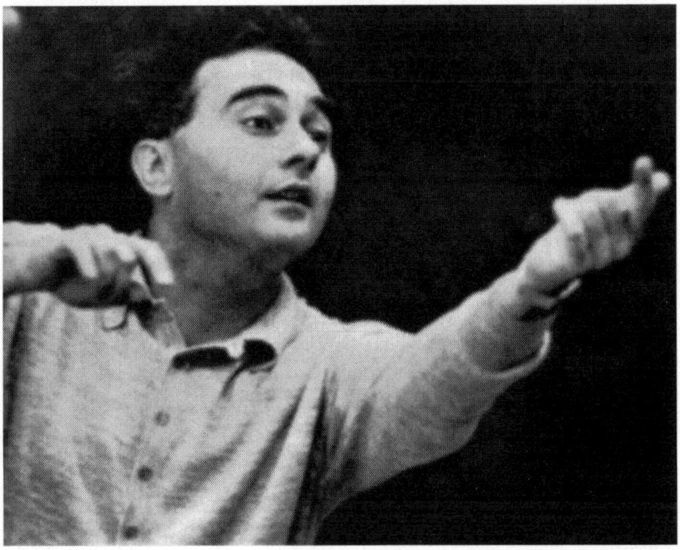

In der ersten Hälfte des 20.Jahrhunderts gibt es eine erstaunliche Zahl wichtiger Dirigenten, die aus Ungarn stammen, besonders in den USA. Da ist Fritz Reiner in Chicago, Eugene Ormandy in Philadelphia, George Szell in Cleveland oder Antal Doráti in Minneapolis. Für die zweite Hälfte erwartet man Großes vor allem von zwei ungarischen Künstlern, die zunächst hauptsächlich in Europa arbeiten – von Georg Solti und Ferenc Fricsay, der hier ja schon angeführt wurde, zum anderen aber auch von István Kertész, in dem wiederum viele einen Nachfolger von Fricsay sehen wollen.

Kertész wird am 28.August 1929 in der Budapester Váci út 16 geboren. Sein Vater Miklós Kertész schafft den sozialen Aufstieg zum Direktor einer Lederfabrik, stirbt aber 1938 an einer Blinddarmentzündung, als István neun Jahre alt ist. Mutter Margit Muresian-Kertész, eine intellektuelle und energische Frau, die von banater Schwaben abstammt, geht (entgegen aller ungarischen Vorschriften und Vorurteile gegen arbeitstätige Frauen) einem Beruf nach, um ihre Familie durchzubringen, wird schließlich sogar zur Leiterin eines Büros. István, der noch eine jüngere Schwester Vera hat, die später eine beachtliche Karriere als New Yorker Textildesignerin macht, beginnt mit sechs Jahren Geige zu lernen. Man schreibt das Jahr 1935, und in dieser Zwischenkriegszeit bildet sich auch in Ungarn ein Faschismus mit der Politik des Rassenhasses, bei dem der jüdische István, wie er sagt, sein ‚Exil' findet, seine Zuflucht in der Musik. Als er zwölf ist, lernt er auch Klavier und schreibt kleine Kompositionen. Da sich Ungarn während des Zweiten Weltkriegs mit den Nazis verbündet, taucht Mutter Margit mit den Kindern in einem Versteck unter, um 1944 das Eichmann-Kommando und seine ungarischen Helfer zu überleben. Etliche Verwandte waren im Vorjahr ins Vernichtungslager Auschwitz-Birkenau verschleppt und ermordet worden.

Trotz solcher Deportationen, trotz Luftangriffen und Hunger, Invasionen von Deutschen und später Russen, drängt die Mutter, die Istváns Begabung erkennt, den Sohn, das Kölcsey-Gymnasium abzuschließen, was er mit Auszeichnung schafft, und ein Musikstudium zu beginnen. Budapest ist ja eine der bedeutendsten Kulturmetropolen Europas mit einem reichen Musikleben, und so besucht István mit seiner Schwester Sinfoniekonzerte und Opernaufführungen, schreibt sich 1947 mit einem Stipendium als Fellow an der Königlichen Musikakademie ein – für Violine, Klavier und Komposition bei Zoltán Kodály, Leo Weiner und Rezsö Kókai. Das Instrumentalspiel lockt ihn weniger als das Komponieren und vor allem auch Dirigieren, und so wird er zudem Schüler von János Ferencsik und László Somogyi. Somogyi ist ja der Dirigent des Budapester Hauptstädtischen Orchesters und einer der Musiker, die ihn, wie er sagt, künstlerisch am meisten beeinflusst haben, ansonsten beruft Kertész sich immer wieder auf Bruno Walter und besonders Otto Klemperer, der in diesen Tagen musikalischer Leiter der Budapester Oper ist.

Nach fünfjährigem Studium kann er die Akademie mit einem Diplom als Dirigent verlassen und hat anschließend mehrere Zwischenstationen zu absolvieren: Ähnlich wie Ferenc Fricsay kann er zunächst in einem Armee-Ensemble tätig werden. Er spielt Geige, wird zuletzt Chefdirigent im Rang eines Leutnants. Ab 1953 leitet er das Philharmonische Orchester in der westungarischen Stadt Györ [Raab], wo er sich ein gewisses sinfonisches Repertoire aneignen kann aber auch

„Rigoletto“ oder „Don Giovanni“ aufführt. 1955 kommt er wieder zurück nach Budapest, arbeitet in allen möglichen Bühnendiensten beim Orchester der Staatsoper und kann auch als Assistenzprofessor für Dirigieren an der Franz-Liszt-Musikakademie lehren. „Man darf kein Diktator sein“, sagt er dort; den „achtzig Spielern, die man vor sich hat, muss es irgendwie so vorkommen, als sei man selbst die Nummer einundachtzig.“

Doch gerade in Budapest bildet sich im Oktober 1956 aus Studentenprotesten heraus explosionsartig ein landesweiter Volksaufstand gegen das kommunistische Regime. Die Sowjetunion interveniert und lässt die Proteste blutig niederschlagen. Noch während ihres Studiums hat Kertész die (auch an der Musikakademie studierende) Koloratursopranistin Esther Gabry (Edith Gáncz) geheiratet. In Deutschland kennt man sie vor allem als Marie in der Uraufführung von Bernd Alois Zimmermanns Oper „Die Soldaten“. Da sich in Ungarn nicht nur der politische, sondern nun auch der kulturelle Horizont verengt, verlässt Kertész im Januar 1957 mit Frau und dem kleinen Sohn Gabor (bald kommen noch Peter und Kati hinzu) sein Heimatland, wird später bundesdeutscher Staatsbürger. Auf Empfehlung kommt Frau Edith am Staatstheater Bremen unter, der siebenundzwanzigjährige István mit einem Stipendium an der Accademia Nazionale di Santa Cecilia in Rom, wo er bei dem Dirigenten Fernando Previtali in einem Meisterkurs studiert. Er schafft einen glänzenden Abschluss, erhält den „Premio d'Arti“, und Previtali lässt ihn für zwei aufeinanderfolgende Spielzeiten vierzig Mal das renommierte Santa Cecilia Orchester dirigieren. Dann findet Kertész über einen Hamburger Musikagenten zu einer Gastverpflichtung bei den dortigen Symphonikern und an der Staatsoper, wo ihn Intendant Rolf Liebermann dreißig Gastspielabende einräumt.

Eine wichtige erste große Chance tut sich auf, als der Augsburger Intendant einen neuen Chefdirigenten für sein Haus sucht. „Ich suche die ruhige, organische Entwicklung, nicht die steile Karriere“, sagt Kertész. Das beeindruckt, und man ernennt ihn nach zwei Gastspielen im März 1960 zum „Generalmusikdirektor“, zum ersten in der Geschichte der Augsburger Städtischen Bühnen; nicht einmal sein Vorgänger Wolfgang Sawallisch, der von 1947 bis 1953 dort tätig war, konnte sich so bezeichnen. Auch hier, in der „Mozart-Stadt“, kann sich Kertész mit gepflegten Aufführungen von dessen Werken im Konzert profilieren, vor allem aber auch in der Oper. Publikum und Presse freuen sich über den jungen, meist gut gelaunten, begeisterungsfähigen Mann mit Integrität und Warmherzigkeit sowie einer präzisen Schlagtechnik; „der Orchesterklang war auf das feinste abgetönt, Piani und Pianissimi, wie wir sie lange nicht mehr gehört haben, wurden Ereignis, das Unwägbare, Fluktuierende der Partitur war auf das genaueste erfühlt [...]; eine Welle musikantischer Begeisterung verband Bühne und Orchester, das seinem jungen Maestro bedingungslos und mit nervöser Aufmerksamkeit folgte", schreibt die „Augsburger Allgemeine". Immer wieder wird er Mozart dirigieren, „Die Zauberflöte", „Così fan tutte", „Die Entführung aus dem Serail" und den „Figaro", der nicht weniger als eine (abgewiesene) Anklage wegen Pornografie nach sich zieht – die Bühnenbilder sind dem Publikum zu erotisierend. Jedenfalls gilt Kertész schnell als einer der besten Mozart-Dirigenten seiner Zeit, obwohl auch „Don Carlos" oder „Falstaff", „Salome", „Der Rosenkavalier" und Erstaufführungen wie Bartóks „Herzog Blaubarts Burg" oder Poulencs „Gespräche der Karmeliterinnen" auf seinem Arbeitsplan stehen.

Von einer ruhigen, organischen Entwicklung kann in seiner Generalmusikdirektoren-Zeit allerdings bald keine Rede mehr sein. Sechsundzwanzig Neueinstudierungen werden in fünf Jahren zustande kommen. Schon 1960 gibt er sein britisches Debüt mit dem Royal Liverpool Philharmonic Orchestra, hat im Jahr darauf seinen USA-Start mit dem Detroit Symphony Orchestra. 1961 erfüllt sich für ihn ein Wunschtraum – er kann auf Einladung der Salzburger Festspiele eine „Entführung aus dem Serail" in der Residenz dirigieren. Zwei Jahre später wird „Die Zauberflöte" hinzukommen.

Im Konzert – es werden neunzehn Augsburger Sinfoniekonzerte – hört man neben Haydn, Mozart, Beethoven und Schubert auch Berg, Hindemith und Bartók. Weiter in die Avantgarde will er nicht gehen. „Eine Musik, mit der ich mich nicht zu identifizieren vermag, kann ich auch nicht dirigieren", sagt er und räumt ein, ein relativ konservatives Repertoire zu haben.

In der folgenden Zeit leitet er als Gast ein Konzert beim Israel Philharmonic Orchestra im Tel Aviver Mann Auditorium; erste Abende mit den Berliner Philharmonikern und dem London Symphony Orchestra kommen hinzu, Aufführungen an der Oper in San Francisco und 1965 „Un ballo di maschera" im Londoner Covent Garden. Er kann auch bei amerikanischen Festivals arbeiten - in Blossom, Saratoga und Ravinia, wo er sogar Chefdirigent wird. Nach EMI-Aufnahmen (zweite und vierte Sinfonie von Beethoven) kann er von John Culshaw einen Schallplatten-Exklusiv-Vertrag mit DECCA in London erhalten. Seine Aufnahme der fünften Sinfonie von Schostakowitsch mit dem Orchestre de la Suisse Romande, die dem Ensemble damals noch ganz unbekannt ist, lobt die Zeitschrift „High Fidelity" als „sehr gelungenes Paradestück für einen begabten jungen Dirigenten". So ist in kurzer Zeit doch die „steile Karriere" da, die er wohl gar nicht angezielt hat.

1963 erhält Kertész wiederum einen Ruf als Nachfolger Wolfgang Sawallischs – jetzt an die Kölner Oper; er ist vierunddreißig Jahre alt. Mit vertraglich akzeptierten fünfzig Abenden und drei Neuinszenierungen pro Spielzeit, startet er mit Verdis „Don Carlos", bleibt aber vor allem wieder bei Mozart-Opern. Er nimmt auch die Herausforderung an, die deutsche Erstaufführung von Benjamin Brittens „Billy Budd", Mussorgskis „Chowanschtschina" und Verdis „Stiffelio" zu leiten. Später folgt Mussorgskis „Boris Godunow", zusammen mit Jean-Pierre Ponelle, verantwortlich für Inszenierung, Bühnenbild und Kostüme. Und der sagt: „István Kertész war einer der intelligentesten Menschen, die ich kannte. Er war der ideale Partner, ein Opernchef modernen Stils." Kertész hat aber auch Freude an Johann Strauß' „Fledermaus" und dem „Zigeunerbaron", er bemüht sich um Janáčeks „schlaues Füchslein" oder einen Wagnerschen „Tristan". So verlängert Köln seinen Vertrag bis 1979.

Allerdings tun sich auch allerlei Schwierigkeiten auf: Wichtig ist für ihn, dass das Orchester in der Oper zwar seine Leitung akzeptiert, aber es hat mit Günter Wand noch einen zweiten Chef als Gürzenich-Konzertorchester. Das hat schon in der Sawallisch-Ära zu Problemen geführt. So kann Kertész mit seinem Opernorchester nicht über ganze zwei Konzertprogramme hinauskommen und muss auf andere Klangkörper ausweichen, muss trotz seines engen Kölner Zeitplans zu einem „Reisedirigenten" werden. Er dirigiert beim Philadelphia oder Cleveland Orchestra, bei Chicago Symphony, beim Londoner Philharmonia Orchestra und anderen. Die insgesamt fast unfassbare Zahl von dreiundsiebzig verschiedenen Orchestern wird er leiten – von Japan bis Los Angeles Philharmonic, vom Orchester der Mailänder Scala bis zu Stockholm Philharmonic, vom Sinfonieorchester des Bayerischen Rundfunks bis zum ja schon erwähnten Genfer Orchestre de la Suisse

Romande. So wird er der Kölner Situation zum Trotz im Oktober 1967 seine fünfhundertste Opernaufführung haben, aber schon ein gutes halbes Jahr später mit seinem fünfhundertsten Konzert gleichziehen können.

Zwölf Jahre lang arbeitet Kertész mit den Wiener Philharmonikern zusammen, mit denen ihn die Schallplatte zusammengeführt hat – 1961 wird sein Debüt mit Dvořáks Sinfonie „Aus der Neuen Welt" sein. Er kommt in seiner Liebe zu Mozart dem Orchester natürlich entgegen und spielt sechs von dessen Sinfonien ein, 1967 Mozarts vorletzte Oper „La clemenza di Tito". Auch ein komplettes Album aller Schubert- und Brahms-Sinfonien wird produziert.

Vor allem widmet sich Kertész gerne dem London Symphony Orchestra, dem damals Pierre Monteux vorsteht. Und diese Sympathie beruht durchaus auf Gegenseitigkeit. Im März 1963 soll er seine erste Platte mit diesem Orchester einspielen – Elgars erste Sinfonie. Als er im Konzert kurz vorher so großen Erfolg mit Dvořák hat, disponiert man – damals ist man noch so flexibel – um und spielt in der Kingsway Hall dessen achte Sinfonie ein. Die Folge wird sein, dass man mit Kertész bis 1966 den ersten Gesamtzyklus aller Dvořák-Sinfonien aufzeichnet. Als Monteux am 1.Juli 1964 im Alter von neunundachtzig Jahren stirbt, wird ihm sogar ein Dreijahresvertrag als neuer Chefdirigent angeboten. Es ist keine leichte Aufgabe, dem großen alten Mann nachzufolgen, der das Ensemble in Brillanz, Raffinesse und Eleganz auf dem möglicherweise höchsten Niveau hinterlässt, das es bisher hatte, dennoch akzeptiert Kertész. Noch in Monteux' Todesjahr geht man mit ihm auf eine elfwöchige Welttournee, im Jahr darauf gibt es eine Londoner Konzertreihe mit dem Cellisten Mstislav Rostropowitsch, und es entsteht seine Einspielung von Bartóks Oper „Herzog Blaubarts Burg" mit Christa Ludwig und Walter Berry – eine Referenzaufnahme des Werkes bis heute.

Leckerbissen aller Art werden folgen: eine Gesamtaufnahme von Kodálys Oper „Háry János" mit Peter Ustinov als Erzähler, Serenaden von Brahms, Klavierkonzerte mit Julius Katchen und Vladimir Ashkenazy, Hornkonzerte von Strauss Vater und Sohn mit Barry Tuckwell, dem Solohornisten des Orchesters. Als Kertész' Vertrag zur Verlängerung ansteht, will er eine „völlig neue Basis der Zusammenarbeit" und verlangt das „ausnahmslose Entscheidungsrecht in allen

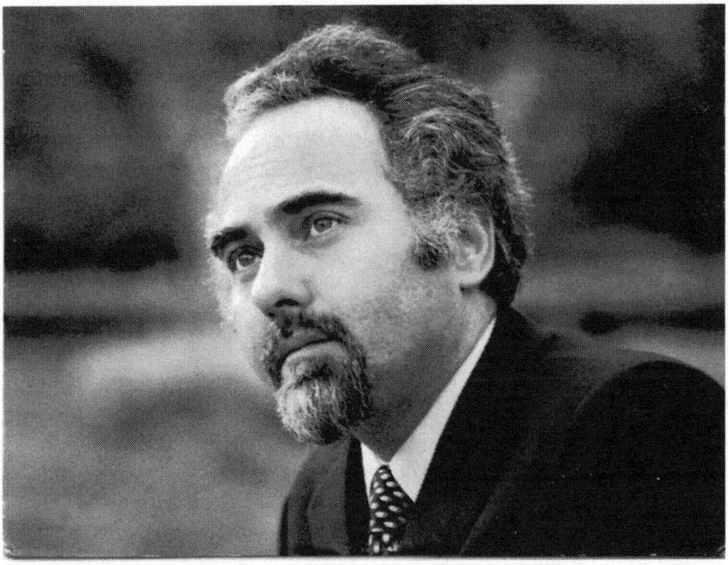

István Kertész Ende der 1960-er Jahre

künstlerischen Fragen" sowie „das Recht, bei allen Entscheidungen, die seiner Meinung nach der gewohnten Qualität und dem Ansehen des Orchesters nicht dienen, ein Veto einzulegen". Das geht dem sich selbst verwaltenden Orchester anscheinend zu weit – es verlängert seinen Vertrag nicht.

Im Juli 1970 stirbt Kertész großer ungarischer Landsmann, der Dirigent George Szell, und lässt „sein" Cleveland Orchestra zurück, dem er fast ein Vierteljahrhundert vorstand, bekannt als „Hundert Mann und ein Perfektionist", wie es in der Werbung auftritt. Alle möglichen potentiellen Nachfolger präsentiert eine Suchkommission: Abbado und Mazel, Frühbeck de Burgos, Ozawa und eben auch Kertész. Im Sommer 1971 ist die Spannung im Orchester spürbar und bei der Musikerpräferenzumfrage unter achtundneunzig Dirigenten erhält Kertész in erster Wahl sechsundsiebzig Stimmen, gefolgt von Abbado mit nur dreizehn. Kertész kann sich aber zu einer sechsmonatigen Präsenz in den USA „nicht entschließen"; er sei „tief verwurzelt in Europa" – der Vorstand entscheidet sich in Cleveland daher für Lorin Maazel, der von den Musikern nur zwei Stimmen (!) erhalten hat.

Daher bemüht man sich jetzt in Europa um ihn: Im September 1973 soll Kertész – nach dem Tod Joseph Keilberths und einer Überbrückung durch Eugen Jochum – neuer Chefdirigent der Bamberger

Symphoniker werden, bei denen er – noch in seiner Zeit als Chef des Augsburger Opernhauses – mit Werken von Beethoven seine erste Platte produziert hat. Er wird sein Amt allerdings nicht antreten: Am Sonntagabend, 15.April 1973 hat Kertész in Tel Aviv auf einer dreiwöchigen Israel-Tour Haydns Nelson-Messe dirigiert. Am folgenden strahlenden Morgen geht er in der Nähe des Dan Accadia Herzliya Hotels schwimmen. Er ermuntert den japanischen Bassisten Takao Okamura mitzukommen. Sie werden von der Strömung erfasst, aber es gibt zu dieser Jahreszeit noch keine Badeaufsicht. Okamura kann sich in Sicherheit bringen und um Hilfe rufen. Für Kertész kommt die Küstenwache, trotz fünfundvierzig Minuten Suche, zu spät, er ist ertrunken.

Die Ursache für seinen Tod bleibt unklar; er kann durch die tückische Strömung verursacht sein aber auch von einer Herzattacke während des Schwimmens. Zurück bleibt seine junge Familie in Köln und eine im Februar begonnene Aufnahme von Brahms Haydn-Variationen bei den Wiener Philharmonikern, die mit seiner Einspielung der dritten Brahms-Sinfonie auf eine Platte sollen. Das Orchester wird sie einen Monat später, am 14.Mai 1973, dirigentenlos fertigstellen. Eine Australien-Tournee, die mit Kertész geplant ist, wird nach seinem Tod abgesagt.

GIUSEPPE SINOPOLI

(1946–2001)

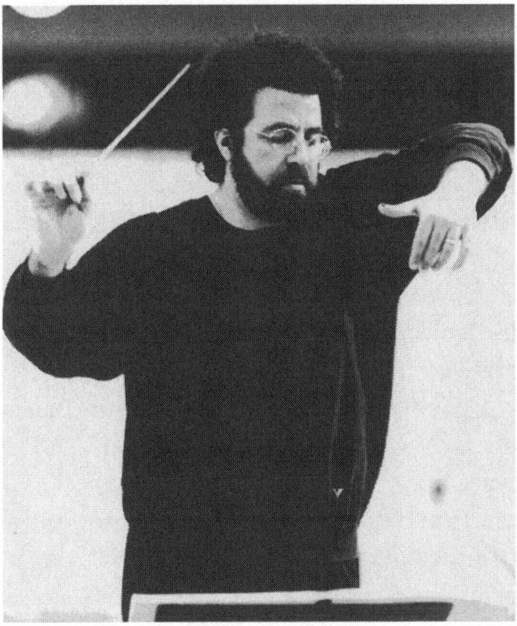

20. April 2001, Berlin, Bismarckstraße, Deutsche Oper: Ein Rettungswagen fährt vor. Bei einem großen Opernhaus ist durchaus einmal möglich, dass jemand im Publikum medizinisch versorgt werden muss. Doch diesmal ist es der Dirigent des Abends, der Italiener Giuseppe Sinopoli.

Als erstes von zehn Kindern ist dieser am 2. November 1946 in Venedig zur Welt gekommen. Die Mutter ist Grundschullehrerin, der Vater Marschall bei der Finanzpolizei. Besonders musikalisch war vor Giuseppe niemand in der Familie, aber er hat von den Eltern sicher das Arbeitsethos des Lebens als Verbindung von Arbeit und Lernen übernommen. Und so ist „Peppinos" Kindheit schon bestimmt von intellektueller Neugier und originellen Tüfteleien, von ganz vielfältigen Interessen – und das wird lebenslang so bleiben.

Bedingt durch eine berufliche Versetzung des Vaters, zieht die Familie 1950 ins sizilianische Messina. Dort faszinieren den Jungen vor allem die „Bandas“, die Kapellen, von denen bei Begräbnissen oder Festen aufgespielt wird, aber auch die Orgeln der Kirchen begeistern ihn. Und so erhält er durch den Organisten seiner Pfarrei erste Informationen zur Harmonielehre. Im Selbststudium bringt er sich kleine Stücke bei, singt bald als Knabensopran in Konzerten, dann studiert er neben Orgel auch Klavier, später Violine und Musiktheorie.

Als Giuseppe sechzehn Jahre alt ist, zieht die Familie wieder zurück nach Venedig, wo er auch die Schule beendet, Musik, Philosophie und (bewirkt durch Anregungen, die er in Sizilien erhielt) Archäologie studieren will. Geld verdient er sich an Sonntagen als Organist. Doch die Eltern wünschen sich für ihn ein Studium der Medizin. So kommt er an die Universität von Padua, wo er sich auf Psychiatrie spezialisiert. 1972 schließt Sinopoli das Studium mit einer brillanten Arbeit über „Abirrung und kriminologische Momente in der phänomenologischen Vermittlung des Kunstwerks“ ab: „Meine Arbeit als Dirigent hat viel mit Psychoanalyse zu tun. [...] Musik spiegelt die Seele“, wird er später sagen. Er geht ja parallel auf das Konservatorium Benedetto Marcello seiner Heimatstadt.

Das Musikstudium in Venedig hält Sinopoli allerdings für unergiebig, und er verlässt daher 1968 das Konservatorium ohne offiziellen Abschluss. Dafür studiert er von 1969 bis 1973 an der Accademia Musicale Chigiana in Siena bei Franco Donatoni, dessen Assistent er wird. In diesen Tagen ist er auch in Darmstadt zu Internationalen Ferienkursen bei Karlheinz Stockhausen und vor allem bei Bruno Maderna, mit dem er sich befreundet, der allerdings 1973 an Krebs stirbt. Sein Verhältnis zu dieser Avantgarde bleibt gespalten; allenfalls lässt er Pierre Boulez gelten, ist aber meist über zu Technisches, zu Mechanistisches enttäuscht. So beginnt er selbst zu komponieren: Sein *Opus Daleth* (1970/71) für Kammerorchester wird mit großem Erfolg bei der Biennale di Venezia aufgeführt. 1972 wird er Dozent für zeitgenössische und elektronische Musik am Konservatorium seiner Heimatstadt.

„Italien ist natürlich ein wunderschönes Land mit einem fabelhaften Klima“, sagt er, aber „meine Sozialisation habe ich in Deutschland erlebt. Wien und Berlin sind meine kulturellen Hauptbildungsstätten gewesen.“ So kommt er mit einem Stipendium als ordentlicher Student an die Musikakademie der österreichischen Hauptstadt, wo er Dirigier-Meisterkurse von Hans Swarowsky belegt, dessen Schule Dirigenten wie Claudio Abbado, Zubin Mehta oder Mariss Jansons entstammen und der ihm kostenlosen Privatunterricht gibt. Bei Friedrich Cerha besucht Sinopoli Vorlesungen über Instrumentationstechnik. Die elf Jahre ältere Käte Wittlich führt ihn in die musikalische Szene der Stadt ein, und er verbindet sich mit ihr, wird sich aber 1978 wieder von ihr trennen.

Das Werk, welches er für sein bestes hält, beendet er im Mai 1973 – eine *Symphonie Imaginaire*, für drei Orchester, drei Chöre und Solostimmen, sie wird allerdings – man bedenke allein den personellen Aufwand – bislang nie aufgeführt. Sinopoli zweifelt jedoch an der „geschichtsvergessenen“ Neuen Musik, für die er keine Zukunft sieht, weil er sie für epigonal hält, wenn sie „Mahler immer wieder neu aufwärmt“ oder (so 1978 in einem Interview) sich im „theoretischen Quatsch“ ergeht, schlecht orchestriert, langweilig, mit der permanenten Erfordernis einer begrifflichen Unterstützung. Als er selbst nach Darmstadt eingeladen wird, stellt er sich als „radikaler Komponist“ vor, der sich nicht mit Experimenten zufriedengeben kann. Auch will er von keinem „Musikklüngel“ – das sind für ihn Kritik und Rundfunk – abhängig sein.

1981 wird es in Koproduktion der Bayerischen Staatsoper mit der Deutschen Oper Berlin die Uraufführung seiner einzigen Oper „Lou Salomé“ geben, mit Momenten aus dem Leben dieser schillernden Frau – Schriftstellerin, Denkerin und Psychoanalytikerin. Als das Werk durchfällt, wird Sinopoli die weitgehende Zurückgezogenheit aufgeben, die das Komponieren mit sich bringt, und Dirigent werden. Bevorzugt hört er Aufnahmen von Furtwängler, Klemperer oder Bruno Walter; Landsmann Arturo Toscanini ist seine Sache nicht. Von den Neueren führt er schon einmal Leonard Bernstein an, Carlos Kleiber, auch Karajan.

Das von ihm bevorzugte dirigentische Repertoire ist die deutsche Symphonik von Beethoven bis Berg (mit Mozart lässt er sich noch Zeit), die Oper von Verdi und Puccini, Wagner und Strauss. „Ich dirigiere nur Opern, die ich persönlich verarbeiten kann, die meine eigenen Probleme, Sehnsüchte, Gefühle behandeln.“ Dabei geht es ihm nicht um (vermeintlich) Altbekanntes, Gewohntes; die Basis seiner Arbeit muss stets die wissenschaftliche Aufarbeitung der Komposition sein,

ein minuziöses Quellenstudium und Analysieren, oft eine Revision der gedruckten Partituren. „Jedes Konzert, jede Probe ist eine Sache auf Leben und Tod“, sagt er. Im venezianischen Teatro La Fenice dirigiert er 1976 die erste Oper seiner Karriere, nämlich Verdis „Aida“ als aufwühlende Psychotragödie, für die er die Originalpartitur Takt für Takt analysiert hat. Im Jahr darauf folgt Puccinis „Tosca“ mit einer tragischen Titelgestalt; er lässt die „dekadente, verfaulte Jugendstilatmosphäre spüren“. Und dann steigt Sinopoli relativ rasch zum Pultstar auf: 1980 debütiert er an der Hamburgischen Staatsoper mit Verdis „Attila“ und – als fulminantes psychologisches Drama mit einem melancholischen Protagonisten – Verdis „Macbeth“ an der Deutschen Oper in Berlin. 1981 muss allerdings die Bayerische Staatsoper einen „Nabucco“ unter seiner Leitung aufgeben, weil es Probleme mit dem Chor gibt. Schon zwei Jahre vorher war er aus München verstimmt abgereist, als er mit den dortigen Philharmonikern Bruckner und Strauss dirigieren sollte und den Widerstand des von Sergiu Celibidache geführten Orchesters erfuhr.

Gleichwohl wählt ihn 1981 die Jury des Deutschen Schallplattenpreises zur „Entdeckung des Jahres“. Die „Frankfurter Allgemeine“ beschreibt ihn: „Ein verdammt gutaussehender Dirigent. Ein Mann des Fin de siècle. Krause schwarze Haare, Vollbart überm Vatermörder, runde Intellektuellenbrille. Nicht groß. Sein Gang fast eine Karikatur: kleine Stampfschritte aus den Knien, Kinn nach oben, Rücken steif. Wenn er dirigiert, spreizt er gelegentlich den kleinen Finger ab“.

Sinopoli sagt, er will sich hauptsächlich um vier Opernkomponisten kümmern: Einer „wäre Verdi, einer wäre Puccini für das italienische Fach, einer wäre Wagner und einer Strauss“. So betraut man ihn an der Mailänder Scala mit Strauss („Elektra“), und er kann an der New Yorker Metropolitan Opera 1985 mit Puccini debütieren, im selben Jahr in Bayreuth mit einem „Tannhäuser“. Dort gehört er fortan – er hat ein gutes Verhältnis zu Wolfgang Wagner – zum Festspiel-Dirigentenpool, steht alljährlich zur Verfügung, für einen „Holländer“, einen „Parsifal“, wird im Jahr 2000 als erster Italiener einen „Ring“-Zyklus dirigieren. Er stellt aber auch in Aussicht, 2002 mit Strauss nach Salzburg zu gehen.

Was die Arbeit für Funk und Schallplatte betrifft, so betraut man ihn zunächst vorwiegend mit der Produktion von zeitgenössischen Werken – von Bruno Maderna, Sylvano Bussotti oder Giacomo

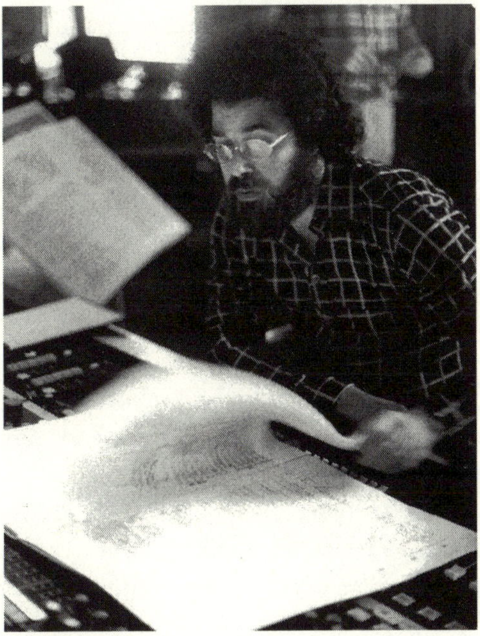

Giuseppe Sinopoli in den 1990-er Jahren

Manzoni. Die Deutsche Grammophon bringt ein Album von Suiten aus Sinopolis „Lou Salomé“ mit Lucia Popp und José Carreras heraus und bietet ihm 1983 einen Exklusiv-Vertrag. Dabei wird es zu einer großen Zahl von preisgekrönten Aufnahmen kommen, besonders von Musik des späten neunzehnten Jahrhunderts und des Fin de siècle. Puccinis „Manon Lescaut“, „Madame Butterfly“ und „Tosca“ gehören dazu, Verdis „La Forza del Destino“ und Wagners „Fliegender Holländer“ mit dem Orchester der Deutschen Oper Berlin sowie Richard Strauss‘ „Elektra“ und „Salome“. Mit den Wiener Philharmonikern spielt er Schumann ein, auch Wagners „Tannhäuser“.

1983 akzeptiert Sinopoli den Posten als Chef des römischen Vorzeigeensembles Orchestra dell' Accademia Nazionale di Santa Cecilia. Im Jahr darauf wird er mit einem Fünfjahresvertrag Chefdirigent des Londoner Philharmonia Orchestra als Nachfolger von Riccardo Muti, drei Jahre später sogar als dessen Musikdirektor. Er macht Einspielungen wie eine zum Grabgesang gewordene „Unvollendete“ von Schubert sowie Mendelssohns „Italienische“ und eine hochgelobte „Pathétique“ Tschaikowskys. So reist er auch mit dem Orchester nach Japan und in die USA. Doch die Londoner Kritik, der sich sogar Muti,

Rattle oder Ashkenazy anschließen, bemängelt sein zu schmales (wenn auch vertieftes) Repertoire, den Verlust des großen Bogens zugunsten einer Detailverliebtheit, eine vulgäre Substanzlosigkeit, falsche Tempi und eine Zerstörung des Klangs. In Deutschland schreibt die FAZ anlässlich eines Tourneekonzerts im Herbst 1987: „Alles schien auseinandergespreizt: schneidende Fortissimo-Attacken gegen eben noch hörbares pianissimo, Staccato-Schüsse gegen sonoren Streichergesang", und man konstatiert die Auswirkungen auf das Orchester: „Fehler vergrößerten sich ebenfalls. Über dem eindrucksvoll sonoren, dicht geschlossenen Klangfundus der Streicher zeigten sich die Bläser oft erstaunlich unkonzentriert, trotz aller schneidender Präsenz". Und durch die starke Abhängigkeit von Kartenverkauf und Schallplatteneinnahmen der nur spärlich subventionierten Londoner Orchester, werden für den unbequemen, intellektuellen, analytischen Dirigenten kühne Programme so gut wie unmöglich. Als in Aussicht steht, dass ab Januar 1995 die Honorare der Orchestermitglieder um sechs, die der Stimmführer gar um 22 Prozent gekürzt werden müssen, lässt man nach zehn Jahren Sinopolis Vertrag auslaufen.

Auch in Rom geht nicht alles glatt. Er will dort Aufbauarbeit leisten und zieht sogar in die italienische Hauptstadt, obwohl er für nur sechs Konzerte pro Saison zur Verfügung steht. Schnell gibt es allerdings Probleme: Der Dirigent will die Sparzwänge für das Auditorium nicht akzeptieren, die sich, wie er glaubt, in seiner Akustik bemerkbar machen, und die zu geringen Stellenzahlen bedingen ständige Aushilfskräfte. So verlässt er 1987 das Orchester wieder, will allenfalls als Gast wiederkommen und übernimmt 1990 die künstlerische Leitung der Festspiele „Taormina Arte", die alljährlich in den Sommermonaten stattfinden.

Schon 1990 soll er auf Wunsch von Orchester und Publikum an die Deutsche Oper nach Berlin kommen, wo einst Ferenc Fricsay oder Lorin Maazel Generalmusikdirektoren waren. Er wäre bereit, zwar nicht wie sie Generalmusikdirektor (mit allen administrativen Aufgaben), aber Chefdirigent zu werden. Doch kommt es, wie die Presse berichtet, schon im Vorfeld zu einem Zerwürfnis zwischen dem „Patriarchen" und Generalintendanten Götz Friedrich und der „Diva" Sinopoli – zu unterschiedlich seien ihre Ansichten über eine Zusammenarbeit. Der Führungsstil Friedrichs ist seine Sache nicht, und Sinopoli wirft ihm Vertragsverschleppung vor, fühlt sich in künstlerischen

Fragen übergangen, bei seinen Schallplattenplanungen behindert, auch will er nicht mit dessen amerikanischer Frau, der Opernsängerin Karan Armstrong zusammenarbeiten. Kurz: Im Juli 1990 gibt Sinopoli bekannt, dass er seinen vorgesehenen Vertrag gar nicht erst realisieren wird.

Darauf wählt man ihn zwei Jahre später – zum ersten Mal durch die Musiker – zum Orchesterchef der Staatskapelle Dresden, wo er für die Sinfoniekonzerte zuständig ist. In dieser dauerhaften Beziehung bewegt er viel, er erarbeitet siebzig Programme, spielt sechsundvierzig Schallplatten ein, geht auf siebenundzwanzig Tourneen, macht Bruckner-Aufnahmen für die Deutsche Grammophon. Es entwickelt sich eine starke menschliche Bindung zum Ensemble; 2003 soll er auch die Verantwortung für den Opernbetrieb übernehmen. Er hält an einem dicht gestrickten, enorm kräftezehrenden Arbeitspensum fest. Da ist er im Sommer des Jahres 2000 in Bayreuth, im Herbst in Dresden, Bonn, Köln, Tokio, Rom, um die Jahreswende in Carácas und wieder in Dresden, zusätzlich macht er im September und Dezember Plattenaufnahmen für die Deutsche Grammophon Gesellschaft. Er hofft, für die Staatskapelle ein Werk komponieren zu können, aber die Zeit ist knapp. Für viele ist er eben doch ein musikalischer Außenseiter, besonders wenn er als Universalist, die Vor-Sokratiker in der Originalsprache liest und noch ein Archäologiestudium absolviert, mit dem er eine Dissertation über die assyrische Kultur Mesopotamiens verfasst und im April 2001 die mit „summa cum laude“ bewertete Doktorarbeit mit einer Rigorosum-Prüfung abschließen will.

Doch vorher soll noch anderes Erstaunliches geschehen: Nach jahrelanger Distanz und keineswegs Annäherung, soll in Berlin in Friedrichs letztem Amtsjahr das Zeichen einer Aussöhnung mit ihm bei einer gemeinsamen „Aida“ (die ja einst Sinopolis allererste Opernproduktion war) gesetzt werden - als „Geste der Verbundenheit“ wie es jetzt heißt. Doch die Aufführung steht von Anfang an unter keinem guten Stern: Mitte Dezember 2000 stirbt Friedrich. Man will dennoch an der Aufführung am 20.April 2001 festhalten, die am folgenden Tag wiederholt werden soll. Da sagt Radames-Sänger Gegam Grigorian wegen Krankheit ab, Daniela Dessi wird die Aida-Partie in fiebriger Infektion singen müssen. Der einzige bestens Gesunde ist anscheinend Sinopoli. Kurz: Es kommt trotz allem zu der geplanten Aufführung. Während der Nilszene im dritten Akt, als sich Aida und Radames begegnen – in der Oper ist es gegen 22 Uhr – ertönt ein dumpfes Poltern im Orchestergraben, und Rufe nach einem Arzt werden laut. Sinopoli ist plötzlich am Pult zusammengebrochen. Anwesende Ärzte leisten erste Hilfe, ein Notarztwagen der Feuerwehr bringt ihn umgehend ins Deutsche Herzzentrum. Vergeblich; für den 20.4.2001, 23:15 Uhr wird der Herztod des Vierundfünfzigährigen offiziell bestätigt. Der Dirigent, Komponist, Arzt und Archäologe, der Generalist und Humanist wird im römischen Friedhof Campo Verano beerdigt. „Ich glaube, es ist immer eine ganz wichtige Aufgabe meines Lebens gewesen, den Tod nicht zu bekämpfen, sondern den Tod zu überholen", sagte er im Oktober 1996.

JOSEPH SCHMIDT

(1904–1942)

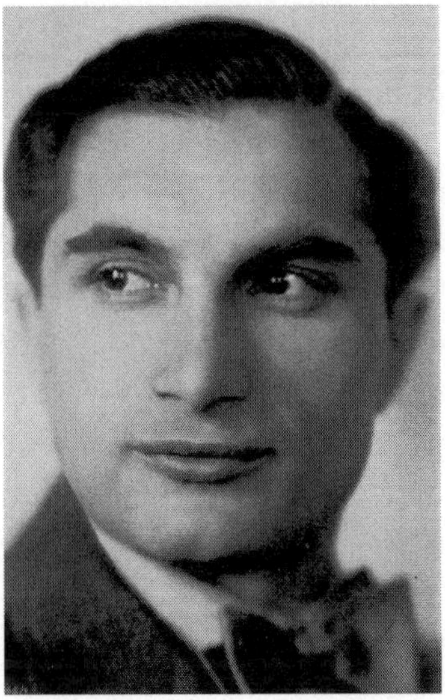

Es gibt ein Foto, auf dem ein kleiner, wohlgescheitelter Herr zu sehen ist, umschwärmt von jungen Damen. Obwohl der Herr gar nicht wie ein viel bewunderter, Autogramme gebender Prominenter wirkt, und obwohl er den so schlichten Namen Joseph Schmidt trägt, ist er einer der Megastars seiner Zeit und nicht nur dieser Tage, noch zu seinem hundertsten Geburtstag gibt 2004 immerhin die Deutsche Post eine Sonderbriefmarke für ihn heraus, und 2008 wird von einem Astronomen sogar ein Asteroid nach ihm benannt.

Geboren ist Joseph Schmidt am 4. März 1904 im kleinen 2000-Einwohner-Dorf Davideny unweit von Czernowitz. Das gehörte damals zur Donaumonarchie – heute liegt es in der Westukraine. Die Familie hat fünf Kinder, „Josselе", wie die Mutter ihn ruft, ist das mittlere. Der Vater, Wolf Schmidt (*1866), ein deutschsprachiger, strenggläubiger Chassid, bewirtschaftet einen Pachthof und ist als orthodoxer Jude für das Bethaus des Dorfes zuständig, lebt ansonsten sehr zurückgezogen und hat nichts für weltliche Musik übrig, ist auch unmusikalisch. Mutter Sara (*1876) ist eine lebensfrohe, liebenswürdige Frau. Die „Musik in mir ist völlig mütterliches Erbteil", sagt Schmidt einmal in einem Interview. „Bei der Mutter fand ich denn auch alle Hilfe und Unterstützung." Der Vater schickt ihn in den „Cheder", die religiös geprägte Lehrstube, wo er aus heiligen Texten lesen, Tempelgesänge und Hebräisch lernt.

Jossele ist ein Naturtalent. Schon als kleines Kind kommuniziert er am liebsten singend; auf diese Weise lernt er sogar sprechen und kann sich für das Grammophon in der Schankstube eines nahen Gasthofs begeistern. So kennt man den „singenden Joschi", wie man ihn dann nennt, der bei Familienfesten oder anderen besonderen Anlässen auftritt. Der Religionslehrer bringt ihm das Notenlesen bei, und er kann im Dorf sogar Klavier und Geige spielen lernen, treibt aber mit großer Liebe auch fast jede Art von Sport, er sei „Schwimmer, Läufer, Turner und Fußballer", lässt er einmal eine Zeitung wissen. Wenn er Geld hat, geht er ins Kino und würde gerne Schauspieler werden. Für den Vater wäre das allerdings nichts. Seine Söhne sollen Ärzte, Pharmazeuten oder wenigstens Juristen werden.

Doch als Joseph zehn Jahre alt ist, erklärt Österreich-Ungarn Serbien den Krieg, was letztlich ja zum Ersten Weltkrieg führen wird. Die Nähe des kriegerischen Geschehens veranlasst Vater Wolf Schmidt zur Aufgabe seines Pachtvertrages, er übersiedelt in die bukowinische Hauptstadt Czernowitz. Keine zwei Jahre, dann muss man die Stadt wieder verlassen und kommt über Siebenbürgen in ein Flüchtlingslager in Mähren, bis man im Juni 1918 dann doch wieder zurück in Czernowitz ist. Es wird von Truppen besetzt, und 1919 fällt die Bukowina an Rumänien.

Jetzt singt Joseph in der Chorschule der Synagoge, und es ergibt sich, dass er in einem Kindertheater eine Rolle übernehmen kann, später sogar im Nationaltheater. Noch fällt beim Jugendlichen nicht so auf, dass er relativ kleinwüchsig ist; aber mit einer Größe von einsvierundfünfzig als Erwachsener kann er nicht wirklich auf die große Bühnenkarriere hoffen. Und so konzentriert er sich vor allem auf seine schöne Stimme, wird als 18-Jähriger in die Czernowitzer Gesangsklasse von Felicitas Lerchenfeld-Hrimály aufgenommen, der Professorin im Musikverein. Es zeigt sich, dass er nicht nur so gut wie keine stimmlichen Probleme, sondern auch ein recht sicheres Stilempfinden hat. Und so wird er nicht nur schnell in den Vorprogrammen der Kinos auftreten, sondern Anfang der Zwanzigerjahre auch als Tenor in den Synagogen herumgereicht, leidet aber immer wieder an chronischem Rachenkatarrh. Nach einem Zwischenspiel in der Handelsakademie, kann er als Zwanzigjähriger im Mai 1924 in einem Konzert der Chorvereinigung „Hasamir“ in Czernowitz zum ersten Mal als Solist auftreten, wo er jüdische Lieder und Opernarien singt. „Dieser junge Mann wird noch den Gipfel des Olymps besteigen“, schreibt das „Czernowitzer Morgenblatt“ prophetisch. Zwei Monate später ist Joseph einer der Solisten im Schlusskonzert der Musikschule und Erster Kantor der Synagoge, hat aber bereits einen Reisepass nach Deutschland beantragt. Von einigen wohlhabenden Förderern ist ihm nämlich empfohlen worden, in der Welt-Metropole Berlin zu studieren, wo zwei Brüder der Mutter leben: Hermann Engel und dessen lediger Bruder Leo. Und bei Onkel Leo kann Joseph unterkommen.

Das Berlin der „goldenen“ zwanziger Jahre, das bedeutet in der Musik für Joseph nicht nur Dirigenten wie Furtwängler, Klemperer, Erich Kleiber oder Bruno Walter, das sind auch Opern-Sänger wie Richard Tauber, Lauritz Melchior oder Alexander Kipnis – von Operetten, Jazz oder Revuen ganz abgesehen. Schmidt kann nach Empfehlung an der Staatlichen Akademischen Hochschule für Musik und Gesang dem renommierten Hermann Weissenborn vorsingen, einem der gefragtesten Gesangspädagogen seiner Generation (später ist er übrigens Lehrer von Dietrich Fischer-Dieskau). Dort kann Joseph ein Jahr lang erfolgreich studieren, nicht nur Gesang, auch Klavier und die italienische Sprache. Allerdings muss er im Frühjahr 1926 in die Heimat zurück, um seine militärische Dienstpflicht zu erfüllen. Er wird in ein Gebirgsjägerbataillon delegiert, wo sich Vorgesetzte für seine Stimme begeistern und man ihn in eine Musikabteilung versetzt. Im Herbst 1927 erkrankt Schmidt an Scharlach, wird Ende September aber dann planmäßig entlassen und kann wieder in Czernowitz an verschiedenen musikalischen Veranstaltungen teilnehmen. Kurzzeitig gibt es auch den Plan, ihn wieder Kantor werden zu lassen. Dann aber hören ihn Gäste aus Belgien beim jüdischen Lichterfest Chanukka, und durch deren Begeisterung wird er Mitte Februar 1929 im Antwerpener Bondsgebouw sein erstes Auslandskonzert mit liturgischen und weltlichen Werken geben. Leo Engel schwingt sich zu seinem Manager auf, da

Joseph schon als Kind Schwierigkeiten mit Zahlenrechnen hatte – Onkel Leos Prinzip ist: „Hauptsache Geld".

Ganz entscheidend wird für Schmidt allerdings ein neues Medium: Im Oktober 1923 war der Rundfunk im Berliner Voxhaus auf Sendung gegangen. Der holländische Kammersänger Cornelis Bronsgeest wird dort Leiter der musikalischen Abteilung und produziert am laufenden Band komplette Opernaufführungen in bester Besetzung. Da die Berliner Bühnensänger oft sehr teuer sind und auch organisatorisch kompliziert zu verpflichten, empfiehlt man diesem den „kleinen Joseph Schmidt". Der singt ihm die Stretta aus Verdis „Troubadour" vor, auch ein Glanzstück Carusos, und Bronsgeest ist beeindruckt. So kann der gerade 25-jährige Schmidt am 18.April 1929 sein Live-Rundfunkdebüt unter Selmar Meyrowitz als Vasco da Gama in Meyerbeers „Afrikanerin" absolvieren – in der 126. Oper (!) der „Funkstunde" des Rundfunks. Das ist für einen Anfänger eine unglaublich schwere Partie, doch Schmidt bewältigt sie und erwirbt rasch große Popularität, singt in der Folge im Funk unter Dirigenten wie Seidler-Winkler, Szell, Scherchen, Goehr, Blech oder Stiedry und kann sich das ganze lyrische Tenorrepertoire erarbeiten. Das ist ein Win-win-Geschäft, denn der Vorteil für Bronsgeest ist: „Nun hatte ich ihn, den Rundfunktenor, der alle Eigenschaften besaß, die mir als Ideal vorgeschwebt hatten." Und die „Vossische Zeitung" konstatiert: „Den Radiohörern war es vorbehalten, das Debüt eines Tenors zu erleben, dessen ungewöhnlicher Stimmglanz, dessen besonderes Timbre sofort aufhorchen ließ. [...] Auf Wiederhören!" Diese Bitte kann man dem Journalisten erfüllen, denn schon zwölf Tage später ist Schmidt in einem „Chorabend mit Solisten" zu hören, und er brilliert mit Adolphe Adams Chapelou-Arie des „Postillon von Lonjumeau" mit einem strahlenden hohen D.

Bronsgeest setzt ihn in Flotows „Martha" ein, in Charpentiers „Louise", Rossinis „Wilhelm Tell", Aubers „Stummer von Portici" oder Meyerbeers „Robert, der Teufel". 1930 singt Schmidt unter Leitung des großen Bruno Walter gar die Titelpartie von Mozarts „Idomeneo", im Jahr darauf den Tamino in der „Zauberflöte". Walter erinnert später „seine edle warme Stimme, seine vorzügliche vokale Technik und seine tiefe Musikalität". Achtunddreißig verschiedene Werke werden bis 1933 im Rundfunk zusammenkommen. Über zwei Millionen registrierter Hörer können dabei sein. Schmidt kann sich allein mit diesem Medium eine große Popularität verschaffen und seine Zukunft sichern. Der Rundfunk nutzt wiederum Schmidts Freude an Abwechslung und sein Interesse für wenig Bekanntes. So singt er in Grétrys „Liebe gut, alles gut", Franz Schuberts einaktigem Singspiel mit gesprochenen Dialogen „Die Verschworenen" beziehungsweise „Der häusliche Krieg" (D 787), Tschaikowskys „Die Pantoffeln der Zarin" oder Eduard Künnekes Oper „Nadja". Er fühle sich „als Missionar im Dienste einer ganz großen Sache. [...] Ich liebe Mozart und die Italiener, von allen Zeiten bis hin zu dem wunderbaren Puccini, leidenschaftlich, aber ich weiß doch, was gerade da alles zu retten und für die musikliebende Menschheit zu gewinnen ist", lässt er einen Interviewer wissen. Kein Wunder, wenn er auch weitere deutsche Sender für sich gewinnt, Stuttgart etwa oder Hamburg; in Köln singt er im neuen Westdeutschen Rundfunk für die Winterhilfe.

Bisher vollzieht sich alles geschützt vor kritischen Blicken im Aufnahmestudio. Eigenartigerweise klingt Schmidts Stimme im Funk und auf Schallplatte anders, als man sie live wahrnimmt, es fehlt ihm das Bühnenvolumen, er hat aber eine unglaubliche Leichtigkeit und Natürlichkeit beim Singen: „Ein kleiner Schleier war immer auf seinem Singen", sagt der Dirigent Otto Dobrindt, „aber gerade das gab auf der Schallplatte oder im Funk diese wundervolle Farbe." Und Star-Sopranistin Vera Schwarz erinnert sich: „Bei der ersten Probe hörte ich mir den kleinen Kerl an und war entsetzt, weil ich dachte: Der ist heiser. Und ich sagte zu Bronsgeest: ‚Um Gottes Willen, der kann doch nicht singen morgen Abend'. Der aber sagte: ‚Jetzt komm in den Abhörraum und hör dir den Joseph Schmidt an.' Ich ging in den Raum und hörte eine gottbegnadete, prachtvolle, wunderschöne Tenorstimme". So kommt es zu allerlei Gerüchten über irgendwelche technischen Manipulationen bei der Aufnahme. Aber Schmidt wehrt sich: „Man hat mich oft gefragt, ob ich irgendeinen geheimnisvollen Kniff, einen ‚Trick', beim Rundfunkgesang anwende. [...] Was ich anwende, ist lediglich eine normale und sinngemäße, durch intensives Studium herangebildete Gesangstechnik und die Befolgung der einfachen Regeln des Mikrophonsingens, die jeder einhält." – Es empfiehlt sich daher, ihn zum Beweis schnellstens auch auf eine Bühne zu bringen. So ist er schon im August 1929 in Berlin in Ralph Benatzkys Revue „Die drei Musketiere" im großen Schauspielhaus unter Erik Charells Leitung neben Stars wie Trude Hesterberg, La Jana und Paul Morgan im zweiten und sechsten Bild als Zigeuner namens Laredo nicht nur zu hören, sondern jetzt auch zu sehen. Die Aufführung ist wochenlang ausverkauft und der Rundfunk überträgt zwei Vorstellungen; das zieht allerdings keine weiteren Bühnenverträge nach sich. Zwei Jahre später erst sieht man Schmidt in der Strauß-Operette „1001 Nacht" als Kiossim, Gehilfe eines Magiers, in der Berliner Kroll-Oper, wo er ein von Bronsgeest aus Strauß' „Prinz Methusalem" übernommenes Walzerlied mit dem neuen Titel „Launisches Glück" singt. Er steht auf einem Laufbrett über dem Orchestergraben, wo er – nahe am Publikum – stattlicher wirken kann.

Schmidt, dem wegen der geringen Körpergröße immer wieder ein Einsatz auf der Opernbühne verwehrt ist, kommt ein zweites Medium, das jetzt breiten Zuspruch findet, mehr als gelegen: die Schallplatte. „N.V.Küchenmeisters Internationale Ultraphon Maatschappij Amsterdam-Berlin", ein Unternehmen, das sich mit dem Label „Ultraphon" seit 1922 in Deutschland etabliert, macht mit ihm in Amsterdam einige Aufnahmen von italienischen Volksliedern, die zunächst nur wenig Interesse finden. Doch nach seinem Rundfunk-Auftreten setzt im ganzen Deutschen Reich ein Ansturm auf den neuen Radio-Tenor mit der Leichtigkeit und Strahlkraft des hohen Registers ein, und sofort macht die Firma mit ihm und Selmar Meyrowitz als Dirigent des Orchesters der Städtischen Oper Berlin weitere Aufnahmen, auch Opernarien. Nach der Uraufführung von „Land des Lächelns" spielt man – in Konkurrenz zum „Odeon"-Label und dessen Star Richard Tauber – auch mit ihm Lehárs Haupttitel ein. Bemerkenswert ist aber auch, dass sich die Carl Lindström AG vornimmt, die gesamte Liturgie der jüdischen Reformgemeinde auf über einhundert Platten festzuhalten, und zweifellos ist da auch Schmidt mit vierzehn religiösen Gesängen dabei.

Die Auswirkungen des Börsencrashs von 1929 führen zu enormen Verlusten in der Plattenindustrie. Als 1931 auch „Ultraphon" in Zahlungsschwierigkeiten gerät, kann Leo Engel bei ebendiesem Lindström-Konzern und dessen Label „Parlophon" einen neuen Vertrag aushandeln. Zweiundzwanzig Arien und über dreißig leichte Titel, Operettenlieder und Schlager; als erstes zeichnet man „Launisches Glück" auf. Schmidt wird nicht prozentual am Verkauf beteiligt, pro Platte erhält er 750 Reichsmark (das wären heute knapp 5.000 Euro) plus 500 Reichsmark für „Exklusivität", also, dass er denselben Titel nicht auch anderswo einspielt.

Zum Glück für Schmidt gibt es neben Rundfunk und Schallplatte sogar noch ein drittes neues Medium, das eine Bühnenpräsenz nicht erforderlich macht: den Tonfilm. So kann er 1931 im heute verschollenen Streifen „Der Liebesexpress“ unter Leitung des ungarisch-tschechoslowakischen Regisseurs Robert Wiene in der kleinen Rolle des Enrico Tonelli, dem Sänger eines venetianischen Cafés, vier Lieder einbringen.

Den Jahreswechsel 1932/33 verbringt Schmidt in Czernowitz. Er ist gerne bei seiner Familie. Anschließend kommt Mutter Sara mit ihrem „Joschi“ nach Berlin – „Tage mit Mamitschka zählen doppelt“, sagt er zu Freunden und nimmt sie mit zu Rundfunk- und Plattenaufnahmen, sogar zu Interviews, und in manchen Konzerten sagt er vor dem gesamten Publikum: „Liebste Mamitschka, das nächste Lied singe ich nur für dich“. Und Sara erfreut sich seiner Popularität und Wertschätzung. Am 20.Februar 1933 ist Schmidt für eine Produktion von Peter Cornelius‘ „Barbier von Bagdad“ unter Max von Schillings verpflichtet. Eine Woche später werden ohne weitere Begründung sämtliche Verträge hinfällig, Bronsgeest wird durch einen linientreuen Rundfunkmann ersetzt. Schmidt ist als „nichtarischem“ Künstler bei der „Gleichschaltung“ das Betreten eines Funkhauses untersagt – die Nationalsozialisten sind an die Macht gekommen.

Bereits nach dem „Liebesexpress“ ist aber mit der Produktion eines neuen Films begonnen worden, in dem er – in einem sogenannten „Sängerfilm“ – sogar eine Hauptrolle spielt. Drehbuchautor Ernst Neubach hat eine Story entwickelt, die auf Schmidt passt, und der Österreicher Richard Oswald führt Regie. Der Film soll „Der Sänger des Volkes“ heißen und in Venedig spielen, wo Ricardo ein unbekannter, arbeitsloser Tenor lebt. Er ist zu klein für eine Bühnenlaufbahn und möchte beim Rundfunk arbeiten. Als der Streifen am 9. Mai 1933 im Berliner Ufa-Palast am Zoo uraufgeführt wird, muss er aus politischen Gründen einen anderen Titel erhalten, und heißt jetzt nach einem der Film-Schlager von Hans May „Ein Lied geht um die Welt“. Schmidts großes Talent ist nicht seine Schauspielerei aber sein Singen. Als er spät zur Film-Premiere kommt, wird er unter Beifallsstürmen und Hoch-Rufen auf die Bühne gebeten und singt live einen Filmtitel. Auch der neue Reichsminister Joseph Goebbels ist mit seinem Stab anwesend und applaudiert. Wenn stimmt, was Drehbuchautor Ernst Neubach berichtet, habe der Propagandaminister Joseph Schmidt sehr bewundert und ihm die enorme Summe von 80.000 Reichsmark monatlich (!) angeboten, wenn er am Rundfunk bleibe, mit dem Versprechen, ihn zum ‚Ehrenarier' zu ernennen. Wie immer – Schmidt, der bei all seiner Herkunft ein leidenschaftlicher Deutscher und mit Geld nie zu locken ist, glaubt an ein baldiges Ende dieser „nationalen Revolution", kann noch bis 1937 für den jüdischen Kulturbund in Frankfurt und Berlin singen, ist aber entschlossen, nun eine internationale Karriere voranzutreiben. In der österreichischen Hauptstadt Wien hat er ja häufiger im Rundfunk gesungen oder anderweitig konzertiert, wohnt als „Tourneen-Knotenpunkt" meist im dortigen Grand Hotel. Sein Berliner Heim gibt er zwar zunächst nicht auf, nimmt sich aber im Dezember 1933 auch in Wien eine feste Wohnung im dritten, später im vierten Gemeindebezirk und verlegt seinen Arbeitsschwerpunkt hierher.

Im Juni 1933 singt er an der königlichen Oper im belgischen Antwerpen, ist dann zum österreichischen Start seines neuen Films in Wien, geht im Oktober auf Holland-Tournee, im November zu einem Konzert mit Autogrammstunde nach Salzburg, in Wien singt er im Musikverein, im Dezember im Konzerthaussaal. Doch es geht nicht mehr nur um Nachbarländer. Die New Yorker Rundfunkgesellschaft NBC hatte schon 1932 bei ihm angefragt, allerdings sagte Schmidt damals noch nicht zu, geht nach Rumänien oder Palästina.

In Wiens Sascha-Ateliers entsteht (mit Außenaufnahmen im südfranzösischen Toulon) in nur zehn Wochen und erneut unter der Regie von Richard Oswald Schmidts dritter Film: „Wenn du jung bist, gehört dir die Welt". Wieder ist ihm die Handlung auf den Leib geschrieben. Da verliebt sich – ohne Erfolg – der Gärtner Carlo in die Tochter des Schlossherrn. Weil er ein hervorragender Sänger ist, lässt er sich ausbilden und kann eine erfolgreiche Amerikatournee machen. Er denkt, dass er jetzt bei seiner Angebeteten Gehör findet. Doch es gibt wieder kein privates Happy End; er muss auf die große Liebe verzichten und sich in die Welt der Musik zurückziehen.

Im Sommer 1934 ist Schmidt – man synchronisiert damals nicht – zur Produktion der englischsprachigen Version von „Ein Lied geht um die Welt" („My Song Goes Round the World") in den renommierten Elstree-Studios in London. Oswald dreht in den ja schon existierenden Kulissen. Am 22.September ist die Premiere in der britischen Hauptstadt. Immer mehr wandelt Schmidt sich zum singenden Filmstar, der zwar ein umfangreiches Publikum erreicht, künstlerisch aber unter seinem Niveau arbeitet. So entsteht im Oktober 1934 in Wien-Sievering sein vielleicht bester Streifen: „Ein Stern fällt vom Himmel". Drei Besonderheiten kann er einem Reporter aufzählen: „Erstens spielt die Handlung ganz in Wien, in jener Stadt, die ich so sehr liebe; zweitens bin ich durch den Film doch einmal längere Zeit an die schöne Stadt gebunden, was mich sehr froh macht, und drittens bin ich nach den für mich unglücklichen Ausgängen meiner früheren Filme und hoffentlich zur Zufriedenheit meiner zahlreichen Freunde [...] endlich so glücklich, zum Schluss das geliebte Mädel zu kriegen". Im Film schwärmt nämlich die junge Klavierlehrerin Annerl für den Wiener Musikstudenten Josef, nicht zuletzt wegen seiner herrlichen Gesangsstimme. Sie bewirkt letztlich, dass er die Chance für eine große Gesangskarriere – und jetzt eben auch ihr Herz – bekommt. Da die Aufnahmen mehrmals wegen Schmidts Konzerten unterbrochen werden – etwa zu einem Rundfunkkonzert mit Eduard van Beinum im Amsterdamer Concertgebouw – und um die Stimme zu schonen, vereinbart er mit der Produktion, dass er an einem Aufnahmetag Gesangsszenen absolvieren kann, an einem anderen nur Spielszenen. Am 28.Dezember wird der Film schließlich in Wien uraufgeführt – in Deutschland, in der Nazi-Zeit, wegen seines jüdischen Hauptdarstellers nun gar nicht.

Besondere Beachtung kommt dem Faschingskonzert der Wiener Philharmoniker Ende Januar 1935 zu. Komponisten dirigieren eigene Titel, und dann tritt ein Gesangsstar dieser Tage auf, der für viele überraschend auch dirigiert: Richard Tauber. Es folgt sein Solist: Joseph Schmidt. Und der singt wiederum von Tauber komponierte Titel, vor allem das beliebte „Du bist die Welt für mich" aus seiner Operette „Der singende Traum", das er mit einem Sprung zum hohen C beendet. Es folgen Auftritte in den Niederlanden, in der Schweiz und Ende Mai in Paris und Straßburg. Und schon steht in Wien ein weiteres Filmprojekt an: Schmidt in der Doppelrolle eines Zwillingspaars. „Heut' ist der schönste Tag in meinem Leben" heißt der Streifen mit Außenaufnahmen am Prater. Die Regie hat zum letzten Mal Richard Oswald. Der Film handelt von Zwillingen – ein Glückspilz und ein Pechvogel – die wunderbar singen können; Tonio brilliert auf der Bühne eines Varietés, Beppo wird dummer August bei einer Schaubude. Sie verlieben sich auch noch in dasselbe Mädchen, und es kommt zum Krach. Doch Beppo kann (als vermeintlicher Tonio) eine Vorstellung

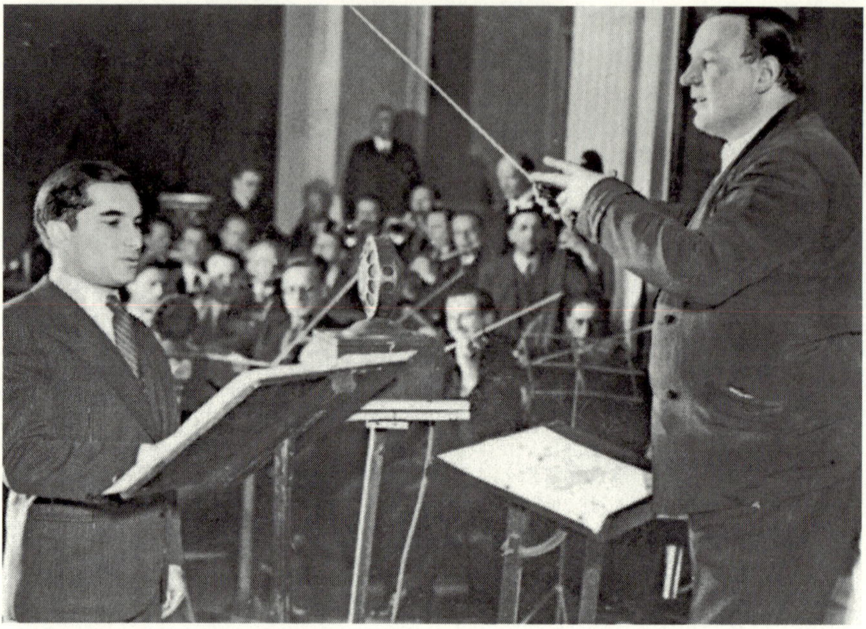

Der dirigierende Richard Tauber und Joseph Schmidt bei der Aufnahme von Liedern aus Taubers Operette „Der singende Traum“ (Wien, 1935)

seines Bruders retten. Aber ein Happy End gibt es diesmal wieder nicht. Außer der Titelmelodie wird vor allem das Lied „Es wird im Leben dir mehr genommen als gegeben“ populär, komponiert wie viele von Schmidts Titeln von Hans May – geradezu ein Vorverweis auf dessen weiteres Schicksal. Die Premiere wird am 22.Mai im Wiener Busch-Kino sein. Dann geht es nach London, wo „A Star Fell From Heaven“ – die englische Fassung von „Ein Stern fällt vom Himmel“ gedreht wird. Außer mit Schmidt sind alle Rollen neu besetzt, es gibt sogar einige frische Gesangstitel.

Im Jahr 1936 liegen Trauer und Riesenerfolg eng beieinander: Schmidts Vater, zuletzt kleiner Angestellter, stirbt im Januar; am 5.Juli aber hat Schmidt in Holland bei einem Sommerfest des holländischen Arbeiter-Rundfunks VARA die höchste Zuhörerzahl seines Lebens – über einhunderttausend Menschen sind bei diesem Open-Air-Konzert versammelt. Und Onkel Leo rechnet mit großem Publikum – gemanagt von Sol Hurok – jetzt doch bei Auftritten Schmidts in den USA, wo ja auch schon die englischsprachigen Filme laufen. Nach einem letzten Konzert in Berlin (mit Hakenkreuz-Schmierereien auf den Plakaten) legt am 24. Februar 1937 mit zweimal „Mr. Engel“ in Le Havre das Schiff in die USA ab, und dort hat schon am 7.März Schmidt mit Werken von Schuberts „Du bist die Ruh“ bis Leoncavallos „Mattinata“ sein USA-Debüt und das erste von zwei – auch im Rundfunk live übertragenen – Konzerten in der New Yorker Carnegie Hall. Nach einer Rückkehr nach Wien, wo er Ende August für „Parlophon“ seine letzte Schallplatte aufnimmt, will er erneut Mutter und Bruder Schlomo treffen. Dann geht es am 25.September bereits erneut zurück in die USA, mit vier Carnegie-Hall-Konzerten, darunter eine Wien- und eine Puccini-Nacht zusammen mit Maria Jeritza, mit den Wiener Sängerknaben, Erna Sack und Met-Starsopranistin Grace Moore. Anschließend folgt eine umfangreiche Solo-Konzerttournee durch die Staaten mit Felix Günther am Klavier, von Ohio bis Colorado, Pennsylvania bis Florida und Texas. Mit Leo Engel reist er auch nach Hollywood zu Verhandlungen. Leo ist noch in einen Prozess um Telefonkosten am US-Finanz-Bundesgerichtshof verwickelt, den er sogar gewinnt. Und Schmidt hat in weniger als zehn Jahren eine Weltkarriere gemacht. Doch bei aller Begeisterung über Land und Publikum wird ihn sein Heimweh wieder nach Europa zurückholen.

So kehrt er Ende Februar 1938 zurück nach Wien und sieht vom Stephansdom die Hakenkreuzfahne wehen. Das heißt, dass ihm nun bald auch diese geliebte Stadt verwehrt sein wird. Umgehend reist er am 7. März nach London, wo er für die BBC ein Konzert mit der populären ungarischen – wiewohl gleichfalls „verfemten“, weil jüdischen – Opernsängerin Gitta Alpár hat. Und in diesen Tagen übernehmen in Österreich Wehrmacht-, SS- und Polizeieinheiten das Kommando. Der Bundesstaat, die „Heimat des Führers“, wird dem nationalsozialistischen Deutschen Reich administrativ „angeschlossen“. Schmidt reist nach Czernowitz, um schnellstens Ausreisepapiere für seine Mutter zu organisieren. Nach Verpflichtungen in den Niederlanden trifft er im Oktober mit Engel in Brüssel ein, wo sie eine Wohnung nehmen. Die Mutter wird einen Pass erhalten und ihn bald in Brüssel besuchen. Es wird ihr letztes Zusammentreffen sein.

Ganz wichtig ist für Schmidt, dass er jetzt einen Bühnenauftritt in Kostüm angeboten bekommt – vom Brüsseler Théâtre Royal de la Monnaie als Rudolf in Puccinis „La Bohème“. Er legt vertraglich fest, dass seine Mimi nicht größer als 1,60 m sein darf; sie wird mit Jos Calewaert besetzt. Ab dem 19.Januar 1939 wird er vierundzwanzigmal die Rolle verkörpern, auch bei Gastspielen in Lüttich, Gent, Antwerpen, Brügge, Kortrijk, Ostende und Verviers, in Dordrecht und Utrecht, dann tritt er (mit Pia Ravenna als Mimi) auch in Helsinkis Oper auf, bei zugesagten fünfzig (!) Prozent der Einnahmen.

Im August 1939 laden ihn der schwerreiche Textilhändler Willy Solnik und Frau Mary-Rose, Freunde seines anderen Onkels Hermann, zu Urlaubstagen ins Golf-Hotel von Juan-les-Pins an die Côte d'Azur ein. Schmidt verliebt sich in Mary Solnik, und diese muss auf Bitte ihres Mannes innerhalb von zwei Tagen in Brüssel die Affäre mit „Peperl“ klären. Dieser soll noch den Canio im „Bajazzo“ singen, doch da wird er vom Zweiten Weltkrieg überrascht, als Hitlers Wehrmacht am 1.September Polen überfällt. Zwar lässt Schmidt sich von der rumänischen Botschaft in Brüssel einen Reisepass ausstellen, nimmt aber zunächst noch letzte von Engel bereits vereinbarte Termine wahr. Im November steht jedoch auch in Holland, wo er bisher so beliebt war, in einer Kritik: „Joseph Schmidt gefällt uns nicht. Seine Stimme ist, abgesehen von einigen wenigen Tönen, heiser und nicht klar genug; der erste Ton, den er sang, klang so falsch wie das Quietschen einer Straßenbahn in einer Kurve. [...] Singen kann Joseph Schmidt nicht.“

Anfang 1940 absolviert der Sänger Konzerte in der Schweiz und sogar dort klingt die Kritik nun ganz anders: „Im Konzertsaal, in den starmäßig aufgezogenen Programmen [...] wird man seiner wenig froh. [...] Hauchiger Beiklang, matte Tiefe, vor allem aber die Neigung zum reinen Stimmprunk trüben das Gesamtbild so stark, dass man auch am gelungenen Einzelnen keine rechte Freude gewinnt“, schreibt Willi Schuh in der „Neuen Zürcher Zeitung“. Es gibt noch Konzerte in Belgien, doch im Mai 1940 überfällt Deutschland auch die Benelux-Länder, und Belgien verweigert ihm jede Ausreise – nicht in die (inzwischen rumänische, bald sowjetrussische) Heimat, nicht nach Portugal – wie auch immer, es bleibt für ihn allenfalls Frankreich und dort wiederum nur die unbesetzte Zone. Das Land ist nämlich durch eine Demarkationslinie, die sich von den Ufern des Genfer Sees bis zur spanischen Grenze windet, in zwei Bereiche geteilt. Die nördliche Hälfte und die Atlantikküste stehen unter deutscher Militärverwaltung („zone occupée“); die südliche Hälfte, die unbesetzte sogenannte „zone libre“, ist unter Verwaltung der neuen französischen Regierung mit Marschall Pétain gestellt. Ende August 1941 gelangt Schmidt über Lyon in den Süden, in die Gegend von Nizza, wo inzwischen Solniks leben.

Dort erreicht ihn durch Sol Hurok, der ja seine amerikanischen Gastspiele organisiert hatte, eine Einreisegenehmigung nach Kuba; so könne er wohl dann sogar weiter in die USA kommen. Leo Engel, der bislang unentbehrliche Manager, hat sich in Brüssel ganz auf sich zurückgezogen, man spricht von einer Liebe, auch von Herzkrankheit. Schmidt erfährt durch Gerüchte, dass auch für ihn eine Deportation in ein KZ in Aussicht stehen kann, und so geht er eben allein auf Huroks Angebot ein. Doch gerade als er sich am 20.Dezember zur Abfahrt in den Hafen von Nizza begibt, hat Japan Pearl Harbour bombardiert; und Kuba – nun in den Krieg hineingezogen – genehmigt keine Überfahrten mehr. So wird Schmidt durch die Präfektur der Aufenthalt in Nizza untersagt und eine Zwangseinweisung in ein Auffanglager im kleinen Thermal- und Luftkurort La Bourboule südwestlich von Clermont-Ferrand veranlasst. Ein letzter öffentlicher Auftritt ergibt sich noch am 14. Mai 1942 in der Städtischen Oper von Avignon, wo er ein Arienprogramm absolviert. Anwesend ist dort eine Dame mit einem Kind – es ist Lotte Kohn, die Mutter seines 1935 geborenen unehelichen Sohnes Otto, die er am 13.Januar 1942 nach jüdischem Ritus geheiratet hat, dies aber schon am nächsten Tag annullierte.

Jetzt lebt der Sänger – weil „fluchtverdächtig“ – unter Gendarmerie-Kontrolle weiterhin in einer „Villa Phoebus“ von La Bourboule, ohne Personalausweis und fast mittellos aber mit Darlehen von Freunden, da Leo Engel zwar Konten in Bern, London, New York und Tel Aviv angelegt hat, über die der an diesen Dingen völlig uninteressierte Joseph jedoch nicht genau unterrichtet ist. Zusammen mit Gleichgesinnten und besonders seiner befreundeten Zimmernachbarin Selma Wolkenheim plant Schmidt eine illegale Flucht Richtung Osten an den Genfer See, um sich quasi in letzter Hoffnung in die Schweiz durchzuschlagen. Das geht wiederum nur illegal, denn die Schweiz hat Ende April 1942 beschlossen, für Flüchtige die Grenze hermetisch abzuschließen. Schmidt hat das seltene Glück, dass ihm, nach zwei missglückten Versuchen im Juni/Juli, in der Nacht vom 6. auf den 7. Oktober der Grenzübertritt mit Hilfe eines Schweizers auch gelingt: Zusammen mit Selma Wolkenheim und 200 Dollar sowie 70 Franken aber staatenlos, ohne gültigen Pass, schafft Schmidt, unweit von Annemasse, mit ihr in die Schweiz zu kommen. Noch 1940 hat er ja in Basel, Bern, Zürich und für das Schweizerische Rote Kreuz gesungen, und so fährt er sofort nach Zürich, wo er sich in einer Polizeikaserne meldet; er will lediglich Asylrecht genießen. Seine Meldung wird erst einmal an das Armeekommando weitergeleitet; öffentlich auftreten darf bis zur „Abklärung seines Falles" nicht. Nach einigen Tagen bricht er plötzlich auf der Straße geschwächt zusammen. Ein Arzt diagnostiziert den Zustand völliger Erschöpfung. Julius Orlow, Inhaber einer Zürcher Zigarrenfabrik und wohlhabender Bruder von Selma, erklärt sich bereit, für Schmidts Unterhalt in der Schweiz aufzukommen, hinterlegt sogar 10.000 Franken als Kaution, und Schmidt versetzt für 100 Franken bei einem Pfandleiher das Einzige ihm verbliebene Wertstück: die goldene Taschenuhr, die dem „beliebtesten Sänger Berlins" 1932 überreicht worden war. Doch alle Flüchtigen müssen gleichbehandelt werden. So wird Schmidt in ein Lager nach Girenbad geschickt, 30 Kilometer von Zürich entfernt, eine 1932 stillgelegte Textilfabrik, in der, bewacht von zehn Soldaten, in drei großen Räumen etwa 350 Internierte leben. Nach einigen Tagen klagt Schmidt wieder einmal über eine Halsentzündung aber auch über einen krampfartigen Schmerz in der Brustgegend. Der Lagerarzt überweist ihn in das Kantonsspital in Zürich, von wo er nach einer Woche – ungeachtet der Brustschmerzen – am Sonntag, 15.November 1942 wieder als geheilt entlassen und „lagerfähig" zurückgeschickt wird; man sei ja nur beauftragt, die Halsentzündung zu behandeln, hält ihn wohl eher für einen Simulanten. Doch Schmidt hat Angst, sich in dieser Jahreszeit wieder erkälten zu können, zumal einer der Lagerleiter gelegentlich alle Gefangenen mitten in der Nacht im Pyjama im verschneiten Freien antreten lässt. Ein anderer Aufseher gestattet ihm dann doch, sich in einem warmen Zimmer des nahen Restaurants Waldegg etwas auszuruhen, zu waschen und zu rasieren.

Am darauffolgenden Montag ist Schmidt erfreut, die Nacht gut überstanden zu haben, er soll am Nachmittag sogar zu einer Probe für ein Sonntagskonzert kommen, das ein jüdischer Kulturverein zugunsten der Flüchtlinge in Zürich erwirkt und für ihn die Bewilligung zur Teilnahme durchgesetzt hat. Selma telefoniert gegen 9:30 Uhr mit „Joschi", wo er ihr von seinen Schmerzen in der Brust erzählt, und etwa eine Stunde später sind seine Krämpfe so stark, dass man erneut den Lagerarzt rufen muss, der um 11:10 Uhr nur noch den Tod durch Herzversagen feststellen kann.

Die Trauer der mit ihm Internierten ist groß. Es ist zwar nicht erlaubt, doch alle Lagerinsassen begleiten den Sarg des 38-Jährigen dorfauswärts. – Einen Tag nach Schmidts Tod hätte seine Arbeitserlaubnis vorgelegen – er wäre frei gewesen.

Sein Grab auf dem jüdischen Zürcher Friedhof Unterer Friesenberg trägt die Nummer 2331. Die israelitische Kultusgemeinde hat die Kosten für eine würdige Bestattung übernommen. Erst in Mai 1945 wird ein von Freunden gestifteter Granit-Grabstein dazukommen: „Ein Stern fällt …" ist auf ihm zu lesen, und am Restaurant Waldegg verkündet eine Gedenktafel:

In diesem Hause starb am 16.Nov. 1942, achtunddreissig Jahre alt,
einer der berühmtesten und beglückendsten Sänger der Welt
JOSEPH SCHMIDT
als Flüchtling und unschuldiges Opfer einer gnadenlosen Zeit.

MARIO LANZA

(1921–1959)

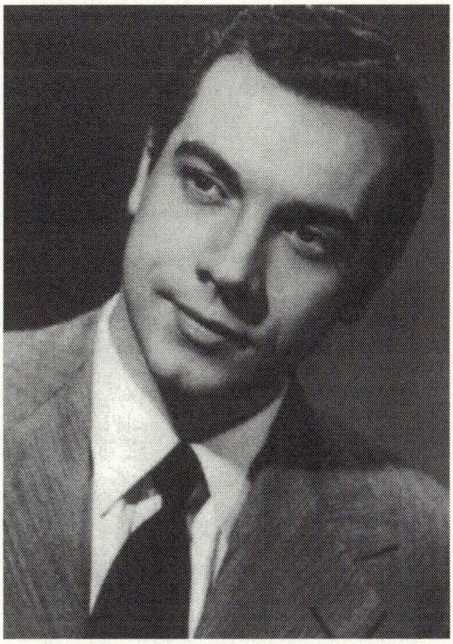

Star-Tenor Plácido Domingo schreibt einmal: „Ich verdanke meine Liebe zur Oper einem jungen Kerl aus Philadelphia." Dieser junge Kerl ist ein gewisser Alfredo Arnoldo Cocozza, und der ist dort als Kind italienischer Einwanderer am 31. Januar 1921 im südlichen „Little-Italy"-Viertel geboren. Aus den Abruzzen sind beide Eltern als Kinder in die USA eingereist. Vater Antonio Cocozza ist ein Weltkriegs-Invalide, der erst als Lackierer von Schränken für die Victor Talking Machine Company arbeitet, später an einer Drehbank Lokomotiventeile herstellt. Mutter Maria war mit ihrem Vater Salvatore Lanza eingewandert, der einen Laden für italienische Produkte von Salami bis Olivenöl betreibt. Sie ist musikbesessen und wäre gerne Sängerin geworden, aber ihr Antonio hält eine Frau auf der Bühne für unschicklich; so arbeitet sie halt im Lebensmittelladen ihres Vaters mit. Nicht dass ihr Ehemann kein Verständnis für Musik hätte; unablässig spielt er seine Arien-Platten von Enrico Caruso, und der fünfjährige Freddy, wie man den kleinen Alfredo nennt, singt schon kräftig mit, nimmt bald auf Betreiben des Vaters Geigenstunden – wenn auch ohne großen Erfolg. Ein mittelmäßiger Schüler ist er. Mit neun geht er auf eine höhere Schule, fliegt allerdings einige Monate vor dem Abschluss von der Anstalt und muss nun ebenfalls im Laden von Großvater Salvatore mithelfen. Doch beim sportbegeisterten Teenager fällt bald auch sein gutes Gehör und das Gesangstalent auf. Als er sechzehn Jahre alt ist, sagt er seinen Eltern, dass er Sänger werden möchte. Und die wollen ihm bei seiner strahlenden, kraftvollen Naturstimme diesen Berufswunsch erfüllen und eine Ausbildung in klassischem Gesang ermöglichen. Die ehrgeizige Mutter, zu der er wie Joseph Schmidt lebenslang eine enge Bindung haben wird, nimmt, um die Finanzen aufzubringen, sogar noch einen zweiten Job an. So kann Freddy 1940 bei einer ehemaligen Opernsängerin, der Sopranistin Irene Williams, ein Repertoirestudium beginnen, lernt Musiktheorie und poliert sein Italienisch auf. Sogar einige lokale Opernauftritte kann er absolvieren und zum Geburtstag des Vaters eine Privat-Schallplatte aufnehmen – mit Gaetano Enrico Penninos „Pecché?“, ein früher von Caruso bis später von Pavarotti gerne gesungenes neapolitanischen Lied.

Frau Williams macht William K. Huff, den Manager der Robin Hood Dell-Konzerte in Philadelphias Fairmount Park auf ihren Schüler aufmerksam, und dieser kann über den Dirigenten Serge Koussevitzky ein Stipendium organisieren. Koussevitzky schickt ihn auf das Bostoner Konservatorium zum bekannten Belcanto-Lehrer Enrico Rosati, und Freddy wird zum Berkshire Music Festival eingeladen, einem der führenden Musikfestivals der USA, das jeden Sommer auf dem Anwesen Tanglewood in den Berkshire Hills stattfindet. Dort spielt auch das Boston Symphony Orchestra, und Koussevitzky, dessen damaliger Chefdirigent und Festivalgründer, rät dem jungen Mann zu einem Künstlernamen. Alfredo nennt sich nun Lanza, nach dem Mädchennamen seiner Mutter, und aus Mari-*a* wird Mari-*o* – so gibt es von nun an Mario Lanza.

In Tanglewood arbeiten junge Korrepetitoren wie Lukas Foss oder Leonard Bernstein. Am 7. und 13. August 1942 ist Mario Lanza in zwei Aufführungen von Herbert Grafs Inszenierung der „lustigen Weiber von Windsor“ von Otto Nicolai als Fenton zu hören, auch singt er in zwei Aufführungen des dritten Akts von Puccinis „La Bohème“ unter Leonard Bernsteins Leitung. Noel Straus, der Kritiker der „New York Times“, lobt Lanza als „äußerst talentierten, wenn auch nicht ganz routinierten Schüler, dessen hervorragende natürliche Stimme unter den heutigen Tenören in Qualität, Wärme und Kraft kaum ihresgleichen sucht“.

Kein Wunder, wenn diesem Mario Lanza Talentscouts der RCA Victor Company einen Vertrag für das Red-Seal-Label anbieten mit dreitausend Dollar als Vorschuss. Doch es kommt nicht einmal zu Probeaufnahmen, denn am 11. Dezember 1941 treten die USA in den Zweiten Weltkrieg ein, Lanza wird zum Militärdienst eingezogen und in Marfa (Texas) stationiert. Vor dem Fronteinsatz in Europa bewahrt ihn ein Augenleiden. Er ist allerdings bei der Air Force zur Truppenbetreuung eingezogen, singt in einer „Army Entertainment Unit“, einer Unterhaltungseinheit der Armee, mit der er zahlreiche Stützpunkte bereist und nach einigen Luftfahrt-Shows den Spitznamen „Dienst-Caruso“ erhält. 1944 hat er dann sogar die Gelegenheit, unter der Regie des berühmten Regisseurs George Cukor in der verfilmten Revue „Winged Victory“ (Geflügelter Sieg) eine kleine Rolle zu spielen.

Im April 1945 heiratet Lanza Betty Hicks, die Schwester eines Armeekameraden. Im folgenden Juni, also nach Kriegsende, kann er dann doch die RCA-Testaufnahmen absolvieren. Mit ersten kommerziellen Einspielungen im Verkauf wird es jedoch noch bis Mai 1949 dauern. Dabei ist Lanza nicht untätig: Er besorgt sich in Sam Weiler einen Manager, macht Rundfunkaufnahmen, zieht nach New York, wo er für fünfzehn Monate bei Enrico Rosati studiert, einem der Lehrer von Beniamino Gigli, bei dem er sich eine solide Technik aneignen kann: er lernt lyrischer zu singen, mit weniger Druck. Von Juli 1947 bis Mai 1948 tingelt er mit einem von der Agentur Columbia Artist Management gegründetem Gesangstrio namens „Belcanto-Trio“, für sechsundachtzig Konzerte durch das Land. Mit ihm singen die klassische Sopranistin Frances Yeend und der – später weltbekannte – Bassbariton George London. Nach dem Start im Grand Park von Chicago mit fünfundfünfzigtausend Zuhörern schreibt die dort gefürchtete Kritikerin Claudia Cassidy, Lanza „erreichte so etwas wie eine Sensation. Seinen außergewöhnlichen, herrlichen Tenor gebraucht er mit gutem Einfühlungsvermögen. Obwohl ihm noch eine Menge Feinheiten fehlen, besitzt er die Voraussetzungen, die man sich nicht aneignen kann.“

Entscheidend für seine weitere Karriere ist allerdings ein Auftritt mit Frances Yeend und dem Pianisten Oscar Levant unter dem Chef des Philadelphia Orchestra, Eugene Ormandy, am 28. August 1947 im legendären Freilufttheater „Hollywood Bowl“ von Los Angeles mit über zehntausend Plätzen. Der Erfolg ist überwältigend. Die „Los Angeles Times“ konstatiert: „Seine Stimme ist warm, abgerundet, verkörpert echt südländische Glut“. Nach der Arie „Un di all'azzuro spazio“ aus Giordanos Oper „Andrea Chénier“ soll es einen zwölfminütigen Applaus gegeben haben. Im Publikum sitzt Ida Koverman, die Sekretärin von Louis B. Mayer, Chef der Metro-Goldwyn-Mayer-Filmgesellschaft, und immer offen für Hinweise auf Talente. Da Lanza nicht nur großartig singt, sondern auch noch ein gutaussehender Sunnyboy oder Latin-Lover sein könnte, lädt man ihn ein, und er kommt nach Probeaufnahmen zu einem Sieben-Jahres-Vertrag mit MGM für mehrere Musikfilme, „Sängerfilme“, wie damals bei Joseph Schmidt. Mayer stellt sich einen singenden Clark Gable (den MGM übrigens auch im Vertrag hat) vor. Man bietet Lanza 15.000 Dollar für den ersten Film an, 25.000 Dollar für den zweiten und 75.000 Dollar – das wäre heute weit über eine halbe Million Euro – für jeden weiteren, dazu einen Vorschuss von 1.000 Dollar und ein monatliches Gehalt von 3.000.

1948 soll Lanza bei der New Orleans Opera Association für zwei Aufführungen (am 8. und 10. April) als Pinkerton in Puccinis „Madame Butterfly“ auf der Bühne stehen. Damals werden im Frühjahr und Herbst nur zwei Opern je zweimal gespielt – in einer Stadthalle, denn das Opernhaus war 1919 abgebrannt und seither nicht wiedererrichtet worden. Zwar soll er im Folgejahr den Alfredo in Verdis „La Traviata“ singen, aber da es in den USA nur wenige kleine Opernbühnen gibt, in denen sich ein Anfänger erproben könnte, konzentriert er sich bei seinem attraktiven Vertrag dann lieber auf eine tragende Spielfilm-Rolle neben Ethel Barrymore, die man ihm angeboten hat. Lanza zieht mit seiner Familie nach Beverley Hills.

Im November 1948 beginnen die Dreharbeiten. Eine Technicolor-Romanze ist das, mit dem Titel „That Midnight Kiss“ [dt. Ein Kuss um Mitternacht]. Zwar ist es ein eher trivialer Gesangsfilm um einen amerikanisch-italienischen Lastwagenfahrer, Johnny Donnetti (Mario Lanza), der den Star-Tenor einer Operntruppe ersetzt. Lanzas Vertrag würde ihm ermöglichen, ein halbes Jahr für den Film zu arbeiten, ein halbes auf Studium oder Bühnenauftritte zu verwenden. So absolviert er von März bis Mai 1949 eine Tournee, arbeitet immer wieder im RCA-Schallplattenstudio. Mit Constantine Callinicos von der New York City Opera studiert er klassische Arien und Lieder ein, und Callinicos fungiert auch als Dirigent der Aufnahmen. Daneben dirigieren Charles Previn (ein Cousin zweiten Grades von André Previn), später Ray Sinatra und Henri René.

Doch der Plan mit dem halbjährigen Studium lässt sich so bald nicht mehr realisieren; die MGM-Studios schieben sofort einen neuen Streifen nach – Drehbeginn im Oktober 1949: „The Toast Of New Orleans" [dt. Der Fischer von Louisiana], ein Musikfilm mit Stars wie David Niven und Rita Moreno, dessen Plot – er spielt im Jahr 1905 – wieder nicht viel mehr als ein Vehikel für Lanzas Stimme ist. Die Handlung ist um die Gesangsnummern herum gebaut: Pepe Abellard Duvalle, ein französischer Fischer mit einem natürlichen Gesangstalent, verliebt sich in die Star-Sopranistin Suzette Micheline, die ihn einlädt, nach New Orleans zu kommen. Fragloser als bei Joseph Schmidt kommt es zu einem Happy End. Mario muss nun jedoch zum ersten Mal auf eine Forderung des Studios eingehen, und wegen seiner Tendenz zu Übergewicht in Palm Springs eine Diät-Kur machen, bei der er tatsächlich stark an Gewicht verliert. Der meist gutmütige, heitere Lanza kann plötzlich arrogant, reizbar und aufbrausend sein. Man spricht von Realitätsverlust, ja Selbstüberschätzung („Ich bin größer als Caruso"). Er landet aber mit dem Nicholas Brodszky-Titel „Be My Love" einen Riesenerfolg, der Song wird sogar Oscar-nominiert und die Einspielergebnisse des letzten Streifens werden noch übertroffen. Die Filmgesellschaft schiebt nach diesem Erfolg sogar noch 10.000 Dollar für Lanza nach.

Jetzt wird er zum Getriebenen mit zu frühen billigen Erfolgen, denn schon wieder soll ein neuer Film folgen. Warum nicht gleich mit dem populärsten Tenor der Welt als Titelhelden – gilt es 1951 doch des dreißigsten Todestages von Enrico Caruso zu gedenken: Also produziert man ab Juli 1950 in acht Wochen „The Great Caruso" [dt. Der große Caruso]. Lanza kann in ihm mit Gesangsstars wie Blanche Thebom oder Jarmila Novotná nicht weniger als fünfzehn Solotitel und acht Duette singen. Der Film vermischt Fiktion mit der realen Biografie des großen Tenors und bewegt ganz Amerika, später auch einen jungen Spanier namens José Carreras: „Seine wunderbare Stimme und die charismatische Anziehungskraft seiner Persönlichkeit haben mein Leben nachhaltig geprägt, und ich habe mich dort entschieden, dass auch ich eines Tages die großen Opernpartien singen werde". Lanza, der ja im selben Jahr geboren ist, in dem Caruso starb, sieht sich als der wiedergeborene Startenor und will, als der Film bereits abgedreht ist, sein Caruso-Kostüm gar nicht mehr ablegen. Vor allem in den USA entsteht buchstäblich ein „Lanza-Fieber" um eine „Jahrhundertstimme", und Lanza schafft es als klassischer Tenor auf die Titelseite des „Time"-Magazins. Alle werden zu Opernliebhabern, hören Puccini- oder Verdi-Arien. Kein Wunder, dass man ihn von Februar bis April 1951 auf eine „Great Caruso Tour" durch die USA schickt. Und im Mai geht es mit einem weiteren Musikfilm weiter: „Because you're mine" [dt. Mein Herz singt nur für dich] mit einem ganz banalen Stoff um Opernsänger-Superstar Renato Rossano, der zur US-Armee eingezogen wird. Die Dreharbeiten enden im Februar des Folgejahres, und zwischenzeitlich arbeitet Lanza für den Rundfunk, für NBC und CBS, es gibt eine „Mario Lanza Show", und die Popularität vergrößert sich noch durch „The CocaCola Radio Shows" zwischen Juni 1951 und Mai 1952. Neunundfünfzig Folgen werden es, in denen Lanza immer drei oder vier Songs bietet und zwei jeweils ein Gaststar.

Schon im Sommer 1952 geht man an die Neuverfilmung der Operette „The Student Prince" [dt. Alt-Heidelberg] von Sigmund Romberg. Wie bisher üblich, beginnt man in den MGM-Studios erst mit den Tonaufnahmen. Doch dann hat Lanza enorme Differenzen mit dem Regisseur Curtis Bernhardt, der zwar durch Richard Thorpe ersetzt wird, der mit Lanza den Caruso-Film gedreht hat, aber der Charakter der Hauptfigur in diesem Kostüm-Film, so der Sänger, entspreche ihm und seiner Stimme überhaupt nicht. Er will kein „preußischer Kasernenhof-Fatzke" von 1900 sein. Die Dreharbeiten werden zunächst verschoben, dann wiederum fordert Lanza eine höhere Gage – kurz die Filmgesellschaft droht mit einer Vertragsklage von über fünf Millionen und feuert ihn aus dem Film. Man ersetzt ihn durch den Schauspieler Edmund Purdom, der – als geübter Synchronsprecher – lippensynchron im Playback die Gesangseinlagen übernimmt, die Lanza, wenn er die Klage vermeiden will, dem Studio kostenlos überlassen muss. Erst im Juni 1954 kommt der Film in die Kinos – er wird kein Kassenschlager.

Einst soll Tito Schipa, selbst ein großer Opernstar, der mit Platten und Filmen berühmt wurde, zu Lanza gesagt haben: „Mario, du hast die größte Stimme eines jungen Mannes, die ich je gehört habe; gehe sparsam damit um.“ Doch das ist Lanzas Sache nicht. Zwar arbeitet er nun an einem Comeback als Opernsänger, zumal ihm immer wieder die fehlende Bühnenpraxis vorgeworfen wird; doch bei seinen vielen Verpflichtungen und üppigen Einnahmen durch Film und Platte bleibt ihm keine Zeit für ernsthafte Studien. Zumal er für das breite Publikum mit seinen Filmsongs, Canzonen und Arien ja ohnehin schon ein bewunderter Opernsänger ist, trotz mancher gepresster, nur auf Kraftleistung gestemmter Spitzentöne, trotz aller sentimentalen Show-Nummern, welche die Kritik moniert. Damals gibt es ja enorm viele ganz hervorragende Kollegen wie Corelli oder Björling, del Monaco, Gedda oder Bergonzi.

Da MGM nach den letzten Erfahrungen mit Lanza seinen Vertrag nicht verlängert, drehen ab Juli 1954 nun Warner Brothers nach dem Roman von James M. Cain den Film „Serenade in Mexiko“. Wieder ist darin Lanza ein Sänger, den die leidenschaftliche Liebe zu einer bösen Frau vorübergehend um jegliche Vernunft und sogar um die Stimme bringt. Im diesem Film, der über zwei Stunden Spieldauer hat, singt er mit Licia Albanese, einer ebenfalls italo-amerikanischen Diva. Allein über 14 Minuten dauert ihr Auftritt aus dem 3.Akt von Verdis „Otello“. Albanese erinnert sich: „Er war ein schrecklich kranker Junge und von einem Mangel an wahrem Verständnis gequält. Jeden Tag, nachdem ich ihn verlassen hatte, betete ich für ihn.“ Und das „Time“-Magazin kann nach der amerikanischen Uraufführung nichts Geistreicheres verzeichnen als: „Lanza kann mit seinem hohen C aus einer Entfernung von 20 Metern noch immer eine Kaffeetasse zum Wackeln bringen.“

So dreht sich die berufliche „Mühle“ jetzt doch wieder weiter, und es gibt Comeback-Möglichkeiten: Im September 1954 macht ihm die TV-Gesellschaft CBS das Angebot, für 40.000 Dollar in einem ersten TV-Auftritt drei Titel zu singen. Er nimmt an. Doch dann wird publik, dass im (damals noch recht ungewohnten und unbekannten) Play-Back-Verfahren aufgezeichnet wurde. Das Publikum fühlt sich betrogen, man wähnt, Lanza habe seine Stimme verloren. Gleichwohl bietet man ihm 100.000 Dollar – heute wäre das fast eine Million Euro – für ein Gastspiel in Las Vegas, das er dann allerdings wegen einer akuten

Kehlkopfentzündung absagen muss. Sein einstiges Publikumsprestige ist dahin; man sieht darin Starallüren, es gibt in Konzerten Buh-Rufe. Dennoch folgen im August 1956 in den Republic Studios in Hollywood wieder Plattenaufnahmen, wenn allerdings recht unterschiedlicher Qualität.

Lanza kommt mit seiner Erfolgsstory als „amerikanischer Caruso" immer weniger zurecht; er wird launisch, trinkt exzessiv Bier, Wein und Champagner, neigt zum Tablettenmissbrauch. Doch keines der damals gängigen Medikamente kann ihm bei seinen Stimmungsschwankungen helfen. Im Mai 1957 zieht er mit seiner Familie nach Italien. Ein Angebot für eine Südafrika-Tournee muss er zwar absagen, da sich MGM aber doch wieder bereitfindet, mit ihm zusammenzuarbeiten und in Koproduktionen zwei weitere Musikfilme zu drehen, sagt er zu, sich in Rom einer Diät-Kur zu unterziehen, die ihm die Aufnahme von nur 500 Kalorien pro Tag erlaubt, dazu tägliche Hormon-Injektionen. Auch experimentiert man mit Lithium.

So kann die italo-amerikanische Low Budget-Komödie „The Seven Hills Of Rome" [dt. Arrividerci Roma] in den bedeutenden römischen Titanus-Studios gedreht werden. Der Plot: Marc Revere, ein amerikanischer Fernsehsänger italienischer Abstammung, reist auf der Suche nach seiner Verlobten nach Italien. Schließlich findet er seine wahre Liebe und bleibt im Land.

Was folgt, ist eine Europa-Tournee, die im November 1957 im London Palladium beginnt (Handschütteln mit Königin Elizabeth II.) und von Sheffield bis nach Glasgow und Leicester führt. Schließlich ist Lanza am 16. Januar 1958 wieder in London, wo er in der Albert Hall vor 8.000 begeisterten Zuhörern auftritt. Bei einem Wiederholungskonzert drei Tage später ist die Leistung so, dass das Publikum diskutiert, ob er betrunken ist oder sediert. Schließlich folgt Deutschland mit München und Stuttgart. Doch auf Drängen seines Arztes muss er die Tournee abbrechen. Im März geht es dann noch einmal weiter mit London und englischen Städten von Bristol bis Brighton, dann Rom, Paris, Ostende, Rotterdam, Hannover und am 13. April 1958 ein Auftritt in der riesigen Kieler Ostseehalle. In Hamburg, der nächsten Station, muss er auf Rat seines Arztes erneut absagen, was zu einem Skandal mit tobendem Publikum führt, für den sogar ein Polizeieinsatz nötig wird.

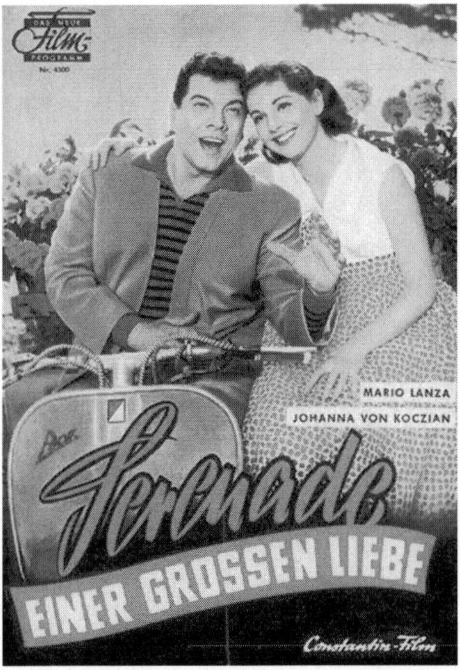

Mario Lanza der Filmstar (1958)
[mit Johanna von Koczian]

Einige Wochen später macht ihm die deutsche Corona Filmgesellschaft mit einem Honorar von 200.000 Dollar das Angebot für einen Film mit dem Titel „For The First Time“ [dt. Serenade einer großen Liebe], eine amerikanisch-deutsch-italienische Produktion mit Johanna von Koczian als Partnerin und Aufnahmen in Österreich, Capri und Berlin. Da sich die Gesellschaft um seine Gesundheit Sorgen macht, bietet man ihm zuvor eine Behandlung im Parksanatorium am bayerischen Walchensee an, wo man einen Leberschaden, sehr hohen Blutdruck, Arteriosklerose und Gichterscheinungen ermittelt. Man setzt eine sogenannte „Dämmerschlaftherapie“ ein, während der ein Patient nicht isst, die aber auch das Herz angreifen kann. Der nur 1,72 Meter große Lanza verliert vierzig Pfund, dann können für den Film im August Aufnahmen in der römischen Oper gemacht werden. Doch jetzt ist der Sänger ein kranker Mann und vor dem künstlerischen wie finanziellen Ruin. Er überlegt sogar, ob er nicht nach Oberbayern zieht.

Schon im folgenden Frühjahr spricht man wieder von extrem hohem Blutdruck, ja gar von einem Herzinfarkt. Lanza geht freiwillig in die römische Klinik Valle Giulia, wo er auch noch eine Lungenentzündung überstehen muss. Pläne zu einem neuen Musikfilm mit Caterina Valente „Laugh, Clown, laugh“ [Lache, Clown, lache!] schiebt man auf. Allerdings werden in Roms Cinecittà immer wieder Studioaufnahmen – jetzt in Stereo – für die Platte gemacht und die Bänder nach New York geschickt. Am 10. September 1959 spielt Lanza das Vaterunser ein – es wird seine letzte Aufnahme sein, denn Ende des Monats wird er auf eigenen Wunsch in die Klinik eingeliefert. Er hat akute Probleme mit Phlebitis, einer Venenentzündung, unter der schon seine Mutter litt, und die Schmerzen im rechten Bein erzeugt. Auch hat er Fieber und stechende Brustschmerzen. Man behandelt ihn mit Blutverdünnern bei strenger Bettruhe. Gleichzeitig wünscht Lanza erneut eine Diätkur. Sein früherer deutscher Arzt rät den italienischen Kollegen von einer wiederholten Dämmerschlaftherapie ab - die Dosis der Medikamente, die benötigt würde, könnte angesichts seines Leberzustands sein Leben gefährden. Aber man setzt in Rom die Behandlung fort. Am Nachmittag des 7.Oktober 1959 stirbt Mario Lanza im Alter von achtunddreißig Jahren an den Folgen eines Herzinfarktes.

Ehefrau Betty stirbt seelisch gebrochen nur fünf Monate später. Manche Presseorgane glauben noch nach Jahren, bei Lanzas Tod habe die Mafia ihre Hände im Spiel gehabt, und man wundert sich, dass seine Söhne im doch jungen Alter von 37 beziehungsweise 55 Jahren sterben und seine älteste Tochter, die Opernsängerin wurde, 48-jährig bei einem Autounfall tödlich verletzt wird.

FRITZ WUNDERLICH

(1930–1966)

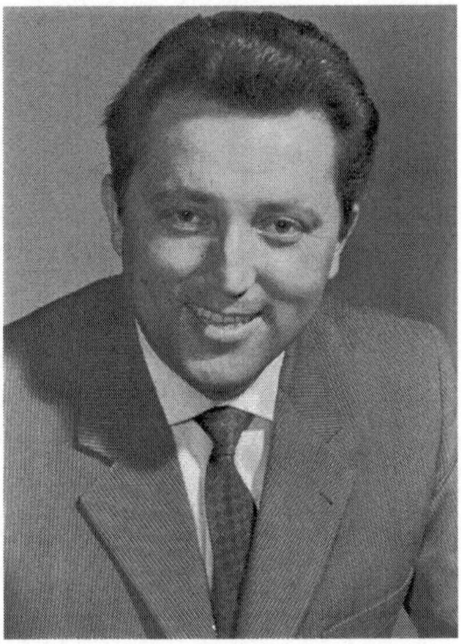

Die gewiss nicht unkritische Mezzosopranistin Christa Ludwig bekräftigte, er habe „nicht eine einzige Schwachstelle“, und kein Geringerer als Startenor Luciano Pavarotti brachte es auf die Formel, er sei „der größte Sänger aller Zeiten“. Der Gemeinte ist kein Italiener wie er oder Caruso, kein Spanier wie Domingo oder Carreras, kein Mexikaner wie Villazón, der ihm auch eine „universelle Stimme, die alles Gute vereint“ bestätigt; nein, die Rede ist von einem Deutschen aus dem Nordpfälzer Bergland. Am 26. September 1930 wird Friedrich Karl Otto Wunderlich in Kusel, der drittkleinsten Stadt Deutschlands, in der Saarpfalz geboren. Er hat noch eine elf Jahre ältere Schwester Marianne. Fritz, wie ihn alle nennen, liebt seine Heimatstadt und bleibt ihr lebenslang verbunden. In Robert Lembkes TV-Rateshow „Was bin ich?“ singt er sogar ein von ihm komponiertes und getextetes Kusellied: „Zieh in die Welt ich einmal fort, dann bitt’ ich Gott: ‚Erhalt’s, mein Städtchen, meinen Heimatort, mein Kusel in der Pfalz!'". In die Welt fortziehen wird er sehr wohl.

Sein Vater Paul Edmund stammt aus Thüringen ist Komponist, Kapellmeister und Cellist. Im Ersten Weltkrieg, wo er eine Militärkapelle leitet, wird er schwer verletzt, danach ist er Dirigent der „Stahlhelmkapelle" vom Bund der Frontsoldaten, oder er studiert mit Laienspielern Operetten ein. Mutter Anna, eine Geigerin, kommt aus dem Erzgebirge. Schon ab dem vierzehnten Lebensjahr spielte sie nach guter Ausbildung mit ihren Schwestern als Damen-Trio – in Griechenland, Russland, in der Türkei und Jerusalem. Ihren Mann lernt sie auf Zypern kennen.

Die Ehepartner haben als Berufsmusiker in guten Cafés und Filmtheatern gespielt und sogar ein eigenes Salonorchester gegründet. Durch eine Annonce kommen sie in die Pfalz, weil da angeboten wird, eine Gastwirtschaft mit angeschlossenem Kino zu pachten: „Emrichs Braustübl". Fritz Wunderlichs Geburt, die Mutter ist bereits vierzig Jahre alt, wird dort durch einen kleinen Anschlag an der Tür bekannt gegeben: „Fritzchen ist heute angekommen. Wirtschaft geschlossen!"

Doch weder Kino noch Gaststätte bringen die erhofften Einnahmen. Die Eltern müssen den Betrieb wieder aufgeben, machen eine entsprechende Prüfung zum Musiklehrer an der Musikhochschule Kassel und sind dann als Privatmusiklehrer tätig. Die Familie zieht in ein kleines Mietshäuschen einer Arbeitersiedlung, der Vater wirkt auch noch als Chordirigent und Musikerzieher am Progymnasium. Neider suchen in dieser Nazi-Zeit alle möglichen Vorwürfe gegen ihn zusammen: Leitete er nicht die Stahlhelmkapelle? War in seiner Gastwirtschaft nicht das SPD-Parteibüro? Vermied er nicht den „deutschen Gruß"? Am Ende seiner Nervenkraft begeht er im Oktober 1935 Suizid – Fritz ist fünf Jahre alt und wird sich lebenslang mit diesen Kindheitserinnerungen auseinanderzusetzen haben.

Nun muss die tatkräftige Mutter mit ihrer kleinen Witwenrente die Familie durchbringen, kann aber sogar noch mit günstigen Darlehen die Fertigstellung eines im Bau begonnenen Siedlungshäuschens bewerkstelligen. Bedingung ist allerdings, Vieh zu halten. So lebt man mit Hühnern und einem Schwein, und spielt in den folgenden Kriegswirren bis spät in die Nacht bei Tanzveranstaltungen und Kirmesfesten, und die Mutter gibt weiter Musikunterricht. Der kleine Sohn muss mit übersprudelnder Lebensfreude auf seinem Akkordeon mitverdienen – trotz Fliegerangriffen und Hilfsarbeiten in Schützengräben. Er lernt sogar noch Klavier, Waldhorn, Trompete …

1941 kommt Fritz in die Oberschule, wo seine Begabung einem aus Königsberg in seine pfälzische Heimat geflüchteten Musiklehrer – dem später renommierten Musikwissenschaftler Joseph Müller-Blattau – in einer weihnachtlichen „Rumpelstilzchen"-Aufführung offenbar wird; er rät ihm zum Gesangsstudium. „Es stand für mich eigentlich immer fest, dass ich auf irgendeine Art Musik machen würde im Leben, nur wusste ich eben nicht, dass ich singen würde", sagt Wunderlich. So nimmt er in Kaiserslautern Gesangsunterricht bei Käthe Bittel-Valckenberg. Doch die Mutter ist sich nicht sicher, ob er nicht besser etwas „Ordentliches" lernen sollte und bemüht sich um eine Stelle für ihn am Landratsamt. Andererseits geht sie auch zu Emmerich Smola, dem Fritz schon einmal in einem Chor aufgefallen ist und der damals Chef vom Rundfunkorchester Kaiserslautern des Südwestfunks ist. Smola empfiehlt ihn an die Freiburger Musikhochschule. Wunderlich bewirbt sich dort 1950 mit einem Empfehlungsschreiben von Müller-Blattau. In ihm heißt es, er verfüge „über eine Naturstimme von gutem Sitz und natürlichem Schmelz, ferner über eine ungewöhnliche Begabung. Es wäre dringend erwünscht, dass ihm durch eine Ausbildungsbeihilfe die Möglichkeit gegeben würde, eine regelrechte Ausbildung durchzuführen ohne den schädlichen Zwang, Tanzmusik machen zu müssen. Es kann jetzt schon gesagt werden, dass Fritz Wunderlich nach abgeschlossener Ausbildung eine große Zukunft als Sänger hat." Welch prophetische Worte.

So ganz vertraut Fritz seiner Stimme aber selbst nicht, und er schreibt sich für zwei Hauptfächer ein: Gesang und Waldhorn. Gesang kann er in der Meisterklasse der renommierten blinden Gesangspädagogin Margarethe von Winterfeldt studieren. Bei der Aufnahmeprüfung singt er ein Schubert-Lied, den „Wegweiser" aus der „Winterreise". „War wohl etwas schmalzig", sagt er im Anschluss, „aber genau das will ich hier lernen – wie man das anders macht." Einen Freiplatz, wie Smola empfiehlt, kann man ihm nicht anbieten aber eine Ermäßigung der Studiengebühren, die über ein Darlehen finanziert werden. So wird er in jungen Jahren nie wirklich ohne Geldsorgen sein. Hat er sich als Gastmusiker bei der legendären Kuseler Tanzkapelle „Die Hutmacher" mit Akkordeon und Trompete ein Zubrot verdient, so organisiert er jetzt eine kleine Band – „Die flotten 5" –, die unweit von

Freiburg, im Kurort Badenweiler, auftritt: „Ich habe mein Studiengeld bei Tanzmusik verdient. Ich habe also Jazz gemacht, ich habe Trompete geblasen, ich habe Akkordeon gespielt, ich habe Jazz gesungen, nachts, am nächsten Morgen bin ich zum Studium gegangen und habe Arien gesungen."

1952 hat Wunderlich mit Bachs Weihnachts-Oratorium in Esslingen bei Stuttgart sein erstes wichtiges Konzert. „Die Evangelienerzählungen meisterte Fritz Wunderlich mit dem durchgreifenden Metallglanz seiner hellen, kräftigen Stimme voll Musikalität", schreibt damals ein Rezensent. Auch mit Radio-Produktionen kann er sich Geld verdienen und singt ab Dezember 1953 im Freiburger Südwestfunk-Studio mit dem Kleinen Unterhaltungsorchester unter Willi Stech Schlager wie „Bella Maria", „Sonne über Capri" oder „Veilchen, Liebe, Frühling und du". Manchmal spielt er dabei sogar noch Trompete. Sein Name ist den Hörern schnell geläufig. Bald singt er auch mit dem Großen Unterhaltungsorchester des SWF unter Emmerich Smola. Solche Ausflüge in die Welt der leichten Muse, für die er immer wieder einmal zu haben ist, absolviert er mit derselben Hingabe und Präzision, wie seine wichtigsten Opernrollen. „Es macht eine Höllenfreude, wenn man sich zwischendurch wieder einmal stimmlich austoben kann. Aber auch hier muss man Stilgefühl beweisen", sagt er. Und sein „Granada" des mexikanischen Komponisten Agustín Lara kann ohne weiteres mit der Aufnahme des damaligen Weltstars Mario Lanza konkurrieren.

1952/53 schließt Wunderlich sein Hornstudium ab, konzentriert sich weiter auf den Gesang. Als im Juli 1954 die Hochschule in Freiburg eine Aufführung von Mozarts „Zauberflöte" ansetzt, singt er in ihr den Tamino, eine Rolle der er zeitlebens verbunden bleiben wird. In dieser Aufführung hört ihn ein Konzert- und Opernagent und empfiehlt ihn an Ferdinand Leitner, den Generalmusikdirektor der Stuttgarter Staatsoper, aber auch in Freiburg ist man an ihm interessiert. So hat er die Wahl zwischen großen Rollen am dortigen Stadttheater und kleineren Partien in Stuttgart. Wunderlich, ein lebenslanger Lerner, möchte sich erst einmal in Stuttgart erproben, zumal er dort die Gelegenheit hat, mit dem renommierten Ensemble durch ganz Europa auf Tournee gehen zu können. Der 24-Jährige schließt also 1955 – nach fünf Jahren Hochschule aber ohne Abschlussprüfung – mit dem Württembergischen Staatstheater in Stuttgart einen Vertrag als lyrischer Tenor, hat jedoch sein erstes wichtiges Engagement im Juli bei den

Sommerlichen Musiktagen in Hitzacker als Apollo in Monteverdis „Orfeo“.

An der Stuttgarter Oper bleiben ihm zunächst wirklich kleine (wenn auch nicht immer leichte) Rollen: der Eisslinger in den „Meistersingern“, Kilian im „Freischütz“, Heinrich der Schreiber im „Tannhäuser“, der Rodrigo in Verdis „Otello“ oder der Leibbojar im „Boris Godunow“. Im November und Dezember steht er dann wieder als Evangelist in Bachs Weihnachtsoratorium für den Süddeutschen Rundfunk vorm Mikrofon. Die Presse lässt er als „ungewöhnlich koloraturengewandter Solosänger aufhorchen“.

Am 18.Februar 1956 kommt dann völlig unverhofft die große Chance: In Stuttgart steht „Die Zauberflöte“ auf dem Programm. Der Sänger des Tamino, Josef Traxel, muss absagen; der ebenso renommierte Kollege Wolfgang Windgassen, der als einer der Geharnischten besetzt ist, soll ihn ersetzen. Doch der schlägt lieber den jungen Wunderlich vor, will weiterhin als Geharnischter fungieren. Und Wunderlich kann auch hier wieder lyrisch-belebt als Tamino imponieren. So ist ihm zu seinem Durchbruch verholfen, und er wird sich aus eigener Kraft an die Weltspitze singen können.

Doch es ist nicht nur die Oper, der er zur Verfügung steht. Schon am nächsten Tag singt er in München unter Karl Richters Leitung Bach-Kantaten. Richter sitzt auch im Direktorium der Ansbacher Bachwoche und so kann Wunderlich ein Jahr später dort mit Dietrich Fischer-Dieskau weltliche Kantaten singen. „Fast erschrak ich beim Hören“, erinnert sich dieser, „denn diese Stimme hatte einen berückenden Schmelz und dabei doch das notwendige Gran Metall im Klang, wie es von deutschen Tenören schon seit langem nicht mehr zu vernehmen war.“ Und der intellektuell-analytische Berliner meint: „Das Naturell des frisch-fröhlichen Fritz Wunderlich sollte man haben!“ Diese Kombination von Ehrgeiz, Begabung und Lebenslust wird immer für Wunderlich charakteristisch sein; stets bodenständig, energievoll, zuweilen gar aufgedreht und als Frohnatur bereit zu Faxen. Auch schwerst Erarbeitetes wirkt auf das Publikum mühelos. Dazu gehören für ihn selbst Liederabende: „Man darf unter keinen Umständen auch nur die geringsten gesangstechnischen Schwierigkeiten haben. Am Lied erkenne ich, ob ich singen kann.“ Auf Empfehlung seines Freundes Hermann Prey lernt er „Hubsi“ kennen, den 65-jährigen Hubert Giesen, der schon Menuhin und Heifetz, Peter Anders und

Erna Berger begleitet hat; fortan arbeitet Fritz mit ihm intensiv zusammen.

Dann folgt der Stuttgarter Opernalltag – Händels „Jephta“ und Bergs „Wozzek“, „Aida“, „Boris Godunow“, „Die verkaufte Braut“, Orffs „Mond“, aber auch eine Johannes-Passion in Freiburg, eine Matthäus-Passion in München und Wien. Im August 1956 heiratet Wunderlich Eva Jungnitsch – eine Harfenistin und Tochter des Ersten Flötisten im Opernorchester, die er bei den Proben zu Orffs „Antigone“ kennenlernt. Das erste von ihren drei Kindern heißt Constanze (*1957); Mozart lässt grüßen.

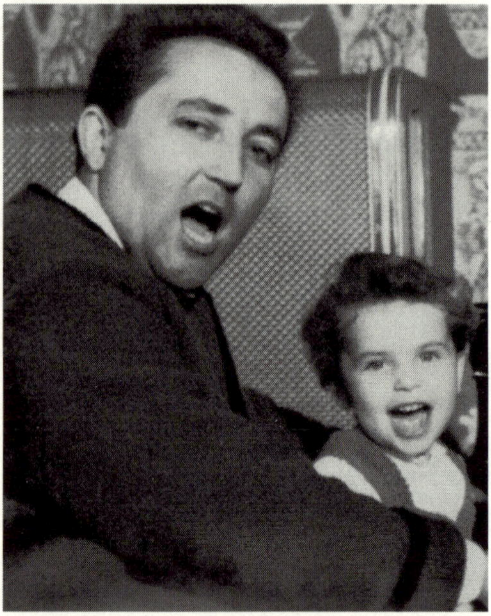

Fritz Wunderlich mit Tochter Constanze (1961)

Am 18.Oktober 1958 erreicht Wunderlich, der jetzt schon bei den Festspielen von Aix-en-Provence und Edinburgh mitwirkt, ein Telegramm: „Einladen Sie herzlichst und verbindlich zur Mitwirkung bei Salzburger Festspielen 1959 als junger Morosus stop Brief folgt. Grüße Festspiele Salzburg.“ Auf Empfehlung von Regisseur Günther Rennert hat ihn der Dirigent Karl Böhm zwei Tage vorher in Frankfurt vorsingen lassen, er will in der kommenden Saison in Salzburg Richard Strauss’ wenig bekannte Oper „Die schweigsame Frau“ ansetzen, die er einst in Dresden uraufgeführt hat. Mit der schwierigen und undankbaren Partie des Henry Morosus wird Wunderlich im Folgejahr seinen internationalen Durchbruch schaffen, und er singt in Salzburg noch unter Dimitri Mitropoulos in einer Aufführung von Franz Schmidts Oratorium „Das Buch mit sieben Siegeln".

Das Jahr 1959 ist überhaupt ein Markstein in seiner Karriere. Er kann mit der Bayerischen Staatsoper in München einen Dreijahresvertrag über siebzig Aufführungen pro Spielzeit abschließen. Als Graf Almaviva in Rossinis „Barbier von Sevilla" hat er im Cuvilliés-Theater seinen Einstand, wird dann aber vornehmlich als Mozart-Sänger eingesetzt, natürlich als Tamino in der „Zauberflöte", als Belmonte in der „Entführung aus dem Serail" oder Ferrando in „Così fan tutte".

Und die bedeutendsten Dirigenten seiner Zeit bemühen sich um ihn: Unter der Leitung von Herbert von Karajan singt er im Januar 1960 beim Berliner Philharmonischen Orchester in Mozarts Requiem, dann bei den Wiener Festwochen in Beethovens Neunter unter Otto Klemperer sowie in Mahlers „Lied von der Erde" erneut unter Karajan, dem damaligen künstlerischen Leiter der Wiener Staatsoper. Der unterhält sich mit ihm über einen möglichen Vertrag, doch Wunderlich kann nicht akzeptieren, er ist ja noch Mitglied des Ensembles der Bayerischen Staatsoper, das Joseph Keilberth leitet. Im März 1961 wird er dort zum „Kammersänger" ernannt, singt im Dezember in einer Neuinszenierung von Tschaikowskys „Eugen Onegin" den Lenski. In den Festspielsommern weitet sich mit den Jahren der Radius seiner Auftrittsorte aus – Ottobeuren, Aix-en-Provence, Venedig, Mailand, Buenos Aires, mit der Oper in Edinburgh, im Londoner Royal Opera House oder bei der Deutschen Oper in Berlin. Er ist jetzt der nahezu einzige lyrische Tenor von Weltgeltung, der zuletzt fünfunddreißig Opernpartien beherrscht.

Als er seine drei Münchener Jahre absolviert hat, wird er, nach einem Gastvertrag, 1963 dann doch noch festes Mitglied im Ensemble der Wiener Staatsoper. Im Dezember 1964 übernimmt der 34-Jährige die Rolle von Pfitzners greisenhaftem „Palestrina". „Obwohl er für die Rolle zu jung sein müsste, was die Jahre betrifft", wundert sich der Wiener „Express", „hat er sich die Stimmung, die Resignation, die Weltferne des Palestrina so wunderbar zu eigen gemacht, dass er wirklich wie ein müder, vom lauten Getriebe der Umwelt abgestoßener alter Mann auf der Bühne steht und sitzt." Er ist auch privat nicht immer der lebenslustige Naturbursche, als der er beim Publikum ankommt. Seine Schwester erlebt, wie er manchmal „ganz plötzlich eine gesellige Runde verließ. In seinen Augen war eine tiefe Traurigkeit zu lesen, und er sagte leise: ‚Ja, ja – es ist alles so traurig'." Er meint immer wieder einmal, seine Karriere jung zu beenden, spricht zuweilen davon, er glaube früh zu sterben.

In seiner Biografie des Sängers stellt Jens Malte Fischer als Beispiel eines seiner Wochenprogramme dar: „Anfang des Jahres 1963 muss Wunderlich zunächst wegen einer hartnäckigen Erkältung mehrere Termine absagen, am 9.Januar nimmt er mit Hermann Prey ein Verdi-Duett in München auf, am 10. Januar fährt er nach Stuttgart zu einer Verständigungsprobe für eine Aufführung von ‚Così fan tutte', am gleichen Abend fährt er mit dem Nachtzug nach Hamburg, wo er einen Gastauftritt in ‚Don Giovanni' hat, nach der Vorstellung geht es wieder mit dem Nachtzug zurück nach Stuttgart zur Aufführung von , Così fan tutte', zwei Tage später in München folgt eine Aufnahme des berühmten Duetts aus Georges Bizets ‚Perlenfischern', dann tagsüber die Vorbereitung auf eine Rundfunkproduktion einer Oper von Werner Egk, abends Vorstellungen von ‚Zauberflöte', ‚Schweigsame Frau' und ‚Barbier von Sevilla' in München, ohne einen Tag Pause dazwischen". Ein lebenslanges Getriebensein hat begonnen.

Für EMI/His Master's Voice nimmt Wunderlich im November 1964 mit Otto Klemperer (und Christa Ludwig) in London Mahlers „Lied von der Erde" auf. Er will, dass damit seine sämtlichen Verpflichtungen der Firma gegenüber abgegolten sind. Nicht ohne Grund, hat er doch inzwischen einen Exklusivvertrag mit der Deutschen Grammophon Gesellschaft geschlossen. Und die setzt ihn fast pausenlos ein: „Daphne", „Wozzek" und „Zauberflöte" mit Karl Böhm, „Entführung aus dem Serail" mit Eugen Jochum, eine Missa solemnis (Beethoven) und „Schöpfung" (Haydn) mit Karajan, Bachs Weihnachtsoratorium mit Karl Richter. Als eine Art Promotion für den „Tenor der Zukunft" kommen „Fritz Wunderlich singt Welterfolge großer Tenöre" heraus oder „Du bist die Welt für mich", eine Richard-Tauber-Hommage. Und immer wieder gibt es auch Rundfunkproduktionen – etwa Händels „Xerxes" unter Rafael Kubelik im Bayerischen oder Schuberts „Schöne Müllerin" im Süddeutschen Rundfunk. Hinzu kommen Fernsehproduktionen beziehungsweise -mitschnitte: Tschaikowskys „Eugen Onegin", Rossinis „Barbier von Sevilla",

Pergolesis „Musikmeister“, Egks „Columbus“ oder Strauss’ „Daphne“. Das alles noch keine zehn Jahre nach seiner Freiburger Studienzeit.

Im September 1966 wird in New York die neue Metropolitan Opera im Lincoln Center mit 4.000 Plätzen eröffnet, und deren Direktor Rudolf Bing will Fritz Wunderlich als Don Ottavio in Mozarts „Don Giovanni“ verpflichten, mit dem er am 8.Oktober 1966 debütieren soll. Was für andere ein absoluter Traum gewesen wäre, lässt ihn zögern. Gewiss, das Engagement verhilft ihm ja vielleicht zu noch größerer internationaler Popularität; lernen aber, so meint er, könne man nur in Deutschland. Ende August ist er noch mit der Württembergischen Staatsoper als Tamino im schottischen Edinburgh und gibt am 4. September in der dortigen Usher Hall einen Liederabend mit Hubert Giesen am Klavier; „da hat er so gesungen wie auf keiner Schallplatte und in keinem Konzert“, erinnert sich Giesen, „und ich umarmte ihn im Künstlerzimmer und sagte: ‚So Fritz, jetzt können wir uns trennen, ich habe nichts mehr zu sagen, jetzt ist es vollkommen.‘“ Und nach Mitwirkung in zwei Plattenproduktionen in München und Bamberg gibt es endgültig eine berufliche Pause.

Wunderlich hat eine ganze Reihe Hobbies, denen er – so intensiv wie bei seinem Beruf eben möglich – nachgeht. Da ist sein Porsche, da ist das Fotografieren und Filmen, er lernt morsen und bastelt einen Empfänger, er stellt in seinem Wiener Zimmer ein Mikroskop auf, mit dem er Kieselalgen untersucht. Die Natur spielt von Jugend an überhaupt eine große Rolle: Immer wieder zieht er sich zur Entspannung dorthin zurück. Sicher erinnert er sich, dass er einst mit seiner Mutter – um die Familie durchzubringen – Pilze sammeln ging, dass er gerne in Schottland Lachse angelte. Jetzt ist er auch ein leidenschaftlicher Jäger. Um vor dem anstehenden Met-Debut auszuspannen, vielleicht auch, um es etwas wegzudrücken, trifft er sich mit Freunden zu einem fünftägigen Jagdausflug im Nordschwarzwald. Er wohnt im Landhaus eines befreundeten Industriellen in Oberderdingen bei Maulbronn im Kraichgau. Am Freitag, 16.September, sitzt man abends noch zusammen, dann geht Wunderlich zu seinem Zimmer im Souterrain des Hauses, das er sich erbeten hat. Er will aber, obwohl bereits nach Mitternacht ist und er seine Schuhe schon geöffnet hat, noch rasch mit seiner Frau telefonieren und steigt die zwölfstufige Holztreppe wieder nach oben zum Apparat im Erdgeschoss. Wunderlich berichtet ihr, dass er sehr müde sei, er sei geschwommen, habe Tischtennis gespielt. Auf dem Weg zurück nach unten zu seinem Zimmer stolpert er über einen offenen Schnürsenkel und stürzt die Treppe hinab; eine Handkordel, an der er sich halten will, löst sich aus der Wand, und er schlägt unten mit dem Hinterkopf auf die Steinfliesen. Durch das Geräusch wird der Gastgeber aufmerksam und holt sofort medizinische Hilfe. Wunderlich wird nach Heidelberg gebracht, wo man einen Schädelbasisbruch mit Hirnquetschung diagnostiziert. Am nächsten Morgen, dem 17. September 1966, stirbt der Sänger kurz vor seinem sechsunddreißigsten Geburtstag. „Fritz Wunderlichs Leben war eine einmalige Kombination aus Begabung, Lebenslust, Energie und Ehrgeiz […]. Er ist der Beweis dafür, welchen Grad an Perfektion ein Sänger erreichen kann", fasst der gefeierte Bariton Thomas Hampson dieses Leben zusammen.

DINU LIPATTI

(1917–1950)

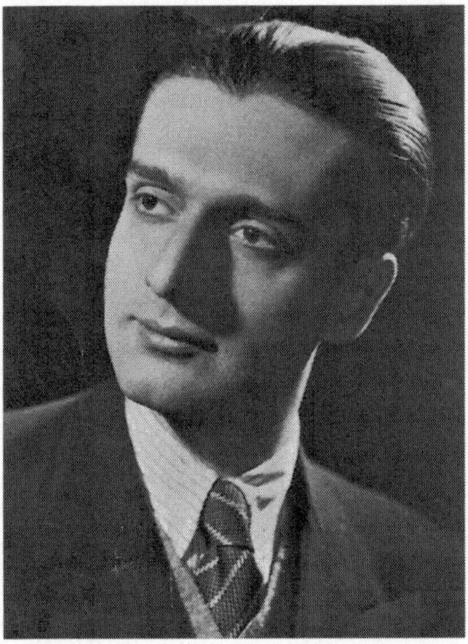

„Lipatti ist ein Genie von vollkommener Natürlichkeit gewesen", schreibt der „Klavier-Papst" Joachim Kaiser; Komponist Francis Poulenc nennt ihn einen „Künstler von göttlicher Geistigkeit"; für den Geiger Yehudi Menuhin ist er die „Manifestation eines spirituellen Reiches, immun gegen jeden Schmerz und jedes Leid". Sein Platten-Produzent Walter Legge verkürzt das auf: „Dinu Lipatti hatte die Qualitäten eines Heiligen".

Dieser Dinu Lipatti ist am 19.März 1917 in Bukarest geboren, in den schweren Tagen deutscher Besetzung und beim Exodus rumänischer Truppen nach Moldawien im Norden. Da ist wenigstens die Geburt eines lange ersehnten, wenn auch körperlich etwas schwachen Söhnchens in der wohlhabenden Familie Lipatti eine Freudennachricht. Constantin wird es nach dem Großvater heißen; Dinu ist nur die Verkleinerungsform seines Taufnamens. Eine sehr musikliebende Familie ist das; der Großvater spielt Gitarre und Flöte, Tante Sophia studierte in Wien Klavier (mit Magna cum laude-Abschluss), der Vater Theodor, ist Karriere-Diplomat und Geiger – unter anderem Schüler von Carl Flesch und Pablo de Sarasate – und bei europäischen Händlern als Sammler seltener Geigen bekannt. Er wird oft von seiner Frau Anna versiert am Klavier begleitet. So ist Dinu, der noch einen sechs Jahre jüngeren Bruder Valentin haben wird, von Geburt an mit Musik vertraut. Schon ein halbes Jahr alt, klatscht er im Takt zu den Melodien und Csárdás-Tänzen, die das Dienstmädchen zum Besten gibt. Im Alter von drei Jahren baut er sich mit einer Scheibe und Schnüren, die er zum Schwingen bringt, ein eigenes Instrument.

Theodor Lipatti hätte zweifellos gerne gehabt, dass Dinu Geige lernt, hat aber Angst, dass der eines seiner wertvollen Instrumente beschädigen könnte, bevor er alt genug ist. So spielt der Sohn zur Freude der Mutter gerne und sehr geschickt nach Gehör Klavier, lernt in nur acht Tagen ein Präludium aus Bachs Wohltemperiertem Klavier. Und Georges Enesco, der berühmte rumänische Komponist, Geiger und Dirigent, der nicht nur ein Freund seines Vaters, sondern auch sein Taufpate ist, hört ihm interessiert dabei zu. Mit sechs Jahren spielt Dinu auf einem Wohltätigkeitskonzert Bach. So beschließen die Eltern nach seinem achten Geburtstag, er könne nicht mehr nur nach Gehör spielen, sondern müsse endlich einen ordentlichen Musikunterricht erhalten. Und so kommt dieser zu dem angesehenen Komponisten Professor Mihail Jora, wo er neben Klavierunterricht auch Gehör-, Gesangsbildung und Harmonielehre hat.

Im Mai 1928, er ist erst elf Jahre alt, darf er bei einem Festival in der Bukarester Konzerthalle spielen. Eine Zeitung hält damals fest: „Letzten Sonntag spielte er sehr gut Schumanns ‚Blumenstück', ‚Arabesque' von Debussy sowie einige seiner eigenen Ballett-Kompositionen"; diese eigenen Werke sind ein Feenwalzer aber auch eine Chopin-Paraphrase.

Vater Theodor schreibt darauf an Ion Nonna Otescu, den Direktor der Königlichen Akademie für Musik und darstellende Kunst in Bukarest, und bittet um Aufnahme des Sohnes. Neben Professor Joras Unterricht kann Dinu, der sich jetzt mehr auf das Komponieren konzentriert, in die Klasse von Florica Musicescu kommen. Die „liebevolle Tyrannei" (so Dinus Mutter) von Florica hindert nicht die wachsende Beziehung gegenseitigen Respekts und Liebe zwischen Schüler und Lehrerin. Die Eltern entscheiden, dass er seine Zeit ungeschmälert dem

Musikstudium widmen soll und schicken ihn nicht in die Schule. Vielmehr wird er einem Hauslehrer anvertraut, muss aber jedes Jahr entsprechende Prüfungen ablegen. Nicht nur, wenn es um Musik geht, ist er sehr talentiert; er interessiert sich auch für Radiophonie, Physik und Chemie, wofür ihm der Vater ein eigenes Labor baut. Auch das Fotografieren macht ihm großen Spaß, Holzschnitzerei und sogar Häkeln.

Noch als Student kann er 1930 einen ersten Solokonzert-Auftritt im Budapester Opernhaus absolvieren, wo er den ersten Satz von Griegs a-Moll-Konzert spielt und als „Star" der Musikakademie gefeiert wird. Ein Jahr später spielt er die beiden anderen Sätze – im weißen Matrosenanzug und kurzen Hosen.

Nach vier Jahren beendet er im Juni 1932 sein Studium mit Auszeichnung, spielt zum Abschluss Chopins e-Moll-Konzert: „Der sehr junge Pianist Dinu Lipatti hat ein seltenes und bereits hoch entwickeltes Talent. Neben einem ungewöhnlichen Musikverständnis und einer ausgereiften Beherrschung des Instruments werden seine Gaben von einer Sensibilität und einem Temperament getragen, die ihn zu einem versierten Musiker machen", schreibt die Presse. Doch er findet auch weiterhin als Komponist Beachtung, etwa beim „Nationalen Kompositionswettbewerb George Enescu" des Jahres 1932 mit seiner Klaviersonate, im Jahr darauf erhält er für eine Violinsonate schon einen zweiten Preis (ein erster wird damals nicht vergeben), 1934 dann für eine Symphonische Suite „Satrarii" [Die Bauern] den ersten.

Als Sechzehnjähriger wird er von seiner Mutter 1933 zum Internationalen Klavierwettbewerb nach Wien begleitet, wo er einer von über zweihundert Kandidaten aus vielen Ländern ist. Unter dem Vorsitz vom Wiener Operndirektor Clemens Krauss sitzen in der Jury unter anderem Dirigent Felix Weingartner und wichtige Pianisten wie Emil Sauer, Wilhelm Backhaus oder Alfred Cortot. In der Schlussentscheidung bleiben der Pole Boleslav Kon und Dinu. Und der erhält den zweiten Preis, weil Kon die Altersgrenze bald überschreiten würde und Dinu doch noch so jung sei. Dieser Argumentation will der große Pianist Alfred Cortot, einer der einflussreichsten Musiker in der ersten Hälfte des zwanzigsten Jahrhunderts, nicht folgen, und er verlässt im Protest gegen solche nicht-musikalische Kriterien die Jury. Nach seiner Meinung hätte Lipatti „mit Abstand" den ersten Preis verdient. Der hingegen jubelt in einem Brief: „Jetzt bin ich so frei, dass ich kaum glauben kann, dass ich alles so einfach geschafft habe".

Die Mutter hat bereits geplant, ihren Sohn in den Bann der Pariser Musikszene zu bringen, und das lässt sich im Herbst 1934 realisieren. Dinu schreibt an Florica Musicescu: „Ich stimme Ihnen vollkommen zu, dass ich direkt zu Cortot gehen sollte, von dem ich mir zweifellos einige seiner Ton- und Farbpaletten borgen muss." So spielt er ihm in der École Normale de Musique vor, und dieser erklärt ihm: „Wenn Sie sich entscheiden, Ihr Leben dieser Kunst zu widmen, müssen Sie mit Geduld bewaffnet und zu vielen Opfern bereit sein". Er verweist ihn an seine Assistentin Yvonne Lefébure, die den Siebzehnjährigen für einen „sehr fleißigen, bescheidenen und gehorsamen Schüler" hält, dessen Anschlag in der Tat bald mehr „Farbe" erhält. Cortot empfiehlt ihm das Kompositionsstudium bei Paul Dukas, und Lipatti hat auch noch Dirigierunterricht bei Charles Munch, der ihn auch häufig in Konzerten begleitet.

Schon an Weihnachten 1934 spielt er in einem Konzert der École Normale Liszts Es-Dur-Konzert: „Ich war beim Spielen sehr nervös, aber Cortot gefiel es sehr. Er sagte mir bei verschiedenen Gelegenheiten, dass es eine ‚bemerkenswerte Leistung' gewesen sei. Am Ende des Konzerts schlug er die Partitur auf und machte einige interessante Bemerkungen." Der Komponist Lipatti liebt die Manier von Ravel und dem neoklassizistischen Igor Strawinsky, der, seit 1934 französischer Staatsbürger, wiederum Lipattis Sonate sehr schätzt.

Weniger harmonisch ist hingegen die Zusammenarbeit mit Dukas. Zwar liefert ihm Lipatti bei jeder Gelegenheit eine Fuge oder einen Choral, doch Dukas mag die „rumänische Atmosphäre" in Dinus Werken nicht, hält sie für im zwanzigsten Jahrhundert zu primitiv. Der Schüler kontert: „Ich behaupte im Gegenteil, wenn der Komponist die Atmosphäre mit großer Sorgfalt in sein Werk integriert, kann dies von allgemeinem Wert sein." Als Achtzehnjähriger spielt er in einem Konzert der École Normale seine eigene fis-Moll-Klaviersonate, und „Le Monde Musical" schreibt damals: „Der junge Pianist Dinu Lipatti, erhielt, obwohl dem Pariser Publikum völlig unbekannt, nach seinem Auftritt sechs begeisterte Hervorrufe. Die Ovationen galten ebenso ihm, wie dem Komponisten". Im Mai 1935 stirbt Dukas.

Das erste öffentliche Rezital in Paris im Juli 1935 mit Bach-Busonis Toccata in C-Dur und Brahms' vier Intermezzi „ist mit außergewöhnlichen Klangfarben ausgestattet, die niemals oberflächlich sind,

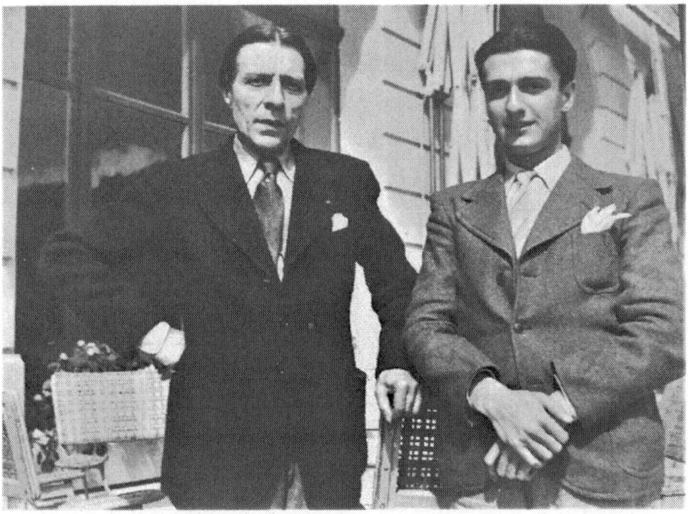

Dinu Lipatti mit Alfred Cortot (links)

selbst wenn sie ein subtiles *Pianissimo* spielen, noch jemals schroff im *Forte*, wobei sie eine konstante und sorgfältig kontrollierte Klangfülle bewahren", konstatiert die Presse. Kurz danach erhält Lipatti über den Direktor der Ecole Normale die Nachricht, Cortot möchte ihn mit in eine Jury aufnehmen, die das Virtuositätsdiplom des Hauses vergibt; er stellt ihn den Mitgliedern vor: „Lipatti spielt wie Horowitz und wird einer der brillantesten Pianisten von morgen sein!"

Nach Dukas' Tod muss nun ein neuer Kompositionslehrer für Dinu gefunden werden. Auf Empfehlung von Mihail Jora wendet Lipatti sich an die berühmte französische Komponistin, Pianistin, Dirigentin und Pädagogin Nadia Boulanger, bei der er zweimal wöchentlich Unterricht hat. „Diese Lektionen bereiten mir so viel Freude, dass ich kein Wort von dem verpasse, was sie sagt", schreibt er, und sie wird, wie Dirigent Ernest Ansermet sagt, seine „geistige Mutter". Nadia Boulanger nimmt ihn mit in die privaten Salons, die in dieser Zeit mit ihren Soireen musikalisch eine große Rolle spielen, insbesondere hin zu Prinzessin de Polignac. Auf einer solchen Soiree lernt Dinu die ebenfalls rumänische Pianistin Clara Haskil kennen, mit der ihn eine lebenslange Freundschaft verbinden wird; auch anderen großen Pianistenkollegen begegnet er, Edwin Fischer oder Artur Schnabel, der später schreibt: „Er war eine der attraktivsten Persönlichkeiten, die ich in meinem Leben gekannt habe". In Paris spielt Lipatti auch dem Cellisten Gregor Piatigorsky vor – er möchte nämlich als Begleiter engagiert werden. Piatigorsky ist von ihm begeistert, lehnt aber ab: „Sie sind ein Meister. Sie dürfen die wundervolle Karriere, die Ihnen bevorsteht, nicht verderben". Der Cellist kennt das Vorurteil über den „Begleiter" von Sängern oder Instrumentalisten, das nicht selten eine Solistenlaufbahn behindern kann.

Nach Konzerten in Berlin und einigen anderen Städten bringt seine Lehrerin ihn mit der Arbeit für die Schallplatte in Kontakt. 1937 nimmt er mit Boulanger und einem Vokalquartett Brahms' „Liebeslieder-Walzer" Op. 52 für Klavier zu vier Händen auf und eine Auswahl von sieben anderen Walzern des Komponisten. Die französische Firma kündigt an den Klavieren „die Damen (!) Nadia Boulanger und Dina Lipatti" an ...

Mit Ausbruch des Zweiten Weltkriegs und dem Eintritt seiner Heimat als Verbündete Nazideutschlands, geht Lipatti zurück zwar nach Rumänien, vergräbt sich nun aber nicht irgendwo im Land. Zum Beispiel spielt er im Februar 1940 im Rundfunk Werke für zwei Klaviere von Mozart-Busoni, Françaix und Berkeley. Seine Partnerin ist Madeleine Cantacuzino. Dort ist zwei Monate später auch sein erster und letzter Auftritt als Dirigent mit Scarlatti und Bach; die Solisten sind Smaranda Athanasof und wiederum Madeleine Cantacuzino, mit der er sich bald enger befreundet. Im Januar 1941 reist er mit den Bukarester Philharmonikern und dem Nikisch-Schüler George Georgescu am Pult mit seinem Concertino im klassischen Stil unter anderem nach Prag, Wien, Dresden, Leipzig, Berlin, Frankfurt und in weitere Städte; später wird es noch nach Bratislava oder Sofia gehen. Im Mai spielt er seine Symphonie Concertante für zwei Klaviere und Streicher sowie Bachs Konzert für zwei Klaviere in C. „George Georgescu hatte mit Madeleine Cantacuzino und Dinu Lipatti zwei brillante und reaktionsschnelle Mitstreiter. Die erste, die mit Intelligenz und Sensibilität ausgestattet ist, hat den ganzen Dilettantismus des Laien abgelegt. [...] Dinu Lipattis Qualitäten als großer Virtuose und authentischer Musiker müssen nicht noch einmal erwähnt werden", schreibt die Presse. Immer mehr weitet sich in der Folge das Repertoire des „Dinu-Madé-Ensembles", wie Lipatti ihre Zwei-Klavier-Partnerschaft scherzhaft bezeichnet. Mozart kommt hinzu, Brahms, Enesco und Jean Françaix. 1943 wird Lipatti zu einem Rezital nach Deutschland eingeladen und spielt in Berlin mit Hans von Benda sein Concertino im klassischen Stil ein. Der Pianist Wilhelm Kempff bezeichnet ihn als einen der größten Interpreten der Zeit. Es geht weiter nach Wien und dann Italien. „Zunächst einmal glich meine Grippe einem Hurrikan", schreibt Lipatti von dort. „Zum Teufel mit dem Taschentuch; George Georgescu sprach immer wieder halb lachend und halb irritiert von meiner Erkältung." – Noch lassen sich darüber Witze machen.

Im Frühjahr 1943 hat Dinu auch Aufnahmen mit Enesco und seiner Sonatine für die linke Hand, im Februar ist er zurück in Bukarest mit Liszts Es-Dur-Konzert unter dem großen Dirigenten Willem Mengelberg. Dann bricht Lipatti im September mit Madeleine Cantacuzino zu einer zehntägigen Tournee auf. Es gibt eine Notlandung wegen Motorschadens in Ungarn, und so kommen sie auf einer ganz abenteuerlichen Route über Wien, Stockholm, Helsinki, Göteborg, Malmö in die Schweiz, nach Zürich, Genf und Bern, wo ihn Clara Haskil hört: „Alle waren stumm vor Staunen und Bewunderung. Selbst Horowitz hat in seiner Jugend keinen so tiefen Eindruck hinterlassen. Lipatti bedeutet für die Musikwelt eine wahre Revolution". Madeleine und er werden nie mehr in die Heimat zurückkehren, sondern beschließen im Oktober, sich in Genf niederzulassen, wo ihnen von Ansermet, Markevitch, Magaloff oder Sacher, vor allem aber auch von Edwin Fischer Hilfe zuteil wird, denn ihr „Vermögen" beträgt in Landeswährung gerade einmal fünf Franken.

Freunde organisieren einen Steinway. Jedoch müssen immer wieder Konzerte ausfallen – sollte es erneut nur eine Grippe sein? Wochenlang muss Lipatti mit hohem Fieber das Bett hüten. „Ich habe einen bewegenden Brief von Fischer erhalten, der glaubt, ich habe eine Lungenkrankheit wie alle anderen hier", schreibt er. Es muss wieder Absagen von Tourneen nach Deutschland und Holland geben. Um finanziell mehr abgesichert zu sein, bewirbt Lipatti sich auf die Stelle eines Kulturattachés. Als daraus letztlich nichts wird, bietet ihm der Direktor des Genfer Konservatoriums ab dem 1. April 1944 eine Professur der Classe de Virtuosité an. Die Wahl muss das Konservatorium allerdings in einem Bulletin rechtfertigen – vor allem auch vor neidischen Kollegen, die bemerken, wie sich sein Ruf als Virtuose, Komponist und Lehrer weitet. Letztlich heißt es: „Wenn fast alle unsere Professoren Schweizer sind, ist es in Ausnahmefällen nur normal, dass wir einem Ausländer mit aussergewöhnlicher Begabung Platz machen." Ärzte diagnostizieren jetzt „eine Drüseninfektion nicht-tuberkulöser

Natur“. Lipatti erhält Bestrahlungen, er spricht von „einem Knopf auf dem Röntgenbild von 1942, dann im Januar 1944 wie eine Nuss und im April so groß wie eine große Birne“.

„Zur Feier des Neujahrs 1946, machten mir meine Freunde und Bewunderer ein Geschenk (und was für ein Geschenk!) eines prächtigen Klaviers, so dass ich jetzt drei Klaviere in meinem Haus habe“, jubelt Lipatti, und Produzent Walter Legge schließt im Januar für das Londoner Label „Columbia“ einen exklusiven Plattenvertrag mit ihm ab, macht im Juli erste Aufnahmen in Zürich, die allerdings wegen eines Materialfehlers, der zu verrauschten Oberflächen führt, nicht veröffentlicht werden. So geht man in die berühmten Londoner Abbey Road Studios, wo im Frühjahr 1947 Chopin-Aufnahmen entstehen, im Herbst eines von Liszts Sonetti del Petrarca und vor allem mit dem Philharmonia Orchestra unter dem italienischen Dirigenten Alceo Galliera das Grieg-Klavierkonzert. Lipattis Repertoire umfasst dreiundzwanzig Konzerte, aber er spielt sie nur mit äußersten Perfektionsansprüchen und langen Vorbereitungszeiten. Der Musik nähert er sich mit Demut und Ehrfurcht in einer – wie Joachim Kaiser formuliert – „Mischung aus vollkommener seelischer Lauterkeit und vollkommener manueller Ausgeglichenheit“. Sein Repertoire reicht dabei von Bach bis Bartók, von dessen drittem Klavierkonzert er unter Ansermet die Schweizer Erstaufführung spielt. Beethoven – außer der Waldstein-Sonate, die er seit 1935 im Repertoire hat – spielt er bis kurz vor seinem Tod fast nicht, fühlt und glaubt, dass er ihm noch nicht würdig sei.

Ein Vertrag über eine Amerika-Tournee steht an, doch erneut macht die Krankheit Lipatti einen Strich durch seine künstlerische Planung, und die Reise wird nicht realisiert werden können. Immer wieder versucht er der Öffentlichkeit und auch Freunden gegenüber die Verschlechterung seiner Gesundheit zu verbergen. Dafür musiziert er jetzt viel in Europa, in der Schweiz, in Paris, Brüssel, Turin oder Mailand. Dort hört ihn in der Scala der große Dirigent Arturo Toscanini mit Chopins e-Moll-Konzert. Er ist beeindruckt von der jugendlichen Unschuld und Klarheit, und lädt, eher unüblich für ihn, Dinu und Madeleine in seine Proben ein, spricht vom „größten lebenden Pianisten“. Lipatti kontert: „Maestro, wie können Sie so etwas sagen, wenn doch Ihr Schwiegersohn Vladimir Horowitz ist!“

Im Juni 1947 stirbt Lipattis Vater Theodor. Obwohl durch seine Krankheit geschwächt, gibt Dinu zwei Konzerte in Samedan und

Silvaplana, zwei Dörfern in der Nähe von St. Moritz und schon kurz danach spielt er im Luzerner Festival Mozarts d-Moll-Konzert. Zum ersten Mal mit den Beethoven-Kadenzen, Paul Hindemith dirigiert. Er gibt weitere Konzerte in der Schweiz. Als er im April 1948 in London ist, nimmt Legge mit ihm und Herbert von Karajan, der kurz vorher sein Debüt mit dem Philharmonia Orchestra hatte, das Schumann-Konzert auf; eine relativ ‚unromantische' Einspielung mit wenig Pedalgebrauch. Lipatti ist auch mit Karajans Tempi nicht ganz einverstanden. Als noch Ravels „Alborada del gracioso" aufgenommen wird, spricht der mit allen musikalisch-interpretatorischen Wassern gewaschene Legge über „die unglaubliche Leistung [...] mit dem fantastisch abgestuften Glissando, von dem ich immer noch nicht glauben kann, dass es von Menschenhand gespielt wurde". Auch Lipatti meint, das sei eine Aufnahme, mit der er vollkommen zufrieden sei. Er stimmt zu, 1949 mit Karajan das Tschaikowsky-b-Moll-Konzert einzuspielen und möchte auch Beethoven fünftes Klavierkonzert aufnehmen – beides wird aus gesundheitlichen Gründen nicht realisiert werden können.

Von 1948 an ist Lipattis Reputation so groß, dass er nicht mehr quasi von der Hand in den Mund leben muss, sondern sich allerorts Tourneetermine selbst aussuchen kann. Reisen durch Skandinavien, Ägypten, Australien, Nord- und Südamerika, die ihm das nötige Geld eingebracht hätten, müssen auf ärztlichen Rat hin allerdings erneut storniert werden, denn es zeigen sich wieder Anzeichen seiner mysteriösen Krankheit: Fieber, Müdigkeit, seltsam schmerzhafte Lymphknoten. Er wird in einer Klinik in Genf stationär behandelt, um sich einer Röntgentherapie zu unterziehen. Man versucht es mit einem neuen Impfstoff - ohne Erfolg. Senfgasinjektionen führen zu einem so verdickten linken Arm, dass sein Anzug geändert werden muss. In einem Brief an Clara Haskil schreibt er von verordneter Bettruhe und schließt den Brief als ihr „alter und recht zittriger Dinu". Auf Initiative von Henri Gagnebin, dem Direktor des Genfer Konservatoriums, wird ihm eine finanzielle Hilfe von 28.000 Schweizer Franken angeboten. Madeleine Cantacuzino macht interessante Beobachtungen: „Seine Krankheit hat ihn gereift und sein Spiel noch tiefer werden lassen. Jede einzelne Note enthält so viel Bedeutung, dass ich das Gefühl habe, ihn sprechen zu hören." Als Madeleines bisheriger Ehemann schließlich die Scheidung gewährt, ist sie endlich frei, Anfang des Jahres 1949 Dinu zu heiraten.

Aufgrund seiner immer ernster werdenden gesundheitlichen Probleme legt er im April dieses Jahres sein Amt als Professor am Genfer Konservatorium nieder, das den Rücktritt „dieses hervorragenden Lehrers und Künstlers“ mit Bedauern bekannt gibt. Lipatti verspricht aber, jedes Jahr einen speziellen, einmonatigen Kurs abzuhalten. Zu seinem Nachfolger wird Nikita Magaloff ernannt. Die Meisten schieben sein Ausscheiden wohl auf seine zahlreichen Konzertverpflichtungen. Er erholt sich im Sommer 1949 zwei Monate in einem Sanatorium in Montana im Wallis, wo ihn Pianistenfreunde wie Haskil oder Backhaus besuchen. Aber es zeigt sich letztlich keine entscheidende Besserung. Verborgen vor der Öffentlichkeit, muss er Spritzen, Transfusionen und Röntgenbehandlungen bewältigen. Es wird durch Dr. Henri Dubois-Ferrière, einen Arzt, Forscher und Pionier der Hämatologie, offenbar, was man ihm vielleicht bisher auch nur nicht zu sagen wagte, nämlich dass er an einer Lymphogranulomatose leidet, an der sogenannten „Hodgkin-Krankheit“, einer bösartigen Tumorbildung des Lymphsystems also, deren Heilungschancen (damals noch) äußerst gering sind. Lipatti kann schlecht atmen, hat Angstzustände, fühlt seinen Kopf schwer wie Blei und darf das Bett nicht verlassen. Immerhin kann er im Februar 1950 unter Ernest Ansermet ein Konzert in Genfs Victoria Hall geben und beginnt gleichzeitig mit der Ausarbeitung eines Kurses über Klavierinterpretation für das Genfer Konservatorium. Er zieht nach Chêne-Bourg in der Nähe von Genf, in ein Haus, das ihm Freunde schenken – mit einem Steinway-Flügel.

Im März 1950 komponiert Dinu seinem Arzt Henri Dubois-Ferrière noch einen „Marche d’Henri“ für Klavierduo. Dieser – selbst ein Freund und großer Bewunderer des Pianisten – verabreicht ihm (mit Unterstützung durch Munch, Sacher, Menuhin und Strawinsky) Cortison-Injektionen, die eine bemerkenswerte Besserung herbeiführen. In einem Brief an Produzent Walter Legge erklärt der Mediziner, es könne die Behandlung leider aber nicht länger als zwei Monate fortgesetzt werden, zumindest wolle er das nicht wagen. Und da die Therapie wegen Lipattis Beschwerden zum ersten Mal versucht worden sei, könne er keine Garantie für eine Dauerhaftigkeit oder fortgesetzte Wirksamkeit geben. Legge solle daher nicht davor zurückzuschrecken, ihm möglichst zeitnah Aufnahmen in Genf zu ermöglichen, solange die Verbesserung anhalte. Und dieser zögert nicht, lässt durch die EMI-Direktion erreichen, dass Radio Genf ein Studio für die „Columbia“-

Technik räumt, die mit einem Aufnahmewagen vorfährt, so dass vom 2. bis 12.Juli 1950 bislang verschobene, umfangreiche Aufnahmesitzungen möglich werden. An Clara Haskil schreibt Lipatti: „Seitdem ich Cortison bekommen habe, bin ich ein anderer Mensch: kein Fieber, keine Schmerzen, neue Kräfte, drei Stunden Klavier, eine Stunde Spaziergang, Riesenappetit. In zwei Tagen werde ich mit Legge und seinen Technikern aus London neue Schallplatten aufnehmen. Zwei wunderbare Steinway-Flügel erwarten mich dort." Beide sind Geschenke für Lipatti – ein Steinway vom Musikhaus Jecklin, ein weiterer von Verehrern. Die Aufnahmen machen ihm Spaß; es entstehen alle Walzer und eine Mazurka von Chopin (weitere Mazurken plant man fürs Folgejahr), Mozarts a-Moll-Sonate KV 310, Choralvorspiele von Bach und die Myra-Hess-Bearbeitung von dessen berührendem Choral „Jesu bleibet meine Freude" aus der Kantate BWV 147 – Lipattis Lieblingszugabe in Konzerten. Er wiederholt sie immer wieder, aber erst die am 11.Juli entstandene Fassung davon gibt er frei. „Man muss ein Herz aus Stein haben, um der völlig unsentimentalen Abschieds-Musik ohne Rührung zu lauschen", schreibt Kritiker Joachim Kaiser. Eine Einspielung der Waldstein-Sonate verschiebt man auf Oktober.

Trotz körperlicher Schwäche, kann Lipatti im Konzert einzigartig sein. Ende August spielt er wieder in Luzern mit dem Festspielorchester und Herbert von Karajan, diesmal Mozarts C-Dur-Konzert KV 467. „Wären Sie dabei gewesen, Sie wären von der Reaktion eines begeisterten, geradezu hingerissenen Publikums ebenso bewegt gewesen wie ich, vier Tage nachdem er sich so schwach gefühlt und das bevorstehende Konzert sein Leiden nur noch verschlimmert hatte", schreibt Madeleine an Florica Musicescu. Allerdings gibt es auch kritische Stimmen über die von ihm komponierte „böse und anachronistische Kadenz". Dann fährt man zum III.Festival International nach Besançon. Am 16.September hat Lipatti dort ein Solo-Rezital, das über alle französischen Rundfunkstationen übertragen wird. Zunächst hält er sich (mit einem Fieberanfall) für unfähig zu konzertieren, und auch die Ärzte raten ihm ab. Aber schließlich sagt er: „Ich habe zugesagt, und daher habe ich zu spielen!" Dann nimmt er, unterstützt von seinem Arzt, den Auftritt auf sich. Bachs Partita No.1 BWV 825 steht auf dem Programm, Mozarts Sonate No. 8 KV 310 gefolgt von zwei Schubert-Impromptus und schließlich alle Chopin-Walzer. Auf Rat seiner Frau lässt er Chopins As-Dur-Walzer Op. 34,1 weg sowie die

Wiederholung im cis-Moll-Walzer. Nach einer kurzen Pause spielt er zum Abschluss tief bewegend-geheimnisvoll wieder „Jesu bleibet meine Freude" – ein Vermächtnis.

Nach sieben Jahren erfolgloser Versuche, gelingt es Mutter Anna Lipatti, Rumänien zu verlassen und ihn in Chêne-Bourg wiederzusehen. Am Morgen des 2. Dezember erhält Dinu Lipatti eine Bluttransfusion; auch hört er eine Aufnahme des Schneiderhan-Quartetts von Beethovens f-Moll-Quartett Op. 95 und sagt zu seiner Frau: „Siehst du, es reicht nicht aus, ein großer Komponist zu sein. Um solche Musik zu schreiben, muss man ein auserwähltes Instrument Gottes sein". Eine halbe Stunde später ist der Dreiunddreißigjährige Lipatti tot. Er war an einem platzenden Abszess in der Lunge gestorben, der von seinem Arzt unbemerkt geblieben war. – Produzent Walter Legge schließt einen Nachruf mit den Worten: „Gott lieh der Welt sein auserwähltes Instrument, das wir leider zu kurze Zeit Dinu Lipatti nannten."

NOEL MEWTON-WOOD

(1922–1953)

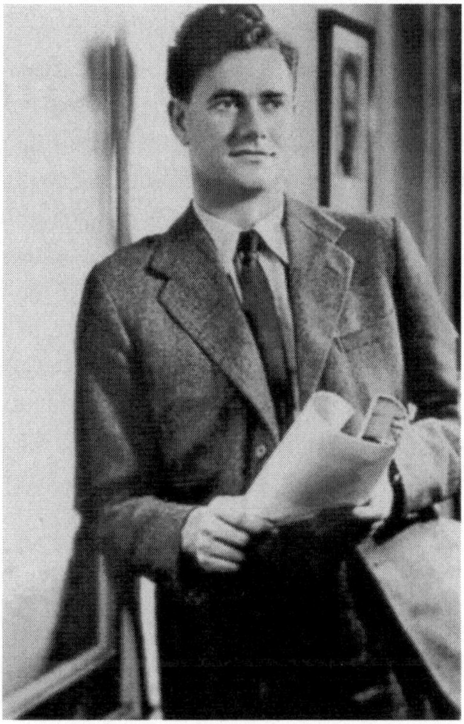

„Der sterbende Pianist zerschmettert ein Giftglas an der Wand" titeln am 11. Dezember 1953 in London „The Evening News". Der Pianist, von dem da die Rede ist, ist kein Engländer. Er wurde am 20. November 1922 als Noel Charles Victor Mewton-Wood in Australien, in Hawthorn, einer Vorstadt von Melbourne, geboren und ist ein Einzelkind. Sein Vater, der Sekretär William Myles Wood, stammt aus England, seine Mutter Dulcie Maie ist eine geborene Mewton aus dem australischen Victoria, und sie wird mit einer starken und entschlossenen Erziehung für einen Großteil seiner frühen Karriere verantwortlich sein. Noel besucht die Carey Baptist Grammar School im Melbourner Stadtteil Kew. Er interessiert sich für Kernphysik sowie

Medizin und ist begeisterter Tennis- und Schachspieler. Bald wird aber auch sein musikalisches Talent entdeckt. Um am Melbourne Conservatory studieren zu dürfen, muss man mindestens fünfzehn Jahre alt sein. Noel legt mit neun erfolgreich die Aufnahmeprüfung ab. Sein Lehrer wird der Pianist, Begleiter und Klavierlehrer Waldemar Seidel, der schon viele namhafte australische Solisten unterrichtete – Bedingung ist allerdings, dass sich die Mutter in Noels künstlerische Erziehung nicht einmischt. So tritt dieser zum ersten Mal mit noch nicht zwölf Jahren beim Melbourne Symphony Orchestra auf, dem Orchester des australischen Rundfunks, wo er ein Mozart-Konzert spielt. Mit Unterstützung von Wilhelm Backhaus, der ihn auf einer Australientournee hört, wird für ihn ein Fonds gebildet. So kann sich der „sensational 13 years old pianist“ am 20.Oktober 1936 in der Melbourner Town Hall mit einem kostenlosen Konzert von seiner Heimat verabschieden und mit seiner Mutter nach London reisen, um dort an der Royal Academy of Music zu studieren. Lehrer sind da der Australier Max Pirani und Harold Craxton, der sich einen Namen als Begleiter von Nellie Melba oder John McCormack gemacht hat.

Noel ist einige Zeit lang im Londoner Stadtteil Hammersmith am Nordufer der Themse beherbergt, im Haus eines Cousins seiner Mutter, beim Maler, Schriftsteller und Kritiker Walter James („Redfern“) Turner. Der hat auch Biographien über Komponisten wie Mozart, Beethoven oder Berlioz geschrieben, hält Wagner allerdings für einen „kolossalen Schwindel“. Er gibt Noel nicht nur täglich zwei Stunden Unterricht in englischer Literatur, er drängt ihn auch, privat Meisterkurse bei Artur Schnabel zu besuchen, den er für den größten Pianisten seiner Zeit hält und mit ihm befreundet ist; gelegentlich unternehmen sie zusammen Wandertouren. Schnabel unterrichtet in Tremezzo am Comer See Klavierstudenten, seine Frau Therese die Sänger, die Geiger der von den Nazis als Konzertmeister der Berliner Philharmoniker entlassene Szymon Goldberg. Mewton-Wood nimmt das Angebot an, kehrt aber, als Schnabel seinerseits auf eine größere Australien-Tournee geht, wieder von Italien nach England zurück, wo er in der Royal Academy Komposition bei Frank Bridge und Theodore Holland studiert.

Nach erfolgreichen Auftritten unter George Szell in Glasgow, kontaktiert W.J. Turner Ende 1939 den großen britischen Dirigenten

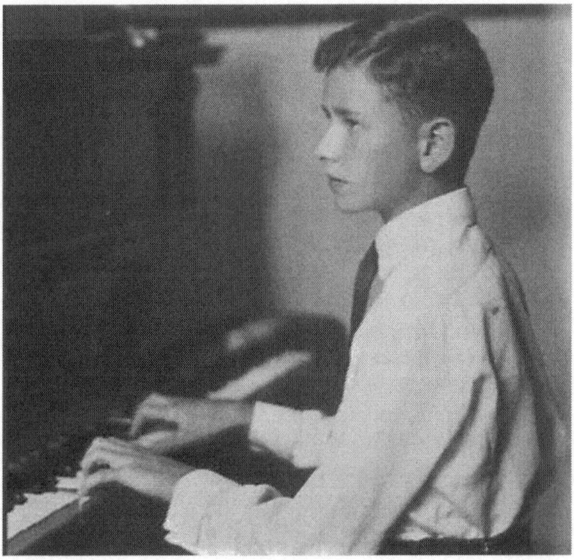

Noel Mewton-Wood (1936)

Sir Thomas Beecham wegen eines Vorspiels von Noel. Beecham empfängt in der Regel keine Musiker, die er nicht vorher im Konzert gehört hat. Doch Mewton-Wood muss ihn so beeindruckt haben, dass dafür sogar die Wigmore Hall gebucht wird. Dreieinhalb Stunden dauert das Vorspiel, und Beecham bittet ihn schließlich auch um „etwas Modernes". Mewton-Wood extemporiert. „Von wem ist denn das, mein Junge?" fragt Beecham, und Noel antwortet frech: „Ein Australier, der nicht sehr bekannt ist." Beecham engagiert ihn für die nächste Saison, und so kann er unter ihm mit dem London Philharmonic Orchestra am 31. März 1940 in der Queen's Hall mit Beethovens drittem Klavierkonzert debütieren – er ist jetzt erst siebzehn Jahre alt. „Das beste Talent, das ich seit Jahren im Britischen Empire entdeckt habe", soll Beecham anschließend gesagt haben. Keine zwei Jahre später ist Noel unter seiner Leitung in einem Mendelssohn-Schumann-Konzert zu hören.

Dann bereist Mewton-Wood – da ist der Einfluss von Craxton gewiss – Großbritannien als Klavierbegleiter des großen Tenors Richard Tauber oder der australischen Sopranistin Dame Joan Hammond. Und so ist er auch auf seinen ersten Schallplatten als Begleiter zu hören. Im Februar 1941 spielt DECCA in West Hampsted nämlich Beethovens Violinsonate No. 8 und Brahms' dritte Sonate d-moll mit der Wunderkind-Geigerin Ida Haendel ein, einer Schülerin von Carl Flesch, die schon mit sechs Jahren jüngste Teilnehmerin des Wieniawski-Wettbewerbs war; in den Tagen dieser Aufnahmen ist sie zwölf, Mewton-Wood achtzehn. Leider ist die Brahms-Sonate nicht veröffentlicht worden, allerdings folgt im April noch einmal eine Session mit Ida Haendel und der Malagueña von Albéniz. Dann macht Noel Mitte Juni Soloaufnahmen von Chopins Tarantella Op. 43 und Carl Maria von Webers zweiter und vierter Klaviersonate. Mitte August folgen die (allerdings ebenfalls nie veröffentlichten) Davidsbündlertänze von Schumann sowie die erste Weber-Sonate. Sicher ist Mewton-Woods Ansehen hoch, insbesondere bei Komponisten, Künstlerkollegen und einem bestimmten Teil des Publikums. Allerdings: „Leuchtenden Zeugnissen seines ‚Genies' (Sir Malcolm Sargent) von Myra Hess, Beecham, Schnabel, Bliss, Hindemith und Britten begegnete die Gleichgültigkeit der großen Plattenfirmen", schreibt die Zeitschrift „Gramophone", und in der Tat ist Mewton-Wood frustriert, dass keines der großen Label weiterhin für ihn Interesse zeigt. So genießt er natürlich auch keine Publicity-Unterstützung, die ein solcher Vertrag gebracht hätte. Man muss allerdings bedenken, dass er noch keine zwanzig ist.

Es ist aber weniger die Gleichgültigkeit der Firmen daran schuld, auch nicht bei Firma DECCA. Erstens muss man in dieser Nachkriegszeit die zerstörten Archive zunächst mit dem Standard-Repertoire auffüllen, außerdem hatte man ein neues Aufnahmeverfahren, ein „full frequency-range recording" (ffrr) entwickelt, das erst recht Neuaufnahmen in dieser Qualität nötig macht. Und dafür hätte man eher gerne einen langfristigen Vertrag für die „Schlachtrösser" von Beethoven, Brahms oder Tschaikowsky und nicht irgendwelches Nischenrepertoire von Komponisten, die zwar dem Pianisten so wichtig, dem breiten Publikum aber kaum bekannt sind. Dazu gehören zum Beispiel Hindemiths Werke. Gegen Ende des Krieges spielt Mewton-Wood in einem National Gallery Concert dessen eben komponierten Klavierzyklus „Ludus Tonalis", womit er große Beachtung findet. Der Komponist sagt: „Wenn Sie meine Musik so gespielt hören wollen, wie sie gehört, müssen Sie sie von Mewton-Wood gespielt hören." Doch DECCA macht im April 1946 – erst fünf Jahre nach seiner letzten Plattenaufnahme – lieber Einspielungen von Schumanns Symphonischen Etüden, die man im Dezember 1948 bzw. April 1949 noch wiederholt.

Noel tourt nun durch Frankreich, Deutschland, Südafrika, Polen, die Türkei und 1945 zwölf Wochen im heimatlichen Australien. Jetzt lebt er in England in einem der siebzehn denkmalgeschützten hohen, schmalen Häuser von Hammersmith Terrace, die in den 1750er Jahren am Nordufer der Themse zwischen Chiswick und Lower Mall gebaut wurden. Ein gastfreundliches Haus führt er da; die Morgenstunden sind zwar strikt dem Üben gewidmet, anschließend aber trifft Noel sich gerne mit Freunden und diskutiert über eben erschienene neue Kompositionen. Auch gerade veröffentlichte Platteneinspielungen können Thema sein – er liebt Mahler und Busoni, Hindemith und Strawinsky, und unter seinen Pianisten-Kollegen schätzt er besonders Clifford Curzon. Gerne veranstaltet er private Musikabende und spielt mit Freunden vierhändig.

In London tritt Mewton-Wood als Komponist in Erscheinung: Am 27. März 1943 wird in der Wigmore Hall das Streichtrio des Zwanzigjährigen uraufgeführt. Er komponiert sogar Filmmusik – zum Beispiel für die Kampfpilot-Komödie „Tawny Pipit“ (Gelber Pieper, 1944) oder die Schmunzelromanze „Chance of a Lifetime“ (Chance des Lebens, 1950). Letztere ist ein Flop an den Kinokassen, und sogar das Arbeitsministerium wie der Arbeitgeberverband sind gegen eine Aufführung, weil der Film die Beziehungen zwischen Management und Arbeitnehmern beeinträchtige.

Da DECCA Abstand von weiteren Produktionen nimmt, ganz zu schweigen von entsprechendem Marketing, produziert Mewton-Wood nun eben für die Musical Masterpiece Society (MMS), die europäische Tochter des in Amerika ansässigen Schallplattenversands Concert Hall Society. Begleitet wird er meist in Hilversum von einem „Netherlands Philharmonic Orchestra“, einem Pickup-Ensemble aus niederländischen Musikern der großen dortigen Orchester. Oft arbeitet mit ihm der deutsche, nach England emigrierte Dirigent Walter Goehr. Modern ist Mewton-Wood dabei in der Hinsicht, dass er nicht bereit ist, Töne oder Härten zu glätten, wenn er denkt, er würde damit den musikalischen Gehalt einer Passage beeinträchtigen.

Mewton-Wood ist immer offen für Neues oder Unbekanntes. Er ist an Strawinskys Konzert für Klavier und Blasinstrumente mehr interessiert als an Tschaikowskys überstrapaziertem b-Moll-Konzert, spielt vielmehr dessen zweites und drittes Konzert ein, die (bis heute) relativ wenig populär sind. Im Januar 1948 nimmt er mit Sir Thomas Beecham und dem BBC Symphony Orchestra Ferruccio Busonis über einstündiges Klavierkonzert Op. 39 für den Rundfunk auf, 1952 für „Westminster" sogar dessen zweite Violinsonate. Für das neue Label „Argo" produziert er mit dem Geiger Max Rostal, mit dem er sich immer wieder zu Duo-Recitals zusammenfindet, Busonis zweite Violinsonate.

Der Pianist befreundet sich mit dem Komponisten Benjamin Britten, für den er „good Noel" ist. Dieser hebt im Juli 1946 dessen Überarbeitung seines Klavierkonzerts unter seiner Leitung beim Cheltenham Festival aus der Taufe. „Das Publikum jubelte, als wäre ihm bewusst, dass der britischen Musik etwas Bedeutendes hinzugefügt worden war", schreibt die Presse. 1950 spielt Mewton-Wood bei Brittens Festival in Aldeburgh in Suffolk (mit Britten am zweiten Klavier) Saint-Saëns' „Karneval der Tiere". Mit dem Bratschisten William Primrose erklingt mit ihm 1952 Brittens „Lachrymae". Enger wird auch der Kontakt zu Brittens Lebenspartner, dem Tenor Peter Pears, als der Komponist Anfang der fünfziger Jahre an seiner Oper „Gloriana" sitzt, die mit „huldvoller Erlaubnis Ihrer Majestät Königin Elizabeth II. gewidmet zu deren Krönung" entsteht. Mewton-Wood springt da als Klavierbegleiter von Pears ein.

Der Pianist bleibt weiterhin auch Hindemith verbunden. Im Oktober 1952 spielt er dessen Klavierkonzert beim City of Birmingham Symphony Orchestra, wobei die Kritik seine „seltene musikalische Intelligenz" lobt, seine „kontrollierte und ausdrucksstarke Kunstfertigkeit". Von Arthur Bliss führt er 1949 das Klavierkonzert auf, spielt es sogar für die „MMS" ein. Komponist Bliss ist so angetan, dass er daraufhin seine Klaviersonate 1952 für ihn schreibt. Mewton-Wood spielt auch Kompositionen von Michael Tippett, der in seiner Nachbarschaft wohnt, oder unter der Leitung von Norman Del Mar ein Klavierkonzert des Katalanen und Schönberg-Schülers Roberto Gerhard.

Das Jahr 1953 beginnt für den Pianisten außerordentlich produktiv. Im Januar führt er mit Dennis Brain Hindemiths Sonate für Horn auf, im Mai kann er Alan Bushs „Voices oft the Prophets" in der Londoner Royal Festival Hall erstaufführen. Im Juni präsentiert er mit Noel Lee Bartóks Sonate für zwei Klaviere und Schlagzeug. Mit Peter Pears kann Mewton-Wood bei der BBC Beethovens Liederzyklus „An die ferne Geliebte" einspielen, bei dem er sich als Begleiter sehr zurück hält. Dann steht er wieder für „Argo" vor dem Mikrofon: mit Tippetts

„Boyhood's End" und „Heart's Assurance". Nun ist er auch bei den großen britischen Festivals, wie denen in Edinburgh (mit Max Rostal), Aldeburgh (mit Peter Pears) oder St. Ives zu hören, auch bei den Coronation Promenade Concerts – Elizabeth II. war ja am 2. Juni 1953 in der Westminster Abbey gekrönt worden. Dann spielt der Dreißigjährige für die „MMS" noch Schostakowitschs erstes Klavierkonzert c-moll op. 35 mit Trompete (Harry Sevenstern) und Streichorchester ein.

Im November erkrankt allerdings sein Lebensgefährte William [Bill] Fedrick, den er 1946 in Deutschland kennen gelernt hat, und der für den British Council arbeitet. Er lebt inzwischen mit ihm in einer Wohnung am Hillgate Place (Notting Hill Gate). Drei Tage lang hat William Schmerzen, die Noel zunächst zu wenig ernst nimmt, da Bill immer wieder einmal Anfälle von Hypochondrie hat. Schließlich ruft man doch einen Arzt, und der Kranke wird umgehend ins Westminster Hospital eingeliefert. Die Operation eines Blinddarmdurchbruchs verläuft erfolgreich, allerdings erleidet Bill in der Nacht vor seiner geplanten Entlassung einen plötzlichen gesundheitlichen Rückfall und stirbt.

Mewton-Wood ist völlig deprimiert durch den Verlust des Partners und macht sich Vorwürfe, an dessen Tod Schuld zu sein, hatte er doch dessen frühe Symptome nicht ernst genommen. Drei Wochen später schluckt er in einem Suizid-Versuch eine Überdosis Aspirin, der folgenlos bleibt, und man rät ihm, zur psychiatrischen Behandlung ins Atkinson Morley Hospital zu gehen. Sein Freund John Amis schreibt: „Ich kannte mehrere schwule Männer, und es gab in diesen frühen Fünfzigern eine romantische Obsession mit dem Tod und der Idee, für einen Liebhaber zu sterben." Doch Mewton-Wood übersteht letztlich die Vergiftung, und selbst die Fachleute sind überzeugt, dass er jetzt psychisch stabil ist; man entlässt ihn daher nach fünf Tagen. Am 4. Dezember telefoniert Amis anderthalb Stunden mit ihm: „Wir sprachen über Bills Tod, über den er hinwegzukommen schien, oder er erkannte auf jeden Fall, dass er vielleicht nicht direkt dafür verantwortlich war. Er sprach von Zukunftsplänen, einer bevorstehenden Deutschlandtournee und vom künftigen Repertoire seines Duos mit dem Geiger Max Rostal". Einen Tag später, am 5.Dezember 1953, kommt Mewton-Wood nicht wie verabredet zu einer Abendessen-Einladung. Als keine weiteren Lebenszeichen von ihm zu erhalten sind, verständigt man die Polizei. Diese öffnet seine Wohnung und findet ihn tot auf der Couch in seinem Musikzimmer liegen, in einem rot-karierten Hemd mit offenen Kragen, Khaki-Shorts und weißen Turnschuhen. Zwei Wochen nach seinem einunddreißigsten Geburtstag hat er einen Cocktail aus Gin und Cyanwasserstoff (Blausäure) getrunken, den er sich Wochen vorher heimlich in einem Labor besorgt hatte. „Es gab einen zerbrochenen Becher, der aussah, als wäre er gegen die Wand geworfen worden", berichten die „Evening News" und kommen so zu ihrer eingangs erwähnten Schlagzeile.

Zum Gedenken an „poor Noel" komponiert Benjamin Britten „Canticle III: Still Falls The Rain" und Arthur Bliss ein „Elegiac Sonnet" für Tenor und Klavierquintett. In manchen Kreisen gibt es eine Diskussion um den australischen Pianisten Geoffrey Tozer, der Kompositionen von Mewton-Wood aufführt und über ihn sagt: „Er war der anregendste und intellektuell mächtigste Pianist, den Australien jemals hervorgebracht hat. Er war völlig vergessen, bevor seine Arbeit wieder auf CD erschien. Jeder erkannte, wie revolutionär sein Spiel war." Auch Tozer ist ein Wunderkind und hat siebenjährig bei Noels Lehrer Waldemar Seidel vorgespielt, welcher danach ausrief: „Noel ist zurückgekommen!". Elf Monate nach dessen Tod überzeugt Seidel manche mit seinem Ausruf, dass Tozer die Reinkarnation Noel Mewton-Woods ist …

WILLIAM KAPELL

(1922–1953)

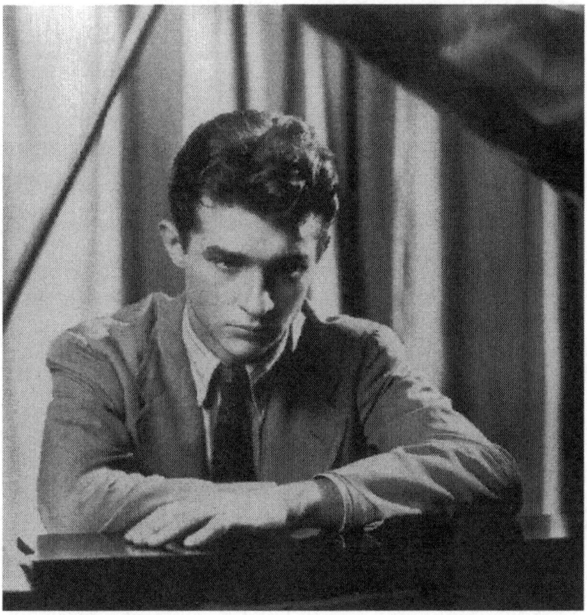

Für die Enthusiasten, die in Geoffrey Tozer den wiedergeborenen Noel Mewton-Wood zu erkennen glauben, hätte es vielleicht ein viel augenfälligeres Feld für Spekulationen gegeben: Der Pianist Noel Mewton-Wood ist 1922 geboren – wie der Pianist William Kapell – und kurz nach seinem einunddreißigsten Geburtstag im Jahr 1953 gestorben – wie der Pianist William Kapell. Dann allerdings verlaufen ihre Biografien doch sehr unterschiedlich. Kapell ist am 20. September 1922 als Sohn von Einwanderern in New York City zur Welt gekommen. Er wird noch einen Bruder namens Bernard (*1926) haben. Sein Vater Hyman [Harry] ist spanisch-russisch-jüdischer Abstammung und seine Mutter Edith polnischer. In Manhattans Lexington Avenue 1144 besitzen und betreiben die beiden eine Buchhandlung. Ihr Söhnchen William, den die meisten Willy nennen, reagiert von früh an auf

Musik. Es gibt in der Familie eine „Victor Victrola"-Musiktruhe, und die Mutter entdeckt, dass sich das Kind mit gewissen Mozart-Platten beruhigen lässt.

Noch ehe er laufen lernt, macht es Willy Freude, wo immer er ein Klavier entdeckt, sich zu strecken, bis er an die Klaviatur reicht und auf die Tasten drücken kann. Das wird beim älteren William nicht viel anders sein; wo auch immer er in einem Haus ein Klavier erblickt, zieht es ihn dort unvermeidlich hin. Für Vater und Mutter ist es keine Frage, dass ihre Kinder Musikstunden haben müssen. Folglich erhält Willy, als er sieben oder acht Jahre alt ist, Klavierunterricht, aber die Eltern melden ihn nach einiger Zeit wieder ab, denn, so sagen sie, sie wollen kein Geld für ein Kind ausgeben, das zu faul zum Üben ist. Aber mit zehn will Willy von sich aus doch noch Unterricht haben. 1932, in der wirtschaftlichen Depressionszeit, können die Eltern das Geld nicht aufbringen. Als der Sohn jedoch hartnäckig bittet, sucht man nach einem Lehrer, der vielleicht Gratisunterricht erteilt oder wenigstens nicht allzu viel Honorar verlangt. So kommen sie an Dorothy Anderson LaFollette von der Yorkville Settlement Music School in der First Avenue, nicht weit von ihrer Wohnung entfernt. Und sie erkennt schnell Willys Talent, ja unterrichtet ihn dreimal wöchentlich in ihrer Wohnung, manchmal sogar drei oder vier Stunden auf einmal. Jetzt macht Willy rasche Fortschritte: „Sie war für mich ein Engel", erinnert sich Kapell später, „und gab sich unendlich viel Mühe mit mir; keine Ahnung, was sie machte, um nicht die Geduld mit mir zu verlieren". Ihr schreibt er seine technische Geläufigkeit zu. Schon nach sechs Wochen wählt man den Zehnjährigen aus einer Gruppe von Kindern für einen Wettbewerb aus, dessen Preis ein Thanksgiving-Truthahndinner mit dem populären Pianisten und Filmdarsteller José Iturbi ist, der immer viel für musikalische Talente übrig hat. Willy stellt sich als der Beste heraus, wird also diese Einladung wahrnehmen können.

Im Sommer 1935 nimmt Frau LaFolette ihn für sechs Wochen mit nach La Jolla, das ist ein Stadtteil im kalifornischen San Diego mit damals gerade einmal 30.000 Einwohnern, wo die Lehrerin ihre Mutter besucht. Natürlich wird auch dort geübt und studiert, und sie sorgt sogar dafür, dass Willy in einem Strandhotel des Ortes ein erstes Rezital geben kann. Zurück in New York, erreichen die Eltern, dass Willy ein Stipendium für die private Columbia Grammar School erhält, ein Gymnasium, wo er bei den Lehrern recht beliebt ist. „Er ist ein Junge von hoher Intelligenz, prächtigem Charakter und gutem Gefühl. Seine Arbeiten waren immer hervorragend. Seine Fähigkeiten als Pianist sind von so hohem Niveau, dass es in Zukunft jeder Institution zur Ehre gereichen wird, an der Förderung seiner Ambitionen beteiligt gewesen zu sein", heißt es in einer Schulbeurteilung. Neben den Verpflichtungen im Buchladen ist die Familie immer wieder damit beschäftigt umzuziehen. Meist so nach zwei Jahren müssen sie die Wohnung wechseln, weil kein Vermieter den Mietvertrag verlängert, wenn ein Perfektionist, der inzwischen aus dem Sohn geworden ist, bis zu acht Stunden täglich, laut und unermüdlich Klavier übt.

Frau LaFolette ermutigt Willy, doch einmal ihren Lehrern Josef und Rosina Lhévinne aber auch Arthur Rubinstein vorzuspielen. Rubinstein erinnert sich: „Er glaubte mir einen Gefallen zu tun, indem er abfällig über seinen Lehrer redete, ausgerechnet meinen Freund Joseph Lhévinne, und als ich ihn dafür tadelte, brach es aus ihm hervor: ‚Er versteht mich nicht, es gibt zwischen uns beiden keinerlei Verständigung. Wenn Sie mich unterrichten würden, könnte ich es bestimmt weiterbringen.' Das nun lehnte ich rundheraus ab." Obwohl sie lange Jahre in Verbindung bleiben und Rubinstein in seinen Memoiren ihn als „jungen Schützling" bezeichnet, ist ihr Verhältnis oft angespannt. Kapell hält ihn für einen außerordentlich begabten aber schrecklich faulen Musiker, was Rubinstein zuweilen zugetragen wird.

Als Willy sechzehn Jahre alt ist und Frau LaFolette glaubt, am Ende ihrer Möglichkeiten angekommen zu sein, ermutigt sie ihn, doch den Unterricht bei der renommierten Klavierpädagogin Olga Samaroff aufzunehmen. Diese in Texas geborene Lucy Mary Olga Agnes Hickenlooper – der Nachname Samaroff ist eine Erfindung ihres Agenten – war bis 1923 mit Leopold Stokowski verheiratet und ist mit George Gershwin, Irving Berlin und Cary Grant befreundet. Sie lehrt am Philadelphia Conservatory, und dort kann 1938 Kapell, finanziell unterstützt vom Kartonagenmogul und Kunstmäzen Frederic R. Mann, bei ihr tatsächlich den Unterricht aufnehmen. Mann hilft ihm sogar noch später, als Olga Samaroff in die New Yorker Juilliard School berufen wird und er ihr dorthin folgen will. Ja, sie wird eine Art musikalischer „Ersatzmutter", die einen großen Einfluss auf Kapell haben wird und ihn durch zahlreiche Wettbewerbe begleitet. Ein Journalist beschreibt Kapell als das „Stereotyp eines gebürtigen New Yorkers: hell, frech, taktlos, wettbewerbsfähig, lustig, großspurig und dünnhäutig. Er konnte außergewöhnlich großzügig und auch böse sein." Frau Samaroff muss sich nicht verkneifen, ihm zu sagen: „Wenn du die Beherrschung deiner eigenen Seele beschleunigen willst, lerne deine Zunge zu zügeln."

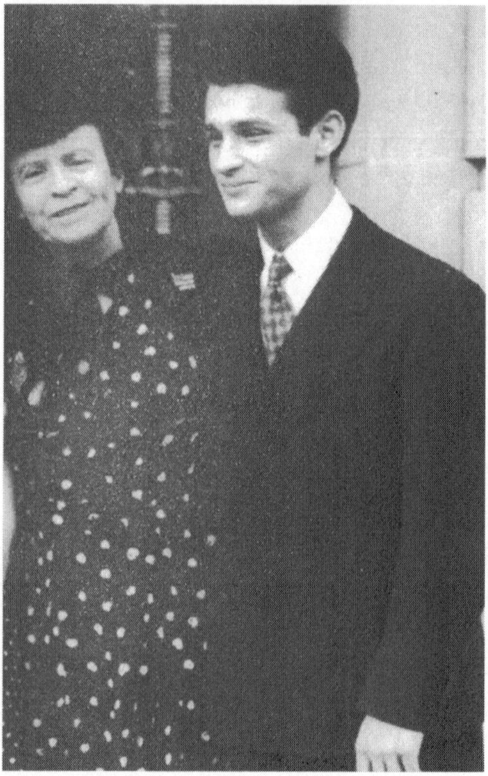

William Kapell mit
„Madam" Olga Samaroff (1941)

„Madam", so wird die Lehrerin von ihren Studenten genannt, beginnt, wie von Kapell in einem Aufsatz charakterisiert, mit dem „Beharren auf strengster Beachtung von Notenwerten, Pausen und allen anderen Angaben des Komponisten. [...] In den ersten beiden Lektionen machte sie deutlich, dass sie in dieser Hinsicht keine Nachlässigkeit dulden würde. Ein Student, der sich nicht daran hielt, durfte nicht wiederkommen. - Madam erklärte selten technische Details und Muskelbewegungen. [...] Sie glaubte, dass, wenn der Schüler nicht nach einer bestimmten Zeit intuitiv den Sinn der Musik erfassen kann, es ihm wenig nützen würde, künstliche Effekte zu erzielen, indem er seine Hände auf eine bestimmte Weise hält.“ Man überliefert, dass sie Willy einmal sagt: „Ich habe noch nie einen schöneren Ton gehört als in deinem Vortrag, außer wenn deine Bässe farblos und nicht mit den Melodietönen zusammenklangen. [...] Du weißt, dass bei Paderewski die Hände nicht immer zusammen waren, aber der Basston kam immer vor dem Melodieton“.

William Kapell interessiert sich nicht nur für Musik. Als Sohn eines Buchhändlers, der ja unter Literatur aller Art aufwächst, liest er viel und gerne, geht begeistert ins Kino, ist auch ein ganz talentierter Maler und komponiert sogar. 1935 – er ist damals dreizehn – schickt er ein Manuskript an Schirmer in New York, einen der führenden Musikverlage Amerikas. Man (ver-)tröstet ihn: „Ich schreibe Dir lediglich, um Dir zu sagen, dass Du Dich nicht von dem entmutigen lassen sollst, was die erste ‚Ablehnung‘ eines Deiner Manuskripte sein könnte. [...] Die Hauptsache ist, dass Du weiter komponierst, mehr und besser, und Du wirst sicherlich einige Sachen haben, die akzeptiert und veröffentlicht werden“. Doch dann kommen andere Interessen: Mit achtzehn lernt Willy an der Juilliard School eine bildschöne, zwei Jahre ältere kalifornische Mitschülerin kennen, Solveig [Dorothy] Lunde – seine erste Liebe. Die Beziehung verläuft stürmisch, hält aber für sieben Jahre.

Die angesehene internationale Leventritt Competition, bei der Eugene Istomin, Alexis Weissenberg oder Van Cliburn brillieren, wird Kapell nicht gewinnen, aber während seines ersten New Yorker Semesters 1940 den Jugendwettbewerb des Philadelphia Orchestra. Er debütiert am 10.Februar 1941 sogar mit dem Ensemble unter seinem Chef Eugene Ormandy und Camille Saint-Saëns’ g-Moll-Konzert. Der Erfolg ist so groß, dass er im Sommer schon wieder in Philadelphias Naturtheater im Fairmount Park spielen kann, das man nach einer einst an diesem Platz existierenden Kneipe „Robin Hood Dell“ nennt. Der Dirigent ist Charles O’Connell, der auch künstlerischer Direktor der Plattenfirma RCA Victor ist, was später für Kapell nicht unwichtig sein wird.

Als er 1941 auch noch den renommierten Preis der Walter W. Naumburg Stiftung gewinnt, wird ihm ermöglicht, im Oktober – er ist gerade neunzehn Jahre alt geworden – ein Rezital mit Bach und Brahms in New Yorks Town Hall mit ihren 1.500 Sitzplätzen zu spielen. Howard Taubman schreibt in der „Times“: „Ein großzügig begabter Pianist, einer der talentiertesten, die unter den Fittichen der Naumburg Stiftung auftreten. [...] Er hat mehr als genug Technik, was aber noch wichtiger ist, er hat Phantasie und Sensibilität.“ Es folgt, dass Arthur Judson ihm einen Dreijahresvertrag anbietet: Judson, ein Geiger aus Ohio, hatte keinen großen Erfolg als Solist, ist inzwischen aber der mächtigste Musikmanager seiner Zeit geworden. 1915 hatte er die Geschäftsführung des Philadelphia Orchestra übernommen und wurde 1922 zusätzlich von den New Yorker Philharmonikern zum administrativen Leiter ernannt. Im selben Jahr gründete er eine Künstleragentur in New York, bald auch ein Netzwerk von kleineren Rundfunksendern – und beides wandelte sich zum Columbia Broadcasting System (CBS), einem der wichtigsten Radiosender der USA, dazu das an erster Stelle der Musikagenturen stehende „Columbia Concerts Management“, das rund zwei Drittel der amerikanischen Spitzenmusiker unter seinen Fittichen hat. Schon ein Vierteljahr vor der Unterzeichnung hat Olga Samaroff genau geprüft, ob es mit einem Exklusivvertrag dieses allmächtigsten Agenten seine Ordnung hat. Sie widmet ihrem Schützling im Mai 1942 ein Bild: „Für Willy – mit unendlichem Stolz und Freude am Wachstum seiner Kunst und auch an der Entwicklung des Mannes hinter seiner Kunst - liebevoll ‚Madam‘“. Und so tourt Kapell jetzt durch das ganze Land – auch unter Dirigenten wie Leonard Bernstein, Leopold Stokowski, Fritz Reiner oder Eugene Ormandy. Es beginnt die sehr strapaziöse, aber auch wunderbare Karriere eines bedeutenden Solisten.

Im Juli 1942 will der Dirigent Efrem Kurtz das sechs Jahre vorher komponierte Klavierkonzert von Aram Khatchaturjan in Manhattans Lewisohn Stadium aufführen und sucht sich dafür William Kapell als Solisten aus. Die Aufführung gerät zu einer Sensation. Kapell mag das laute Vorzeigestück nicht so besonders, akzeptiert aber die Anfrage. Die Folge ist, dass er es lebenslang nicht mehr los werden wird – er spielt es unter Serge Koussewitzky in Boston (1943), unter Eugene Ormandy in Philadelphia (1944) oder Artur Rodziński in New York (1946), er wird davon sogar eine außergewöhnlich erfolgreiche Plattenaufnahme in Weltersteinspielung machen. Nach über dreißig Aufführungen allerorten und seiner lebendigen, energetischen Unterstützung von Khachaturjans robusten Melodien, nennt ihn ein Kritiker „William Khatchaturjan Kapell“. Doch dabei wird es natürlich nicht bleiben.

1945 macht er auf Einladung der Australian Broadcasting Comission (ABC), also des dortigen Rundfunks, eine erste Überseetour nach Australien, 1946 nach Südamerika, und im Herbst 1947 geht es nach Europa – von Stockholm bis Rom, Paris und Wien bis London und Budapest, er tourt aber auch unter großem Beifall durch die Vereinigten Staaten.

Nun macht – Charles O'Connell lässt grüßen – RCA Victor exklusiv Aufnahmen mit ihm, allerdings relativ wenige, nicht nur wegen seines eng gestrickten Konzertplans, er gibt auch nur ihn absolut Befriedigendes frei. In der Folgezeit erscheinen Beethovens zweites Klavierkonzert mit Vladimir Golschman (1946), Prokofieffs drittes Konzert mit Antal Doráti (1949) und Rachmaninows zweites mit William Steinberg (1950); faszinierend ist seine Platte mit Leopold Stokowski und de Fallas „Nächten in spanischen Gärten" (1949). Es erscheinen aber durchaus auch Solowerke, wie Liszts dämonischer Mephisto-Walzer No. 1 (1945) in einer technischen Spitzenleistung, emotional vielfältige Chopin-Mazurken (1950/51) oder Bachs Partita No. 4 BWV 828 (1953), die einen Pianisten zeigt, „der fraglos auf dem Weg zu einem der großen Bach-Interpreten des Jahrhunderts ist" (Knight). Und die gefürchtete Kritikerin Claudia Cassidy des Chicagoer „Tribune", von der ja schon die Rede war, schreibt: „Er hat nicht nur Brillanz, sondern auch Subtilität und eine feine breite Spur von Integrität. Es ist schwer, eine aufschlussreichere Kombination in der Musik zu finden". Cassidy wird weiterhin zu seinen ständigen Bewunderern gehören.

Kapell hat keine Probleme, die Presse zu bedienen: Willy beim Malen in seinem Hinterhof wird dort vorgestellt, Willy mit Übungsklavier an einer PANAM-Maschine, mit Kindern, Autogrammjägerinnen, Hunden und Kängurus, Willy am Kamin und beim Rauchen; ein Blatt weiß sogar, dass Kapell sein „Steak blutig, die Musik unverfälscht" will, und für „The Australian Women's Weekly" sieht Kapell 1945 wie Frank Sinatra aus. – Dann kommt natürlich noch die obligatorische Liebesgeschichte hinzu: Als er Ende Februar 1947 in Chicago Rachmaninows zweites Konzert spielt, ist mit der Frau des Orchestermanagers auch eine Rebecca Anna Lou Melson im Konzert, die selbst Klavier studiert. Sie findet, dass Kapell das Werk viel zu schnell spiele, und man drängt sie, ihn das doch persönlich wissen zu lassen. „Ich sagte ihm, dass ich dachte, er hätte großartig gespielt, aber wo war das Feuer? Ich sagte ihm, es sei so schnell, dass man nicht erfassen kann, was er tue.“ – Gut ein Jahr später, am 18.Mai 1948, werden sie in Chicago heiraten. Einen Tag vorher war Olga Samaroff gestorben, und Kapell beginnt nun seinerseits in der New Yorker Juilliard School zu unterrichten.

Allmählich verliert er das Image des sensationellen Klavierboys, wird als reifer Künstler anerkannt, der sich Zugang zum großen Repertoire von Beethoven bis Brahms oder Debussy verschafft. Violin-Weltstar Jascha Heifetz und Bratschist William Primrose wünschen sich ihn als Begleiter. Mit Heifetz nimmt er sogar die große d-Moll-Violinsonate von Brahms auf. Es ist bei der kraftvollen Technik seiner frühen Aufnahmen nicht zu überhören, dass in diesen Tagen Vladimir Horowitz Kapells absolutes Vorbild ist. „Er ist kein Pianist, er ist ein Zauberer“, sagt Kapell über Horowitz. Später wird er sogar im selben Block Manhattans wohnen wie dieser – Horowitz in Nummer 14 East 94th Street, er gegenüber in Nummer 21. Doch damals wird er auch schon von anderen beeinflusst, von Pablo Casals und durch das Beethoven-Verständnis von Rudolf Serkin zum Beispiel, von Artur Schnabel, Leon Fleisher und seinem Freund Eugene Istomin. Man trifft sich gelegentlich mit Horowitz, wirklich befreundet ist man nicht.

William arbeitet hart, selbst in den freien Stunden seiner Konzertreisen. Er liebt Steinway-Flügel über alles, und seine Tagebücher, die er gewissenhaft führt, weisen aus, dass sein Reiseplan so organisiert ist, dass ihm immer noch Übungsmöglichkeiten in einer Steinway-Filiale der jeweiligen Stadt möglich sind. Später lässt er sich an Orte, bei denen er das Instrument nicht kennt, ähnlich wie Horowitz oder Gould, sein Lieblingsinstrument nachtransportieren. Auch reist er gerne in Begleitung seiner Familie, wenn es für die Kinder nicht zu beschwerlich ist. Inzwischen ist er Vater von David (*1949) und Rebecca (*1951) geworden.

Kapell zeigt geradezu missionarisches Interesse an der zeitgenössischen amerikanischen Musik, an Charles Ives, Roger Sessions oder Carl Ruggles, nimmt sogar ein Werk von Virgil Thomson auf und ist besonders verbunden mit Aaron Copland, dessen Klaviersonate er auf seiner letzten Australien-Tournee auf manches Programm setzt. „Er war einer der wenigen Spitzenpianisten unserer Zeit“, schreibt Copland später, es „gab Brillanz und Dramatik in seinem Spiel, Gesanglichkeit und Spannung. Auf der Bühne hatte er das Feuer und die

Hemmungslosigkeit, die allein das Publikum zum Fieber treiben können. Er kannte seine Macht, und er hatte zweifellos manchmal Angst davor." – A propos kann Frau Anna Lou ergänzen: „Er hatte eine Facette des Temperaments seiner Mutter geerbt, eine gewisse Angst, die sich in körperlicher Erregung ausdrückte". Obwohl er in der Regel mit hervorragenden Kritiken überschüttet wird, kann er sich über eine einzige schlechte schrecklich erregen, redet von Konzertkritik als einem „schmutzigen Beruf" – etwa von Noel Straus, dem Rezensenten der „New York Times", der einmal sein Spiel als dreist und metallisch bezeichnet. Kapell greift immer wieder unbekümmert die Presse an. „Er hatte vor niemandem Angst, weil sein Herz rein war", schreibt Virgil Thompson. Er hatte keine Probleme damit, Kollegen zu kritisieren; Gary Graffman beurteilt er einmal: „Du hast wie ein Schwein gespielt!" Auf Drängen seiner Frau konsultiert er schließlich einen Therapeuten, der ihm hilft. „Man kann das in seinen Aufnahmen verfolgen", sagt Anna Lou. Er nimmt sich im April 1949 – nach einer USA-Tournee – eine sechsmonatige Auszeit in einem gemieteten Haus am Strand von La Jolla und studiert dort Mozart und Schubert.

1953 geht Kapell auf Sommertournee nach Australien, wo er in vierzehn Wochen siebenunddreißig Konzerte gibt. Bei seiner letzten Station, am 22. Oktober in der Hafenstadt Geelong, schreibt Lindsay Browne, der Kritiker des „Sydney Morning Herald", recht gut über ihn, meint aber, sein Bach-Spiel (das so kontrapunktisch klar und spannungsgeladen ist, dass es heute an Glenn Gould erinnert) sei „trocken" gewesen. Diese australische Kritik erbost Kapell derart, dass er bei seinem Rückflug am Flughafen von Sydney eine Reporterin wissen lässt: „I shall never return. I mean what I say." – „Ich werde nie mehr zurückkommen. Ich meine, was ich sage." Was damals niemand auch nur ahnt – er wird Recht behalten.

Dieser Rückflug BCPA 304 am 28. Oktober 1953 mit einer British Commonwealth Pacific Airlines DC-6 soll von Sydney über Fidschi, dem pazifischen Canton Island und Honolulu bis nach San Francisco führen. Kapell überlegt zunächst, die Maschine in Honolulu zu verlassen, ändert aber seine Meinung und bleibt an Bord. Nach etwa 8.000 Meilen Flug meldet sich der Pilot am Morgen des 29.Okober um 8:39 Uhr, er sei über der Stadt Half Moon Bay an der Westküste der San-Francisco-Halbinsel und setze zum Landeanflug an; es sind bereits die Räder der Maschine ausgefahren. Später nimmt man an, er sei bei dem starken Nebel wohl der Meinung, den Bergrücken King's Mountain südlich des Flughafens von San Francisco bereits passiert zu haben, und so stürzt er in einen bewaldeten Berg nur fünfunddreißig Meilen südlich von San Francisco; die Maschine geht in Flammen auf. Alle neunzehn Personen an Bord sind sofort tot – eine davon ist der einunddreißigjährige William Kapell.

Kapells Schicksal wird bei seinem frühen Tod zuweilen mit dem von Dinu Lipatti in Verbindung gebracht, doch – so der Pianist Hyperion Knight – „Lipatti war ein verbindlicher Europäer: traditionell und überaus geschliffen. Kapell war ein typischer Amerikaner: romantisch, kämpferisch und leidenschaftlich getrieben". Zweifellos war er eine der vielversprechendsten Klavierbegabungen des zwanzigsten Jahrhunderts.

Aaron Copland hat einst versprochen, ihm eine Klavierfantasie zu komponieren und wird sein Versprechen 1957 mit seinem größten Werk für Tasteninstrumente und einer Widmung an ihn einhalten. Jascha Heifetz sagt ironisch, er könne dem Pianisten nie verzeihen, dass er jung gestorben sei. - Aber mit dem Ende der Schellackplatte ist Kapell in der Öffentlichkeit fast vergessen, seine Aufnahmen werden bald vergriffen sein. Vielmehr geht der Stern eines neuen „Wundermanns" auf – Van Cliburn.

GLENN GOULD

(1932–1982)

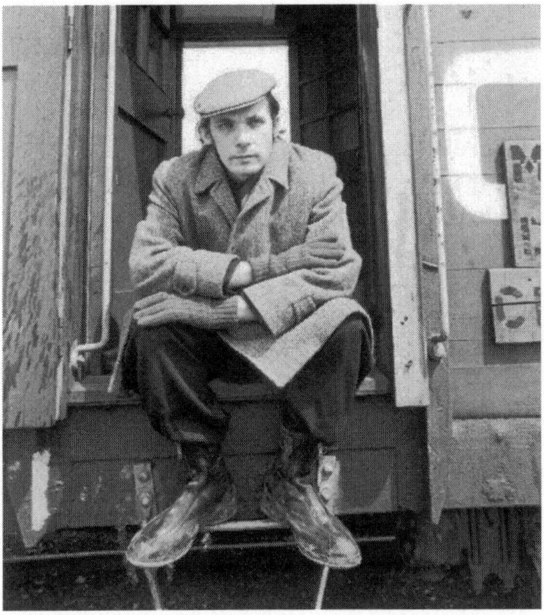

New York: Ein Pianist soll in einem Studio, das früher eine Kirche war, eine Schallplatte einspielen. Sein Flügel, ein Steinway 174 (später wird es ein CD 318 sein) ist bereits aus Kanada geliefert, aufgestellt und gestimmt worden. Obwohl ein warmer Sommertag herrscht, erscheint der Künstler in Mantel, Schal und Mütze und lässt wegen einer befürchteten Kreislaufinsuffizienz das Studio völlig überheizen. Außerdem hat er Handtücher, abgefülltes Quellwasser, Kekse aus Pfeilwurzmehl, Magermilch und einen Koffer mit allerlei Medikamenten dabei sowie einen zusammenklappbaren Bridgestuhl, auf dem er extrem tief sitzt, denn keine Klavierbank genügt seinen Ansprüchen. Aus Angst vor Krankheitskeimen lässt er sich nicht die Hände schütteln, hat dafür wollene Fingerhandschuhe und bedient die Pedale ohne Schuhe aber in Wollsocken, in der Nähe immer ein kleines Kissen, damit er nicht den Direktkontakt zum Studioboden haben muss. Als ihm einmal nach einem Ausraster ein Klavierstimmer der New Yorker Steinway-Hall beruhigend auf die Schulter klopft, konsultiert er fünf Spezialärzte und verklagt Steinway auf 300.000 Dollar Schmerzensgeld – man einigt sich schließlich auf 9.500 Dollar. Und das Publikum, das später seine Aufnahmen hört, spricht in einem breiten Meinungskorridor von einem Hypochonder mit allen möglichen Marotten und Hysterien, einem überspannten, wunderlichen, abergläubischen und der Astrologie zugeneigten naiven Genie, von einem geldgierigen Geschäftsmann, einem starrsinnigen, aufgeblasenen Egozentriker, einem Mythos, einer Ikone oder einem der gefeiertsten Pianisten des zwanzigsten Jahrhunderts schlechthin.

Der Herr, um den es hier geht, ist der am 25. September 1932 im kanadischen Toronto geborene Glenn Herbert Gould, das Einzel- aber auch Wunschkind von Russell Herbert [„Bert"] und Florence Emma [„Flora"] Gold. 1939 hat man den Familiennamen in „Gould" (sprich: „gu:ld") geändert. Der Vater leitet ein Kürschnerei-Unternehmen, spielt in der Freizeit gerne Geige und singt im Kirchenchor mit. Die Mutter – sie ist bei seiner Geburt einundvierzig Jahre alt und hat bereits mehrere Fehlgeburten hinter sich – war bis zu ihrer Hochzeit Pianistin, Organistin und Gesangslehrerin; der Komponist Edvard Grieg ist ein Cousin ihres Großvaters.

Das ganze Leben der Eltern kreist fortan um Glenn. Die Mutter liebt ihren Sohn abgöttisch und ist besessen von der Idee, dass er Musiker wird, zumal man bei ihm das absolute Gehör konstatiert. Vom dritten bis zum zehnten Lebensjahr gibt sie ihm Klavierunterricht und wünscht, dass er beim Spielen mitsingt. Damit werden noch später die Aufnahmeleiter der Plattenfirmen zu kämpfen haben. Als im Herbst 1938 Glenn in die Schule kommt, macht man mit dem Direktor aus, dass er nur am Vormittag die Klasse besuchen muss, da der Nachmittag von ihm der Musik gewidmet wird. Natürlich ist er dadurch von Klassenkameraden abgesondert, ein Außenseiter, der mit ihnen wenig kommunizieren kann (und will). Abends holen Hauslehrer das am Nachmittag Versäumte nach, und spätabends wird dann noch Klavier geübt. Damit die Eltern ruhig schlafen können, baut ihm der Vater dafür eigens einen schallisolierten Raum. Ob das Glenns spätere Nachtaktivität („ich hasse klare Tage, ich hasse die Sonne") bewirkt, sei dahingestellt.

Schon 1938 – er ist noch keine sechs Jahre alt – kann er die Eltern bei einem Kirchenkonzert auf der Orgel begleiten, Ende des Jahres tritt er im weißen Seidenanzug als Glen Gold öffentlich auf. Zwei Jahre später besteht der Junge die Aufnahmeprüfung des Konservatoriums von Toronto. Er studiert Orgel und Komposition bei Frederick C. Silvester, Musiktheorie bei Leo Smith und Klavier bei Alberto Guerrero. Für Glenn ist das ein „exzellenter Weg [...], meinen Schulkameraden aus dem Weg zu gehen". Guerrero fordert von ihm ein Non-legato-Spiel, ein unabhängiges Antippen mit den Fingern auf die Taste, das ihm ein Gefühl für den Druck an den Fingerspitzen verleihen soll, wobei die Finger nicht angehoben werden und von selbst zurückfedern. Gould wendet diese Technik auch später noch auf jedes Stück an. Im Oktober 1946 wird er sein Studium mit „Grade 10", also mit besten Noten abschließen. Er bleibt Guerrero aber noch bis 1952 verbunden.

Mit zwölf gewinnt Glenn die „Piano Trophy Competition" des Kiwanis Musikfestivals für junge Musiker – der einzige Wettbewerb an dem er bis 1947 in Folge teilnehmen wird. Dabei hört ihn der Musikagent Walter Homburger, der ihn als Agent vertreten will. Die Eltern sagen zu, allerdings unter der Bedingung, ihm keine Wunderkindkarriere aufzudrücken. Und was meint der junge Pianist? „Walter und ich sind uns über nichts uneins, außer über Geld, über Klaviere, über Programme, über Konzerttermine, über die Beziehungen zur Presse und über die Art, wie ich mich kleide".

Kurzzeitig ist Glenn Organist an der anglikanischen St.Simon's Church in Toronto, wo er wegen seines irritierenden Aufstehens vom Spieltisch während des Gemeindegesangs bald wieder entlassen wird. Am 14. Januar 1947 hat er seinen ersten Auftritt mit einem Berufsorchester: Er spielt Beethovens viertes Klavierkonzert mit dem Toronto Symphony Orchestra unter dem australischen Dirigenten Bernard Heinze. Es gibt begeisterte Rezensionen, leider aber „zeigte der junge Künstler einige Neigung zu manieristischem Gebaren [...]. Mit zunehmendem Alter wird er zweifellos lernen, dieses störende Hin- und Herzappeln während der Orchesterzwischenspiele zu unterlassen." Er wird auch gleich wieder für Beethovens erstes Klavierkonzert im Dezember verpflichtet.

Seine Solistenkarriere beginnt: 1949 hat er vier Konzerte, 1950 sechs und mit acht Auftritten 1951 erstmals Aufnahmen für die Canadian Broadcasting Corporation (CBC). In diesem Jahr verlässt er die Schule ohne Abschluss. Er hat eine Abneigung gegen Reisen, ganz besonders mit dem Flugzeug, was einem Künstler aus dem doch recht entlegenen Kanada international nicht gerade förderlich ist. So produziert er seine erste Schallplatte für das kleine, eben im Land gegründete Label „Hallmark Records" mit Prokofjew, Schostakowitsch, Tanejew und Berg. Im Dezember 1954 absolviert er sein Fernsehdebüt. Wenige Wochen später ist er zum ersten Mal in Washington und New York. Ein Produzent der Plattengesellschaft „Columbia" sitzt im Publikum – Gould wird über Nacht berühmt.

Nichts ermöglicht ihm nämlich den internationalen Durchbruch so sehr, wie eine Plattenaufnahme von Johann Sebastian Bachs Goldberg Variationen BWV 988 im Juni 1955. Dort, im „Columbia"-Studio 207, einer verlassenen Presbyterianer-Kirche in der 30. Straße von New York, tritt er so auf, wie eingangs geschildert. Er spielt ohne Noten mit eigenem Flügel sowie einem Stuhl, der so konstruiert ist, dass jedes Bein einzeln eingestellt werden kann, wobei er etwa dreiunddreißig Zentimeter über dem Boden sitzt – also sehr tief – und mit den Fingern nach oben zur Tastatur greifen muss. Die Hände und Unterarme badet er zwanzig Minuten lang in heißem Wasser. Das Ergebnis ist eine Weltsensation und ein riesiger Kassenschlager, weil das Werk mit seiner kristallklaren Textur konkurrenzlos ist. Gould wird dem „Columbia"-Label (heute Sony) bis zu seinem Lebensende treu bleiben. Schon beginnt die Tretmühle des berühmten Solisten: 10.November – 2. Beethoven-Konzert in Ottawa, 15.November – 4. Beethoven-Konzert in Sherbrooke, 4. und 5. Dezember – 5. Beethoven-Konzert in Victoria, 11.Dezember – 4. Beethoven-Konzert in Edmonton, 12. Dezember – 1. Beethoven-Konzert in Winnipeg und so weiter. Mit Leonard Bernstein spielt er im April 1957 Bachs d-Moll- sowie Beethovens zweites Klavierkonzert ein.

Gould ist im Mai 1957 – es ist seine erste Tournee außerhalb Amerikas – sogar vom sowjetischen Kulturministerium zu acht Konzerten und einer Vorlesung nach Moskau und Leningrad eingeladen worden. „Über das Außenministerium entstand der Kontakt", sagt Walter Homburger, „und die Russen waren von der Idee angetan". Für sein Gesprächskonzert kann er sich das Programm selbst auswählen. Es ist mit Bachs „Goldberg-Variationen", Alban Bergs Klaviersonate op. 1, den Klaviervariationen von Anton Webern sowie Ernst Křeneks dritter

Klaviersonate nach dem politischen Verständnis dort wohl „formalistisch, dekadent und bürgerlich“. Vielleicht bleibt deswegen der Saal des Konservatoriums zunächst halbleer; nach der Pause ist er voll, so schnell hat sich während der ersten Hälfte herumgesprochen, was da vorgeht. Die „Prawda“, Zentralorgan des ZK der KPdSU, berichtet allerdings ausschließlich über Bach.

Auf der Rückreise von der UdSSR spielt Gould noch in Berlin mit den Philharmonikern unter Herbert von Karajan das dritte Beethoven-Konzert. „Als ich ihn hörte, hatte ich das Gefühl, als spielte ich selbst, so genau entsprach sein Musizieren meinem eigenen Verständnis von der Musik“, lobt ihn dieser, und der Kritiker Joachim Kaiser berichtet: „Der nervöse, die Hände falsch wie Horowitz haltende, seltsam tief geduckt vor der Tastatur sitzende junge Mann. Die Schale warmen Wassers neben ihm, in welche er während aller Orchester-Tutti seine Finger tauchte. Verrückt, dachten manche. Aber diejenigen, die hören konnten, empfingen einen tiefen Eindruck“. Ein Rezital in Wien schließt im Juni die Tournee ab. Im Folgejahr wird Karajan die Berliner Festwochen mit ihm eröffnen (Bachs d-Moll-Konzert), mit demselben Werk treffen sie 1959 noch einmal in Luzern aufeinander.

Anders als die meisten seiner Künstler-Kollegen hat Gould eine Affinität zu Barock, Klassik und klassischer Moderne. Vergeblich sucht man bei ihm Schubert-Impromptus, das Tschaikowsky-, Schumann- oder (bei aller Verwandtschaft) Grieg-Konzert. Mozarts Klaviersonaten spielt er zwar ein, hält ihn aber für einen mittelmäßig begabten Komponisten, der eher zu spät als zu früh gestorben sei. Dafür hört man ihn mir Werken von István Anhalt und Carl Ruggles, William Byrd oder Orlando Gibbons, von Fartein Valen bis zu Arnold Schönberg.

Im März 1960 lässt Gould sich weiter auf die Medien ein. Er hat sein Debüt als Rundfunk-/Fernseh-Moderator, als er für CBC eine „Konzertvorlesung“ macht, in der er ein Werk vorstellt und mit Klangbeispielen kommentiert. Und für „Columbia“ nimmt er mit Musikern des Cleveland Orchesters (die sich „Symphonia Quartet“ nennen) sein eigenes Streichquartett f-Moll op. 1 auf. So werden die mannigfachen Talente des Glenn Gould offenbar: Komponist, Solist an der Orgel, am Cembalo, am Klavier, Autor für Radiosendungen, Fernsehshows und Zeitschriftenartikel (Lieblingspseudonym Dr. Herbert

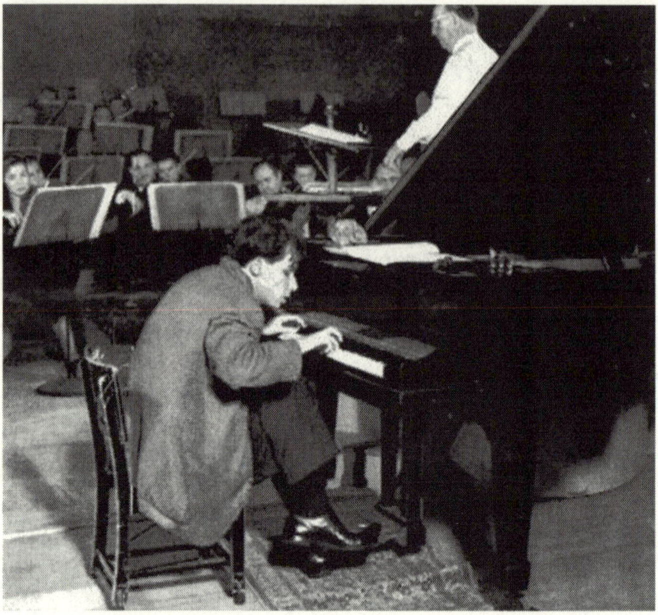

33 Zentimeter über dem Boden – Glenn Gould (1958)

von Hochmeister). Und worüber wird er doch alles referieren: Über die Abschaffung von Applaus (1962), die Anatomie der Fuge (1963), über Petula Clark (1967) oder Leopold Stokowski (1978).

Immer wieder diskutiert man Goulds eigenmächtige Tempowahl. Da rast er halsbrecherisch durch Beethovens „Mondschein-Sonate", während er das Allegro assai der „Appassionata", die er nicht ausstehen kann, geradezu mit halber Geschwindigkeit im Andante ‚buchstabiert'. Und Kritiker Joachim Kaiser konstatiert: „Er übertreibt mit großer Überzeugungskraft alles: das schnelle Tempo, die langsame Entsagung, aber auch die Schlichtheit, die Innigkeit, ja – so paradox es klingt – auch die Bescheidenheit." Zuweilen will er das Publikum provozieren. Sicher ist dies der Grund, warum er – der ohnehin kein umfangreiches Repertoire an Solokonzerten hat – mit bedeutenden Dirigenten meist über ganz wenige Projekte nicht hinauskommt, mit Karajan etwa, Markevitch, Mitropoulos oder Szell. Für den Größten hält er übrigens Josef Krips: „Er schaute einen an, und in diesem Augenblick wusste man, dass ein unerbittlicher Prozess in Gang gesetzt worden war. [...] Die reinste Magie!" Häufiger konzertiert er mit Leonard Bernstein. Ihr Konzert am 6.April 1962, bei dem Brahms' erstes Klavierkonzert mit den New Yorker Philharmonikern auf dem Programm steht, wird nicht nur als ihre letzte Zusammenarbeit in die Interpretationsgeschichte eingehen. Bernstein – tritt zunächst solo auf, dreht sich um zum verdutzten Publikum und beginnt: „Sie werden gleich eine – sagen wir: ziemlich unorthodoxe – Aufführung des d-Moll-Konzerts von Brahms erleben; eine Aufführung, von der ich mir nie hätte träumen lassen – mit extrem langsamen Tempi und zahllosen Abweichungen von Brahms' dynamischen Angaben. [...] Es bleibt freilich die spannende Frage: Wer ist bei einem Solokonzert der „Boss" – der Solist oder der Dirigent? [...] Nur ein einziges Mal in meinem Leben war ich gezwungen, mich der völlig neuen und ungewöhnlichen Konzeption eines Solisten zu beugen: das war bei meinem letzten Konzert mit Mister Gould". Die Diskussion im Publikum und anschließend in der Presse reicht von der Bewunderung Bernsteins, dass er sich mit dem Risiko einer Aufführung überhaupt auf den unkonventionellen gleichwohl erstaunlichen Gould einlässt, bis zur Verurteilung des „arroganten" Dirigenten, den „Pult-Tyrannen" Bernstein – von geballten Diskussionen in der Presse über die Interpretation des Solisten ganz abgesehen. „Glenn Gould ist ein großartiger Künstler aber im Augenblick ist er nicht in der Verfassung öffentlich aufzutreten", liest man dort. Sicher dachte niemand, dass Gould das bald nicht viel anders sieht. Am 10. April 1964 hat er in Los Angeles nämlich mit einem Bach-Beethoven-Hindemith-Programm überhaupt sein letztes öffentliches Auftreten – er ist gerade einmal einunddreißig Jahre alt.

Dann lebt er, der nur wenige persönliche Kontakte hat, völlig zurückgezogen in einem Cottage seiner Eltern am Lake Simcoe im südlichen Ontario. Er erwägt sogar, Hundezüchter zu werden. „Abgesehen von einigen Achtzigjährigen bin ich wirklich der erste, der (ohne Nervenzusammenbruch oder so) von der Bühne abgetreten ist", erklärt er und sagt in einem Film-Interview: „Ich hasse das Publikum. Nicht den Einzelnen, sondern als Masse hasse ich das Publikum. Es ist eine teuflische Macht. Ich kann nicht verstehen, wie jemand mit ihm kommunizieren kann. [...] Man gehorcht dem Kommando des Pöbels." Er versteht es aber auch, seine Entscheidung ins Grundsätzliche zu ziehen: „Ich bin fest davon überzeugt, dass jemand mehr von einem Musikstück versteht, wenn er es allein zu Hause aus dem Radio oder von der Platte hört, als wenn er es im Konzertsaal gemeinsam mit einigen tausend anderen erlebt." Und so wird er nur noch für Rundfunk oder in zahllosen Produktionen für die Schallplatte arbeiten. Einmal, im Januar 1966, soll er das auch mit der Star-Sopranistin Elisabeth Schwarzkopf in Tagen ihres letzten New Yorker Met-Gastspiels tun – in drei Tagen mit Liedern von Richard Strauss: „Glenn Gould hat gebeten, er wolle mich begleiten. Und da gab es eben diese Ophelia-Lieder. Wir verehrten ihn natürlich sehr und waren gerührt, dass der sich herablassen würde, mal Lieder mit mir aufzunehmen. Wir waren Feuer und Flamme, und es hätte wunderbar werden können. Nur leider war es ganz gegen unsere Gewohnheit: Er blieb beim Abhören der ersten Aufnahme an seinem Flügel sitzen und fing an zu fantasieren über das, was wir gerade aufgenommen hatten, und wir standen da und warteten, dass er nachkam in den kleinen Abhörraum. Er kam aber nicht. ‚Das macht er nie', sagte der Aufnahmeleiter. Aber wenn man das erste Mal etwas aufnimmt und dazu noch Lieder, die sehr schwer sind – vom Text und von der Situation und von der Figur und stimmlich –, äußerst schwer, ist das nicht fair – für niemanden, auch nicht für den Pianisten, dass er nicht hört, was im Zusammenspiel wirklich zu hören ist. [...] Ich weiß nicht, diese Vereinsamung, die er sich so geleistet hat – der hat sich so zurückgezogen von allem, was im Leben wirklich war. Man konnte nicht begreifen, dass er überhaupt ein normaler Mensch wäre, man hat ihn irgendwie nie kennen gelernt", sagt Elisabeth Schwarzkopf in einem Interview. So ist vorzeitig Schluss, andere Aufnahmen wird die Sängerin wegen Meinungsverschiedenheiten mit ihm nicht zur Veröffentlichung freigeben.

Kurze Zeit später nimmt Gould Beethovens Es-Dur-Konzert mit einem anderen von ihm Bewunderten auf: mit Leopold Stokowski. Ihm schwebt eine „Sinfonie mit obligatem Klavier" vor. Die Schallplatten-Zeitschrift „FonoForum" meint: „Um das alles konsequent durchzuführen, muss er natürlich sehr viel Zeit haben und ein breites Tempo anschlagen. Man spürt förmlich, wie es Stokowski, der doch sicherlich viel Verständnis für exzentrisches Künstlertum besitzt, in den Fingern juckt".

Ein anderer Verkaufsschlager für „Columbia" wird im November 1967 „BL5", wie es in der Firma heißt. Es geht um eine Fassung von Beethovens fünfter Sinfonie als Klaviertranskription von Franz Liszt, die Gould aus der Vergessenheit befreit. Ein halbes Jahr später – er hat soeben seinen Exklusiv-Vertrag mit „Columbia" verlängert – folgt die „Pastorale".

Gould gibt dann zu bedenken, dass die Eisenbahnverbindung, die eine direkte Reise von Toronto nach Manhattan ermöglicht, eingestellt werde. So installiert er lieber für rund 20.000 Dollar im Eaton's 7th Floor Auditorium, einem Saal der kanadischen Warenhauskette Eaton's an der College Street der Innenstadt von Toronto Tonbandmaschinen, Mikrofone, Verstärker, Dolby-Rauschunterdrückungs-Systeme, Lautsprecher und ein Mischpult. Dort wird fast der gesamte Rest seiner weiteren Einspielungen entstehen. Er beginnt im Januar 1971 mit Bachs „Wohltemperiertem Klavier".

Gould interessiert sich für den Dirigenten und Komponisten Lukas Foss, nach einiger Zeit allerdings mehr für dessen Frau Cornelia mit zwei Kindern, eine Malerin, die er – nach einer Scheidung von Foss – heiraten will. Das Ganze führt jedoch eher zu einer seltsamen Dreiecksbeziehung. Als sich Gould radikal zu verändern beginnt, immer schwieriger wird, einen Tablettencocktail aus Antidepressiva und Beruhigungsmitteln schluckt, enden jedoch 1972 Cornelias Empfindungen für ihn. Später wird er noch eine Beziehung zur Sopranistin Roxolana („Roxie") Roslak haben, mit der er 1976/77 für Hindemiths „Marienleben" zusammenarbeitet.

Als sein Vater im Frühjahr 1975 das Cottage am See verkauft, da er und seine Frau sich darum nicht mehr kümmern können, mietet Glenn sich die Suite 215 im Hotel „Inn on the Park" in Toronto. Im Juli stirbt die Mutter an einem Gehirnschlag; Glenn, der sich nun noch mehr zurückzieht, ist überzeugt, nicht älter als fünfzig Jahre zu werden (auch diese Prognose wird nicht falsch sein). 1979 schlägt er Karajan eine „Distanz-Aufnahme" von Bachs d-Moll- und Beethovens zweitem Klavierkonzert vor. In einem ersten Schritt würde man alle wesentlichen Aspekte per Telefon besprechen. Dann produziert Gould ein Zweispur-Masterband des Soloparts und drittens wird Karajan, während er über Kopfhörer sein Band abhört, den Orchesterpart aufnehmen. Karajan hätte sich vielleicht sogar darauf eingelassen, doch Ende 1979 kommt es zum Bruch Goulds mit „Columbia", deren Vertrag im April 1983 auslaufen wird, und er will sein eigener Produzent sein. Zudem steht ab Frühjahr 1980 dann das Eaton's Studio in Toronto nicht mehr zur Verfügung, da dort ein neues Einkaufszentrum entsteht. So muss wieder in New York produziert werden. Als „krönender Abschluss" sollen – ein Vierteljahrhundert nach seiner ersten Aufnahme –

noch einmal die Goldberg-Variationen entstehen; jetzt sind sie meist langsamer, gereifter aber nicht unbedingt eingehender.

Gould interessiert sich in diesen Tagen dafür, im Studio als Dirigent zu arbeiten. Er verhandelt sogar mit dem damaligen CBS-Manager Ronald Wilford über eine neue Karriere. Er denkt an Partituren von Bach, Händel und Gluck, Beethoven-Ouvertüren und die zweite und achte Sinfonie, Sinfonien von Schubert, Mendelssohn und Brahms, Werke von Strauss, Schönberg und Křenek. Unter strenger Geheimhaltung arbeitet er mit dem kanadischen Hamilton Philharmonic Orchestra. Im August trifft ihn der Journalist Timm Page, der entsetzt ist, als ihm ein „gebeugter, dickbäuchiger, verwahrloster und fast kahler" Mann entgegenkommt. Goulds letzte Einspielung wird am 8. September 1982 unter seiner Leitung Wagners „Siegfried-Idyll" mit vierzehn Mitgliedern des Toronto Symphony Orchestra sein. Gut zwei Wochen später kann er seinen fünfzigsten Geburtstag feiern, stellt aber zwei Tage später, am Montag, 27. September 1982, in seinem „Inn"-Hotelzimmer fest, dass seine gesamte rechte Körperseite taub ist – er hat einen Schlaganfall erlitten. In der Nacht zum Mittwoch folgt ein zweiter, und Gould fällt ins Koma. Am 4.Oktober, morgens um 11:30 Uhr, ist er tot.

Dreitausend Menschen kommen zu Goulds Gedenkgottesdienst. Sein Klavierstuhl steht jetzt in einem Plexiglaskasten im National Arts Centre von Ottawa. „Wenn es die Erde in vierhundert Jahren noch gibt, werden die Menschen Glenn Gould sicher noch kennen. Seine Aufnahmen sind zeitlos und werden für immer weiterleben", sagt sein CBC-Tontechniker und Freund Lorne Tulk. Jedenfalls rast an Bord der Raumsonde Voyager auf einer Golden Record als Botschaft an mögliche Außerirdische seine Interpretation von Präludium und Fuge C-Dur aus dem zweiten Teil von Bachs „Wohltemperiertem Klavier" ins Weltall ...

GINETTE NEVEU

(1919–1949)

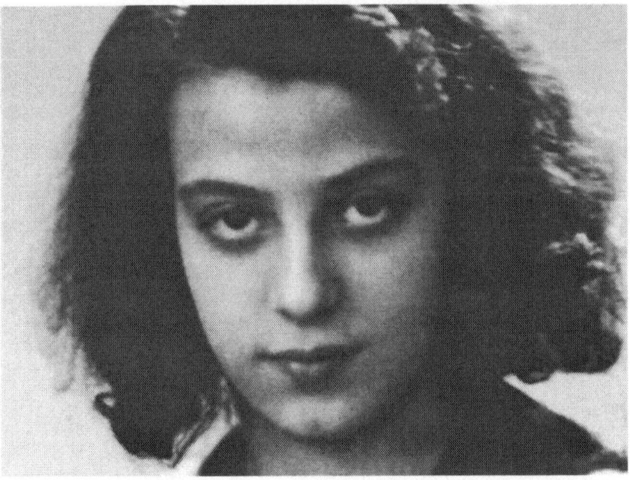

„Ihr Spiel war für mich eine der größten Offenbarungen, sowohl instrumental als auch musikalisch“. Kein Geringerer als der große Cellist Pablo Casals sagt das von Ginette Neveu. Man könnte viele ähnliche Äußerungen über sie zusammentragen, über sie, „die größte unter den jungen europäischen Geigerinnen“, wie der „New York Herald Tribune“ sie damals feiert; und jetzt sie geradezu zu einem Mythos geworden. Sie hat heute noch in Wikipedia eine Biografie in neunzehn Sprachen – auch in Armenisch oder Südaserbaidschanisch – und die Zahl der Aufrufe steigt immer mehr.

Ginette Renée Neveu wird am 11. August 1919 in Paris in eine sehr musikalische Familie hineingeboren. Nicht nur, dass ihre Mutter Marie-Jeanne Geigenlehrerin ist und ihr Vater Maurice Alcide Auguste talentierter Amateur-Violinist, sie ist auch die Großnichte des französischen Musikpädagogen, Organisten und Komponisten Charles-Marie Widor, dessen Toccata aus seiner fünften Orgelsinfonie sich noch heute großer Beliebtheit erfreut. Ihr ein Jahr älterer Bruder Jean-Paul wird Pianist werden.

Schon sehr früh erlernt Ginette ihr Instrument bei der Mutter, hat aber auch keine Probleme in der École Supérieure de Musique beim Unterricht mit Madame Line Talluel: „Ginette war fast vier Jahre alt und ich sehe sie immer noch mit konzentrierter Miene und einem Bonbon im Mund zuhören. Im Alter von fünf Jahren zeigte sie wirklich sensationelle Begabungen und eine für ein so junges Kind einzigartige Arbeitsfähigkeit. Sie hat zum Beispiel die einfachsten Phrasen dreißig-, fünfzigmal geübt, und wenn ich ihr gesagt habe: ‚Das reicht', hat sie geantwortet: ‚Aber schön muss es sein'." Im Alter von nur fünfeinhalb Jahren kann sie ihr erstes Konzert mit Robert Schumanns Choral und Fuge op. 68 geben.

Mit noch nicht einmal acht Jahren hat sie ihr offizielles Debut, als sie mit dem Orchestre des Concerts Colonne unter seinem Chef Gabriel Pierné und Max Bruchs g-Moll-Violinkonzert in der Pariser Salle Gaveau musiziert. 1928 gewinnt sie den Ersten Preis der École Supérieure de Musique sowie den Prix d'Honneur der Stadt Paris. Mit Gaston Poulet am Pult führt sie Mendelssohns e-Moll Violinkonzert auf. Im gleichen Jahr hat sie Unterricht bei dem rumänischen Komponisten und Violinisten Georges Enesco, dem Lehrer von Ivri Gitlis, Arthur Grumiaux oder Yehudi Menuhin. Man darf aber keineswegs glauben, dass sie nichts anderes täte als ununterbrochen Geige zu üben; sie strolcht zum Beispiel gerne durch die Natur, auch mit dem Fahrrad, schwimmt, liebt Boccia und Tischtennis.

„Wunderkindern" gegenüber ist man an Hochschulen immer misstrauisch, aber im November 1930, im Alter von erst elf Jahren also, nimmt man Ginette in die Klasse von Jules Boucherit ans Pariser Conservatoire National de Musique auf. Ihre Mitstudenten nennen sie „die Gladiatorin", weil sie kurze Haare und dunkle Augen hat, eine heisere tiefe Stimme, breite Schultern und meist merkwürdige römische Vestalinnenkleider trägt. Ihr androgynes Aussehen wird später sogar Kritiker beeinflussen, die ihr Spiel gerne als „männlich" charakterisieren. „Das Wichtigste für den Künstler ist die Individualität, die sich immer weiter steigern muss", ist ihre Antwort darauf.

Am Konservatorium erzielt sie einen „Geschwindigkeitsrekord": Nach acht Monaten gewinnt sie den Premier Prix du Conservatoire, den ersten Preis für Violine. Sie stellt damit sogar den Rekord des polnischen Komponisten und Violinisten Henryk Wieniawski aus dem Jahr 1846 ein. Gleichzeitig studiert sie Komposition bei Nadia

Boulanger, schreibt mit vierzehn eine Caprice, drei Violinsonaten und arbeitet an einem Konzert.

Im Juni 1932 reist sie zwei Tage lang in der dritten Klasse der Bahn nach Wien, wo sie mit zweihundertfünfzig Konkurrenten am Ersten Internationalen Musikwettbewerb unter der Leitung von Clemens Krauss teilnimmt. Die erst Zwölfjährige wird Vierte, und das „Wiener Tagblatt" bemerkt, man meine, „dem energischen Spiel eines Mannes zu lauschen und nicht dem eines kleinen, zarten Mädchens im weißen Kittel." Einer der Juroren ist der Geiger Carl Flesch, und der schreibt auf die Rückseite einer seiner Visitenkarten: „Wenn Sie nach Berlin kommen können, verpflichte ich mich, ohne jeden Gedanken an persönlichen Vorteil, mich für die musikalische Ausbildung der jungen Geigerin verantwortlich zu machen." Zwei Jahre wird es dauern, bis für die Familie finanziell möglich ist, sie zu ihm in die deutsche Hauptstadt zu schicken, dann in seinen Exil-Ort Knokke in Belgien. „Mein Kind", sagt Flesch, „du bist mit einer Gottesgabe beschenkt, die ich gar nicht anrühren möchte. Alles, was ich machen kann, ist, dir ein paar technische Ratschläge zu geben."

Schon im März 1935 kann Ginette in Warschau am Internationalen Henryk-Wieniawski-Wettbewerb teilnehmen, einem Violinwettbewerb, der zu seinem hundertsten Geburtstag gegründet wurde und heute einer der traditionsreichsten Musikwettbewerbe weltweit ist. Diesmal reist sie mit der spendierten Fahrkarte und der nötigen finanziellen Unterstützung ihres Lehrers Flesch an sowie mit einem kleinen Koffer und einer Omobono-Stradivari aus dem Jahr 1730, eingetauscht gegen die bisher von ihr gespielte kleine Tirolergeige durch den Pariser Geigenbauer Vatelot, bei dem ja seit Jahrzehnten Solisten von Weltrang ein- und ausgehen. Sie wird sich fünfzehnjährig mit Ravels „Tzigane" als Erste gegen letztlich fünfundfünfzig Geiger und Geigerinnen durchsetzen, darunter der sechsundzwanzigjährige Ukrainer David Oistrach, der damals schon Dozent am Moskauer Konservatorium ist (2. Preis) oder Ida Haendel (7. Preis) [vgl. Bild S. 152]. Diese erinnert sich: „Ich fixierte sie fasziniert, und obwohl ich ein Kind war, wurde mir klar, dass ich einer außergewöhnlichen Künstlerin zuhörte, die sich ganz der Musik verschrieben hatte und unter Ausschluss alles anderen in sie versunken war. Dies war ein Spiel von außergewöhnlicher Intensität und Leidenschaft, und ihr großer Ton, ihr breites Vibrato und ihre dramatische Herangehensweise hatten die Wirkung eines Vulkans." Es gibt polnische auch sowjetische Proteste – sowjetfeindlich und antisemitisch sei die Jury. Dagegen schreibt Oistrach in einem Brief: „Man muss zugeben, dass die Neveu *verteufelt* begabt ist, davon habe ich mich gestern überzeugt, als sie mit ungeheurer Kraft und Eindringlichkeit das fis-Moll-Konzert [Wieniawski] spielte. Dabei ist sie erst 15–17 Jahre alt, so dass es keine ‚große Ungerechtigkeit' ist, ihr den ersten Preis zu verleihen." Kurz: Wie so oft machen solche Querelen gerade allseits darauf aufmerksam, dass sich hier eine Geigerin auf den Weg zur Weltspitze macht. Einladungen nach USA, Canada, Java, Bali, Polen und in viele andere Länder erreichen sie. „Ihr Tagebuch der Konzertverpflichtungen widersprach allen pessimistischen Meinungen, die man über die Reisegeschwindigkeit der Vorkriegszeit haben konnte", erinnert sich ihre Mutter.

Zweimal kann Ginette auf Tournee nach Deutschland gehen. „Ich übe keinen Beruf aus, sondern eine Sendung." Als die Sechzehnjährige im November 1935 mit dem Brahms-Konzert in Berlin auftritt, schreibt das dortige „Tageblatt": „Man merkt sofort am sicheren Griff und energischen Strich, an der Besessenheit des Spielens mit den Schwierigkeiten und an der Leidenschaft des Musizierens, dass man es mit einer Begabung großer Klasse zu tun hat. Ihr Spiel hat nichts Frühreifes an sich, sondern gibt sich in echt jugendlicher Unbefangenheit und naiver Triebhaftigkeit. In der staunenswerten Beherrschung aller technischen Künste beschämt dieses Kind das Gros der violinspielenden Welt." In Hamburg spielt sie unter Eugen Jochum und 1936 debütiert sie in der Sowjetunion – reist von Moskau bis Baku. Schon im Jahr darauf ist sie in New York, wo der Kritiker Noel Straus ihr in der „Times" eine „ungewöhnliche Eloquenz" konzediert, sich der so oft beschworenen energischen männlichen Kraft aber nicht anschließt; ihr Ton sei vielmehr „süß und ausdrucksvoll aber klein".

1938/39 nimmt Ginette in Berlin für „Electrola" auch erste Schallplatten auf und ist jetzt international so renommiert, dass eine holländische Konzertdirektion einmal dem großen Carl Flesch nahelegt, öffentlich nicht das Brahms-Konzert zu spielen, denn das werde demnächst von Ginette Neveu dargeboten. Die hat es als Schülerin eines Deutschen in diesen Tagen jedoch nicht leicht, gerät (fälschlich) sogar als Kollaborateurin in Verruf. Sie schreibt an Carl Flesch: „trotz der Schwierigkeiten, die man mir in Frankreich deswegen in den Weg legt, weil ich Ihre Schülerin bin, haben sich meine Gefühle für Sie und mein Vertrauen in Sie nicht geändert. Leider weiß ich aus Erfahrung, wie bösartig gewisse Menschen mir gegenüber sein können, nur deswegen, weil ich erfolgreich bin. Ich frage mich sogar, ob es nicht auch in London Kreise gibt, die sich freuen würden, wenn ich in ihren Augen diskreditiert werden würde.“ Kurz: Mit dem Weltkrieg und der Besetzung Frankreichs im Jahr 1940 lehnt sie – trotz höchst lukrativer Angebote – Auftritte in Deutschland ab, ja pausiert überhaupt in ihrer internationalen Karriere. Am 4. Mai 1941 spielt sie im besetzten Paris Beethovens Violinkonzert unter Paul Paray und beginnt 1942 mit ihrem Bruder Jean als Rezital-Pianisten (er ist ein Schüler von Yves Nat) Kammermusik zu machen, spielt gerne Debussys Violinsonate oder eben immer wieder Ravels „Tzigane“.

Ihre Mutter berichtet über die Zeit zwischen den Konzerten in Paris: „Sie begann den Tag mit fünf Stunden Geigeüben, danach schlug sie ein Buch auf, stützte die Ellbogen auf einen Tisch, legte den Kopf zwischen die Hände oder ließ sich auf einen Diwan fallen, ohne ihre Lektüre zu unterbrechen. Sie verabscheute Romane, verschlang aber Reisebücher, philosophische Essays und die Biografien von Gelehrten oder großen Musikern. Auf dem Plattenteller lief eine Schallplatte oder leise spielte das Radio. Höchstens ein Erdbeben hätte sie aus ihrem Frieden und ihrer Ruhe reißen können“.

Im Gedenken an Garcia Lorca, den von Francos Leuten erschossenen spanischen Dichter, widmet ihr der Komponist Francis Poulenc eine Violinsonate. Am 21. Juni 1943 führen sie das Werk recht unerschrocken bei den Concerts de la Pléïade in der Salle Gaveau zur Unterstützung inhaftierter Künstler auf – gerade einmal 800 Meter entfernt von der Propagandastaffel der Nationalsozialisten an der Avenue des Champs-Elysées. Francis Poulenc begleitet die dreiundzwanzigjährige Ginette Neveu bei der Aufführung des Werks am Klavier, dessen Furor, Zerrissenheit, Melancholie und Esprit auch heute noch unmittelbar wirken. Der Komponist sagt: „Trotz einiger geigerischer Innovationen, die allein Ginette Neveu zu verdanken sind, die mir bei der Instrumentalkomposition sehr geholfen hat, ist diese Sonate geradezu ein Misserfolg.“ Das wird die Beiden allerdings nicht hindern, sie am 12. März 1945 in Londons Wigmore Hall auch noch aufzuführen. Merkwürdiger Weise ist Ginette Neveu zunächst in ihrer Heimat weniger bekannt als im Ausland. Schon in Kriegstagen wird sie immer wieder nach Großbritannien eingeladen; sie muss in halbzerstörten

Hallen spielen, wacht einmal in der Nacht wegen einer V-2-Rakete auf, die im Londoner Hyde Park einschlägt. Vierzig Tage muss sie ausfallen, weil sie an Scharlach leidet; dann spielt sie in der Royal Albert Hall das Brahms-Konzert und Ravels „Tzigane“ unter Charles Munch, wobei auch die britische Queen Mary im Publikum sitzt. Die „Daily Mail“ konstatiert: „Ihre Leistung ist die beste, die wir seit Kreisler gehört haben. Ich kenne keine Geigerin und nur sehr wenige Männer, die es mit ihr aufnehmen könnten“. Sie bietet Mozart unter Adrian Boult und Beethoven unter Anatole Fistoulari.

Im Februar 1944 spielt Neveu bereits erneut eine Uraufführung, nämlich unter Gaston Poulet in Bordeaux: das Konzert von Federico Elizalde, eines damals sehr beliebten philippinischen Jazzpianisten, Arrangeurs, Orchesterleiters und Rundfunkmanagers. Die Zeitungskritik berichtet, dass der Erfolg „die Ausmaße eines Triumphs“ angenommen habe.

Wenige Tage nach der Befreiung von Paris kommt Plattenproduzent Walter Legge von „His Master's Voice“ in die französische Hauptstadt. Auf der Suche nach guten französischen Künstlern empfiehlt ihm der mit ihm befreundete französische Geiger Jacques Thibaud Ginette Neveu. Diese spielt für die Armee und Legge kennt sie schon vom Hörensagen seit Ende der dreißiger Jahre aus Berlin, wo sie Strauss' Violinsonate und ein posthumes Chopin-Nocturne aufgenommen hat; auch war er in ihrem Londoner Konzert mit Poulenc. Nicht nur von ihrer Technik ist Legge begeistert, denn „ihre einzigartigen Qualitäten waren die intensive und leidenschaftliche Schönheit ihres Spiels, eine glühende und wild-primitive Leidenschaft, die immer kurz davor zu sein schien, alle Zurückhaltung zu brechen, aber nur von starkem Willen und Intellekt an der Leine gehalten wurde“, so erinnert er sich. Umgehend schließt er mit ihr einen Exklusiv-Vertrag für seine Gesellschaft. Die erste Einspielung, die er im November 1945 mit ihr im Londoner Abbey Road Studio macht, ist Jean Sibelius' Violinkonzert mit dem von Legge soeben geschaffenen Philharmonia Orchestra unter Walter Süsskind: Es ist der einzige freie Tag mitten in einer anstrengenden Englandtournee Neveus. „Ich dachte nicht, dass ich das Werk in zwei Sitzungen aufnehmen kann. Für das Orchester war es die erste große Aufnahme. Walter Süsskind hatte seine erste international bedeutende Aufnahme, und für uns war es die erste Studio-Erfahrung mit Neveu. Zwischen zwei und fünf hatten wir den ganzen ersten Satz eingespielt. In den anderthalb Stunden Pause zwischen den Sitzungen hätte sich jeder andere Solist ausgeruht; nicht Neveu. Sie lief im Studio hin und her und übte die ganze Zeit. Um acht Uhr war die Abschürfung am Hals, das Markenzeichen einer Geigerin, eine böse, scharlachrote Wunde, und die linke Seite ihres Kinns blutete fast. Immerzu rauchend, arbeitete sie durch bis kurz vor halb zehn und bat darum, ob das Orchester nicht eine halbe Stunde weiterarbeiten könnte, dann könnte man das Werk beenden. Noch vor zehn Uhr war das Konzert im Kasten. Wir waren alle erschöpft – außer Ginette Neveu." Der „Gramophone"-Rezensent wird die Sibelius-Aufnahme als „weißglühend" bezeichnen. – Im folgenden Jahr nimmt man neben kleineren Werken auch Brahms' Violinkonzert auf – wieder mit dem Philharmonia Orchestra – diesmal unter Issay Dobrowen.

Nach dem Krieg nimmt Ginette Neveu ihre internationalen Karrierefäden wieder auf. Sie spielt in den Niederlanden, das Sibelius-Konzert auch im schwedischen Stockholm. Sibelius schickt ihr ein Telegramm: „Besonders möchte ich von meinem Gefühl tiefer Dankbarkeit sprechen, wenn ich an die inspirierte und äußerst einfühlsame Darbietung denke". Sie spielt in Prag und Brüssel, es folgen Norwegen, Italien, und Anfang 1947 geht es weiter zu Konzerten nach Südamerika, sogar nach Australien.

1948 schreibt sie: „Mir ist bewusst, dass eine neue Entwicklung in meinem Inneren stattfindet. Möge sie mich in meiner Kunst auf eine höhere Ebene bringen." Begleitet von Hans Schmidt-Isserstedt spielt sie am 3.Mai dieses Jahres das Brahms-Konzert in der Hamburger Musikhalle, das sie am 25. April schon in Baden-Baden im Großen Saal des Kurhauses mit dem Orchestre National de la Radiodiffusion Française unter Roger Desormière aufgeführt hat. Ein Jahr später ist sie wieder in der Kurstadt, wo sie mit dem neu gegründeten Sinfonieorchester des Südwestfunks unter Hans Rosbaud das Beethoven-Konzert spielt. Die Mitschnitte davon sind noch heute bei Geigern und CD-Sammlern hochgeschätzt.

Von Oktober 1948 bis Januar 1949 absolviert sie sechzig Konzerte in einundzwanzig Städten der Vereinigten Staaten. Nach einem Konzert in Boston sagt Serge Koussevitzky, Chef der dortigen Symphoniker: „Nie wieder wirst du eine solche Interpretation hören." Und der gestrenge Kritiker Virgil Thomson bringt es auf die Formel: „Ich bin sicher, dass Brahms von ihrer Interpretation begeistert gewesen wäre."

Sie spielt aber auch unter Antal Doráti oder Herbert von Karajan – und kauft jetzt noch ein zweites Instrument, eine G.B. Guadagnini. Dazu lässt sie sich einen strapazierfähigen Doppelkoffer mit Krokodillederbezug herstellen, der auch noch die Omobono-Stradivari aufnehmen kann.

1949 tritt sie mit dem Sibelius-Konzert beim Edinburgh-Festival unter André Cluytens auf, spielt Beethoven beim Hallé-Orchester unter Barbirolli. Am 20.Oktober gibt sie in der Pariser Salle Pleyel ein Rezital, das – wegen ihrer anstehenden neuen USA-Reise – „Abschiedskonzert" betitelt ist, wieder mit Ravels „Tzigane" und der d-Moll Chaconne von Bach. Es ist in der Tat ein Abschiedskonzert – nämlich ein Abschied von dieser Welt. Denn eine Woche später, am Abend des 27. Oktober 1949 will sie mit Bruder Jean von Paris nach New York fliegen. Eine lange Tournee in einundzwanzig Städte der USA muss das werden, von St.Louis und Chicago bis San Francisco und Los Angeles. Den Abschluss soll am 30.November ein Auftritt in der New Yorker Carnegie Hall bilden. Ihr Flugzeug, eine Lockheed Constellation der Air France, soll am Flughafen Orly um 20:05 Uhr starten, und an Bord werden sogar weitere populäre Reisende sein: der siebenundsechzigjährige berühmte Porträt-Maler Bernard Boutet de Monvel, aber auch der dreiunddreißigjährige bisherige Boxweltmeister im Mittelgewicht, Marcel Cerdan, die große Liebe von Edith Piaf, der sich in einem Rückkampf dem amerikanischen „Raging Bull" Jake LaMotta stellen will. Fotografen halten die Neveu-Geschwister im Gespräch mit Cerdan fest. 1996 entsteht aus dieser Begegnung Bernard da Costas Bühnenstück „Le Boxeur et la Violoniste" (Der Boxer und die Geigerin).

Das Wetter an diesem Oktoberabend ist so schrecklich, dass der Flugplan geändert werden muss. Die Maschine mit siebenunddreißig Passagieren und elf Besatzungsmitgliedern soll morgens gegen zwei Uhr auf den Azoren eine Zwischenstation machen. Zwei vergebliche Landeversuche macht der Pilot für diesen Tankstopp, dann reißt der Kontakt mit ihm ab; ein Lastwagenfahrer sieht einen Lichtblitz aus dem Nebel am Berg kommen. Suchflugzeuge starten, und acht Stunden später wird am Hang ein verdrehter, feuergeschwärzter Haufen gesichtet. In diesen Trümmern sind die Passagiere bis zur Unkenntlichkeit verbrannt. Das kurze Kommuniqué lautet: „No survivors" – keine

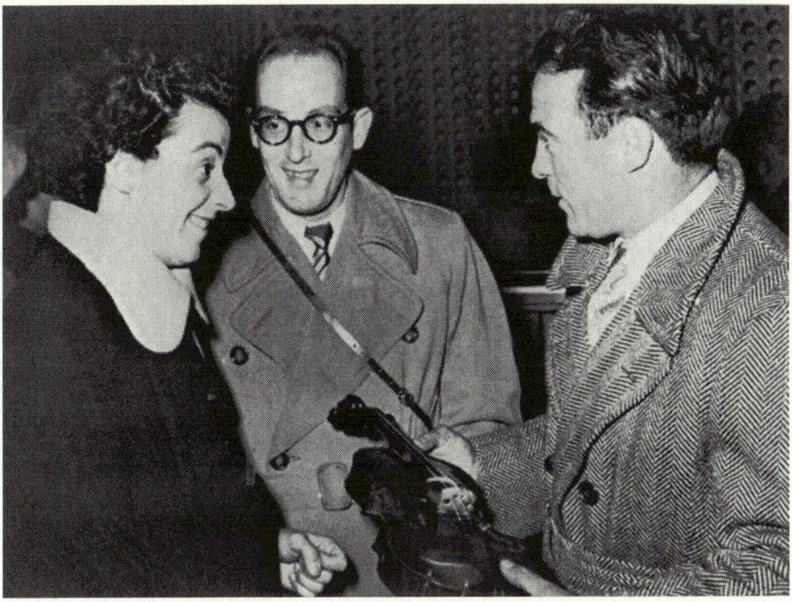

27. Oktober 1949: Ginette und Jean Neveu (Mitte) vor dem Abflug im Gespräch mit dem Boxer Marcel Cerdan

Überlebenden. Am Freitag, 28. Oktober 1949 ist die Maschine am über 1.100 Meter hohen Pico de Vara, einem Berg auf der Insel São Miguel zerschellt.

Die sterblichen Überreste der dreißigjährigen Ginette Neveu werden zunächst mit denen einer jungen Elsässerin verwechselt und in Bantzenheim (Haut-Rhin) beigesetzt. Heute ist sie auf dem legendären Friedhof Père-Lachaise in Paris bestattet, und es gibt im achtzehnten Arrondissement einen Garten sowie eine Rue Ginette-Neveu. Bruder Jean kann gar nicht mehr identifiziert werden. Auch die Omobono-Stradivari, mit der Ginette den Wieniawski-Wettbewerb gewonnen hat, wird nie gefunden werden, von der Guadagnini nur die Schnecke und einer der Bögen.

Nur wenige Tage nach dem Unglück nimmt sich aufgrund des Todes von Ginette die achtundfünfzigjährige Margarete Frömel, eine Freundin aus Wien, das Leben. Und Jacques Thibaud, der sie einst Legge empfohlen hat, wird vier Jahre später ebenfalls bei einem Flugzeugabsturz ums Leben kommen …

OSSY RENARDY

(1920–1953)

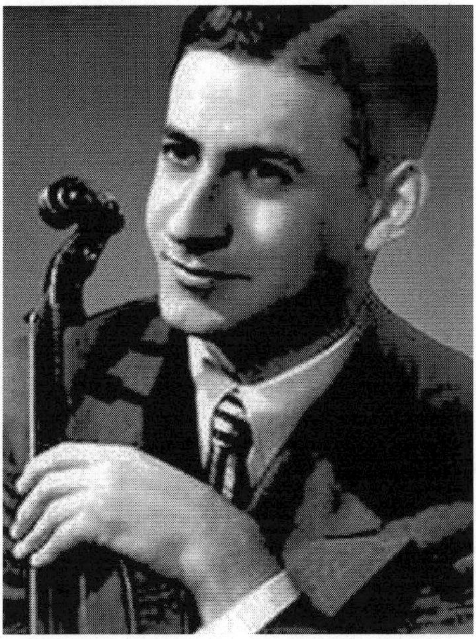

Geboren ist er als Oskar Reiss am 26. April 1920 in Wien und ist der einzige Sohn des ungarischstämmigen Kellners Adolf Reiss, der in einem bekannten Restaurant der Stadt arbeitet. Mutter Rosa betreibt eine Wäscherei. Die Familie wohnt in der Wiener Leopoldstadt beim Augarten. Dort, in der Vereinsgasse, ist damals das Studio des Geigenpädagogen Theodor Paschkusz, der in Wien auch Konzertauftritte hat; und dieser beobachtet immer wieder einen Fünfjährigen, der während seiner Unterrichtsstunden an seinem Fenster steht und lauscht. Eines Tages spricht er das Kind an, und erfährt, dass sich der Knirps eben nichts sehnlicher wünscht als Violine zu lernen. Paschkusz gibt ihm eine kleine Geige und versucht eine erste Lektion. Der Lehrer ist verblüfft über die bemerkenswerte Auffassungsgabe und Intelligenz des Kleinen. Er erteilt ihm einige Wochen lang kostenlosen Unterricht, und

Oskar hört zusätzlich immer noch stundenlang seinem Lehrer beim Unterrichten anderer Schüler zu. Daraufhin überredet Paschkusz die ziemlich unmusikalischen Eltern des Kindes, ihrem hochtalentierten Jungen eine kleine Geige zu kaufen. Und so kommt es, dass Oskar am 22. Februar 1930 – er ist also erst neun Jahre alt – im Großen Wiener Musikvereinssaal auftritt, am Klavier begleitet von Julius Saxinger. Drei Jahre später, im Oktober 1933, schließt sich Oskar dann aber einem Tournee-Varieté in Meran an, wo der Dreizehnjährige neben einem Trick-Radfahrer, einem Jongleur, einem Comedian und Tänzer auftritt. Der Manager überredet ihn, seinen so germanisch klingenden Namen unter Beibehaltung der Initialen in Ossi Renardi zu romanisieren, und das klinge ja auch ein wenig exotisch-geheimnisvoller. Nach zehn Auftritten kann Ossi im Meraner Casinosaal Paganinis D-Dur-Konzert und Schuberts A-Dur Sonate spielen, was zu einem Rundfunkauftritt im Studio Bozen führt und zu einer kurzen Tournee unter anderem nach Triest und Venedig. Wiener Manager ermöglichen im November 1933 dem musikalischen Jungen ein Rezital im dortigen Konzerthaus. Und so kehrt er zur weiteren Ausbildung wieder in seine Heimatstadt zurück, behält aber seinen Künstlernamen bei, schreibt sich lediglich noch jeweils mit einem Ypsilon am Ende. Jetzt ist er Ossy Renardy.

Am 13. Januar 1935 steht er gemeinsam mit dem Star-Tenor Joseph Schmidt in der Warschauer Nationalphilharmonie auf der Bühne, und er spielt unter der Leitung des renommierten Scala-Chefdirigenten Victor de Sabata in Mailand. Ein Konzert im Wiener Musikvereinssaal, eventuell sogar wieder mit de Sabata, von dem immer wieder die Rede ist, lässt sich im umfangreichen Archiv der Philharmoniker allerdings nicht nachweisen. Hingegen weiß man, dass Renardy anderweitig viel unterwegs ist, zunächst durch die Baltischen Staaten, durch Skandinavien, die Niederlande, Frankreich, Deutschland, Österreich, Spanien, die Schweiz, und er ist noch einmal in Italien.

Allerdings blockiert die Karriere des jungen Juden dann das Dritte Reich beziehungsweise später der Zweite Weltkrieg. 1937 emigriert er – er ist jetzt siebzehn – nach Großbritannien. Doch dann tun sich zwei wichtige Hilfen aus den USA auf. Da hatte ihn die Frau von Sol Hurok, des großen Managers klassischer Musik, im italienischen Rundfunk gehört und Ossy daraufhin ihrem Mann empfohlen. Das Ergebnis: Am 8. Januar 1938 debütiert er (plakatiert als 16-Jähriger) in

Manhattans Town Hall mit ihren rund 1.500 Sitzplätzen. Die „New York Times“ schreibt über „sein wirklich beeindruckendes Talent. An Klarheit, Leichtigkeit und technischer Brillanz offenbarte dieser Junge Gaben, die hier in den letzten Spielzeiten selten erreicht wurden. [...] Der Ton ist nicht groß, aber weich und warm.“ In der Folge schickt Hurok ihn zunächst auf Tour durch den Mittleren Westen.

Die zweite Hilfe: Der jüdische Geigenpädagoge Theodor Paschkusz und seine Frau Alice leben inzwischen in der Emigration in New York, und sie nehmen Ossy wie ihren eigenen Sohn auf. Theodore Pashkus, wie er sich hier nennt, unterrichtet ihn nicht nur weiterhin, sondern fungiert fortan auch als sein Manager. In Renardys Carnegie-Hall-Debüt am 9. Oktober 1939 sitzen alle wichtigen Geiger, die in der Stadt sind. Eindruck macht er, weil er in der ersten Hälfte des Konzertes Lalos „Symphonie espagnole“ spielt, dann Pietro Nardinis Konzert in e-Moll und Dvořáks G-Dur-Sonatine. Nach der Pause widmet er sich den höllisch schweren vierundzwanzig Solo-Capricen von Paganini.

Kein Wunder, dass sich sofort die Plattenindustrie für den Wundermann interessiert. Schon 1938 haben „Columbia Records“ von Schuberts Sonatine No. 1 bis Vecseys Caprice No. 2 („Cascade“) mit Eleganz Kleineres eingespielt – die Schellackplatten haben damals ja immer eine nur sehr begrenzte Spieldauer. 1940 nimmt Renardy souverän und mit Temperament zum einhundertsten Todestag des Komponisten für „Victor“ den ersten vollständigen Satz aller vierundzwanzig Paganini-Capricen auf – übrigens in einer Fassung mit Klavierbegleitung des Violinvirtuosen Ferdinand David, welche das Gesamtbild zwar eher schmälert, damals haben die Firmen aber die Überzeugung, das Klavier würde die Stücke zugänglicher – sprich: leichter verkäuflich – machen. Zino Francescatti habe die Capricen ja auch mit einem Pianisten (Mario Pilati) aufgenommen. Renardys regelmäßiger Begleiter ist der zwölf Jahre ältere, enorm sprachbegabte Robert Walter Spitz, der ebenfalls seine Ausbildung in Wien hatte, den Bösendorfer-Preis gewann aber 1938 über Italien auch in die USA emigriert ist und sich dort „Walter Robert“ nennt. Später wird er der Begleiter auch von Bronislaw Huberman sein. Nicht immer arbeitet Renardy mit ihm zusammen, in den Carnegie-Hall-Konzerten wird er von Walter Bricht begleitet, auch konzertieren Ernest Lush und später Eugene List mit ihm.

Als 1941 die USA in den Zweiten Weltkrieg eintreten, meldet Renardy sich in die Musikabteilung USO, die United Service Organization, eine gemeinnützige Organisation, deren Ziel die Unterstützung und das Wohlergehen der US-amerikanischen Streitkräfteangehörigen und ihrer Familien ist. Er gibt fünfundsiebzig kostenlose Konzerte in Armee-Lagern. Ein Jahr darauf tritt er selbst in die Armee ein, wird Konzertmeister des Camp Shanks Symphony Orchestra, das aus Armee-Angehörigen besteht und auch mit Frank Sinatra oder Oscar Levant musiziert. Seit 1943 amerikanischer Staatsbürger, wird Renardy über vierhundert Konzerte in Uniform für die GIs geben, musiziert für Kriegsanleihen oder das Rote Kreuz, auch einige Male bei Jazz-Ensembles. Überdies arbeitet er für den Rundfunk (NBC); Aufnahmen aus der ersten Hälfte der vierziger Jahre mit Konzerten von Brahms und Ernst sind kürzlich bei „meloClassic" erschienen.

Über zwei Jahre dauert es, bis Renardy nach dem Krieg wieder öffentlich zu hören ist. Mittlerweile studiert er in New York bei Theodore und Alice Pashkus auch am Repertoire, um sich auf ein Comeback vorzubereiten, bis er am 28. Oktober 1947 dann wieder am Podium der Carnegie Hall steht – mit Bach, Beethoven und Prokofjew, anschließend folgen sechs Paganini-Capricen. „Sein Bach-Spiel war insgesamt außergewöhnlich. Die vielen Stimmen des Kontrapunkts sangen auf ihre individuelle Weise, jeder Wechsel von Tempo und Lautstärke trug zur Gesamtkonzeption bei, und man hatte das Gefühl der Intimität mit dem Komponisten", schreibt diesmal die „New York Times". Und es wird immer wieder Auftritte in der Carnegie-Hall geben, 1949 mit Tartinis „Teufelstriller"-Sonate, 1951 mit Hindemiths Solosonate op. 31,2.

1948 ist Renardy auf großer Tournee durch die USA auch in vielen anderen Städten zu hören –, und es geht nun sogar noch durch Europa und ins eben unabhängig gewordene Israel. Die britische DECCA baut, etwa mit Ernest Ansermet oder Eduard van Beinum, ihr ‚kontinentales' Repertoire wieder auf (davon ist im Kapitel über Mewton-Wood schon zu lesen). Daher entsteht im Juni 1948 mit dem Concertgebouw Orchester Amsterdam unter dem ihn sehr bewundernden Charles Munch Renardys einzige kommerzielle Solokonzert-Einspielung: das Violinkonzert von Johannes Brahms. Man lobt – wie

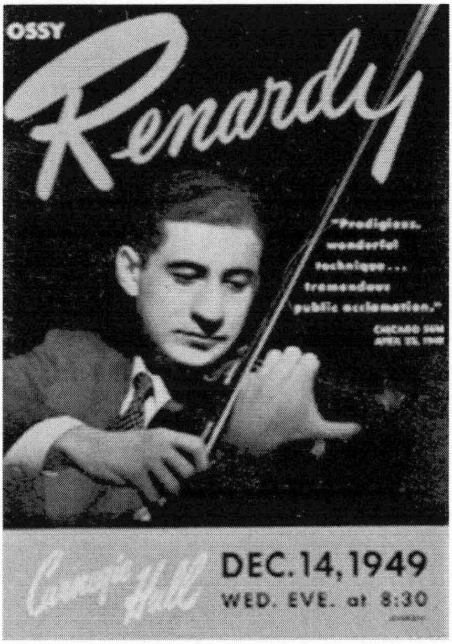

„The New Guide To Recorded Music“ – seine „sehr lebendige, jugendliche und einnehmende Darbietung, die ihre eigene authentische Wachheit hat, die konsequent kontrolliert wird.“ Und Munch ergänzt: „Es gibt nur ein Wort, um ihn zu beschreiben: Perfektion. Er hat alles – Stil, Technik und Ton, kombiniert auf die großartigste Art und Weise.“ Die Kritik stellt ihn damals in eine Reihe mit den Interpretationen von Heifetz, Menuhin, Szigeti oder Neveu. Und so entsteht in der Folge im Londoner West-Hampsted-Studio, einem ehemaligen Rathaus, bis 1951 eine vielbeachtete Reihe von Einspielungen. Da sind im Oktober 1948 Werke von Schubert, Paganini, Wieniawski, Novaček und der französischen Komponistin Cécile Chaminade, im folgenden Juni wieder dreizehn kleinere Stücke, dann folgen 1950 (schon als Tonbandproduktion) Bachs Solosonate No.3 C-Dur, ein Jahr später die Solosonate No.1 g-Moll. Die Kritik spricht über eine „bemerkenswert reine, virile Interpretation, deren wahren Wert die Aufnahmetechnik selbst eingefangen hat“.

1949 heiratet Renardy die belgische Malerin Suzette („Suzy“) Guttwirth, die er schon dreizehn Jahre vorher in Wien kennen gelernt hat. Sie entstammt einer wohlhabenden Familie von Diamantenhändlern und macht ihm als Hochzeitsgeschenk eine Guarneri del Gesù von 1743, die einst im Besitz von Paganini gewesen sein soll. Es ist aber auch die Rede davon, dies sei lediglich eine Kopie davon durch den einflussreichen französischen Geigenbauer Jean-Baptiste Vuillaume.

1953 ist der Geiger wohl auf dem Höhepunkt seiner Popularität. In New York reicht für ihn die Carnegie-Hall nicht mehr aus: Im Lewisohn Stadion spielt er im Juli vor 7.000 Zuhörern das Tschaikowsky-Konzert, begleitet vom Stadium Orchestra unter Alexander Smallens und muss zum Schluss noch zwei Paganini-Capricen zugeben. Im September ist er wieder in London in einem reinen Brahms-Abend mit dem Royal Philharmonic Orchestra unter Basil Cameron zu hören, wo er auch mit dem Violinkonzert bei den „Proms" debütiert. Fünf Tage später folgt ein reines Tschaikowsky-Programm mit dem Philharmonia Orchestra in der neuen Royal Festival Hall. „Mr. Ossy Renardy kämpfte im Violinkonzert beherzt darum, das Orchester mitzureißen, und als feuriger Techniker wurde er nicht ganz besiegt", weiß die „Times". So übernimmt ihn von DECCA gerne die 1950 neu gegründete Schallplattenfirma Remington (deren Existenz schon nach sieben Jahren enden wird), und Renardy spielt 1953 in den Mastertone Recording Studios in New York City mit dem Pianisten Eugene Helmer, noch einmal die gesamten Paganini-Capricen ein, immer noch in der Fassung mit Klavierbegleitung von David, immerhin drei Jahre nachdem Ruggiero Ricci die erste vollständige Aufnahme in der ursprünglichen Soloversion des Komponisten gemacht hat. Auch werden noch Violinsonaten von Franck und Ravel aufgenommen.

Zum Jahresende, kurz nach diesen Aufnahmen, hatte Renardy ein Konzert in Las Cruces, New Mexico, und macht sich am 3. Dezember 1953 von dort auf den Weg zu seinem nächsten Engagement in Colorado. In Tres Piedras, in der Nähe von Santa Fe, stirbt er dreiunddreißigjährig bei einer Auto-Karambolage. Die „New York Times" berichtet: „Der Unfall ereignete sich im Norden von New Mexico, während George Robert, der Begleiter des Geigers, ihn an diesem Abend zu einem Konzert in Monte Vista, Colorado, fuhr. Ihr Auto rutschte auf einer Eisschicht und wurde, während es außer Kontrolle geriet, von einem anderen Auto angefahren, das aus der entgegengesetzten Richtung kam. Die anderen am Unfall beteiligten wurden nicht ernsthaft verletzt, ebenso wie des Geigers Guarnerius nicht beschädigt wurde. Aber viele, die wissen, wie gut der junge Wiener Musiker war, müssen das Gefühl haben, dass ein so großes Talent weniger gut geschont werden kann als ein noch so wertvolles Instrument." Zunächst wähnt man, der Fahrer sei sein Stammbegleiter Walter Robert, doch dieser *George* Robert steht in keiner solchen Beziehung zu ihm.

Die unbeschädigte Geige geht später für sieben Millionen Dollar an einen reichen Australier, der sie dauerhaft an Richard Tognetti verleiht, der Dirigent und Sologeiger des Australian Chamber Orchestra ist. „Mit 33 Jahren schien er dazu bestimmt, den Mantel seines Landsmanns Kreisler umzulegen, dessen Spielstil nicht unähnlich war", schreibt die britische Zeitschrift „Gramophone" in ihrem Nachruf auf Ossy Renardy. Es ist nicht dazu gekommen.

JOSEF HASSID

(1923–1950)

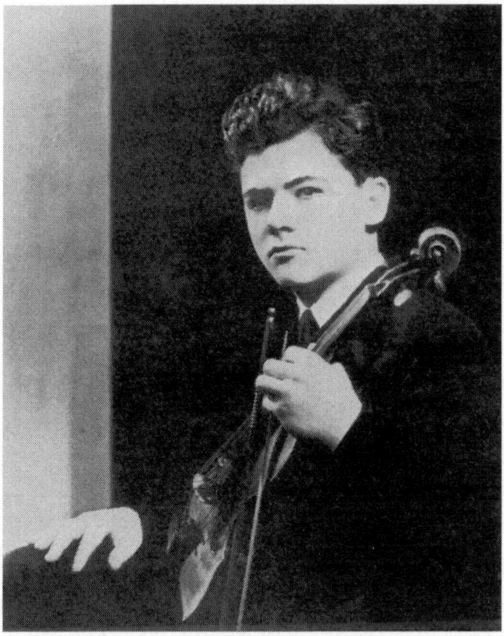

Auf einem Foto vom Internationalen Henryk-Wieniawski-Violinwettbewerb des Jahres 1935, also aus dessen Gründungsjahr, sieht man eine Teilnehmergruppe aufgereiht, darunter David Oistrach und Ginette Neveu, und ganz rechts im Bild steht ein zwölfjähriger schwarzgelockter Junge in einer Art Matrosenanzug (vgl. S. 152). Das ist nicht etwa das Söhnchen eines der Beteiligten, es ist sogar ein vielbeachteter, auch beneideter Teilnehmer, der dort mit einem Sonderpreis bedacht werden wird. Entgegen manchen Publikationen, die einen anderen Tag und ein anderes Jahr angeben, ist das der am 9. Dezember 1922 in der kleinen Stadt Suwałki in Nordostpolen unweit der Grenze zu Litauen geborene Michael Józef Chasyd. Das Städtchen mit rund dreißigtausend Einwohnern liegt in einem Tal mit Seen und Pinienwäldern. Im Winter wird es dort zuweilen so kalt, dass man es „Polens Sibirien“ nennt. Ein Drittel der Einwohner sind Juden, und auch Jósefs Familienname geht sicher auf die osteuropäischen, ultraorthodoxen jüdischen Chassidim zurück.

Später wird „Yosi“, wie er von Freunden genannt wird, als Yossef Hassid auftreten und schließlich als Josef Hassid internationale Beachtung finden. Der Pianist Gerald Moore, der immerhin Künstler wie Pablo Casals oder Yehudi Menuhin am Klavier begleitete, sagte einmal: Hassid war „das größte Instrumentalgenie, mit dem ich je zusammengearbeitet habe. [...] Er hatte technische Perfektion, eine wunderbare Intonation, einen herrlichen Ton – aber darüber hinaus gab es etwas, das ziemlich unglaublich war – eine metaphysische Qualität“.

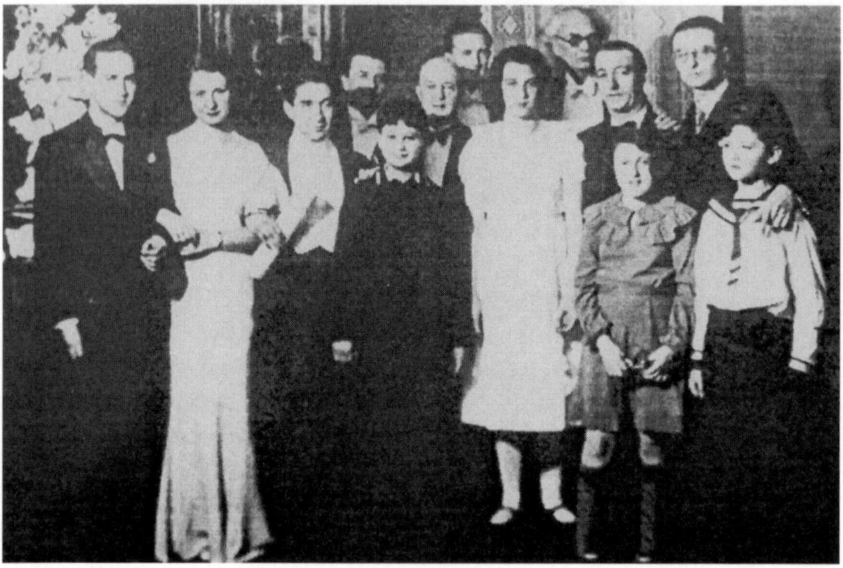

Wieniawski-Violinwettbewerb 1935: Links D. Oistrach, 3. v.r. (im hellen Kleid) G. Neveu. Ganz rechts am Bildrand Josef Hassid

Familie Chasyd hat vier Kinder: Judyta (*1914), Lejb [Leon] (*1917), Józef (*1922) und Malka Fruma (*1926). Mutter Branja [Bertha] ist eine Hutmacherin mit Werkstatt und eigenem Laden für Damenhüte, die den sich immer vornehm aber nicht überheblich gebenden Vater Owseij liebt; er ist Buchhalter in einer örtlichen Bank. Yosi wird ganz unterschiedlich geschildert: als verspielt und lausbübisch aber auch schüchtern und bescheiden, zugleich als recht eigensinnig, wissbegierig und fleißig mit einem phänomenalen Gedächtnis. Im Alter von fünf Jahren etwa beginnt er das Geigespielen. Manches hat er sich auf einer vom Freund der Familie geliehenen Geige selbst beigebracht, und in diesen Anfangstagen kann ihn noch der Vater unterrichten, der auch recht musikalisch ist und einen Chor leitet, er ist, wie wiederum sein Vater, Kantor. Vielleicht hat Józef seine schöne Stimme von ihm geerbt. Als deutlich wird, dass er früher Noten als Buchstaben lesen kann und eine große Geigenbegabung ist, legen Familie und Freunde zusammen, so dass man ihm ein eigenes Instrument zukommen lassen kann. Damit verändert sich nicht nur das Leben des Jungen, sondern auch das des Vaters. Als er Jósefs Fähigkeiten erkennt, kündigt er seine Stelle bei der Bank und widmet die Zeit voll dem Talent des Söhnchens. Nach einem Jahr wird klar, dass Yosi doch einen besseren Lehrer braucht, und so kommt er zum Musikpädagogen Alter Gutman, der ihn kostenlos unterrichtet. Als bald auch dessen Niveau nicht mehr genügt, verlässt der Vater mit dem Achtjährigen die Mutter und Geschwister, und beide ziehen nach Warschau in ein kleines Dachzimmer, wo man Hunger leidet und im Winter friert, wo Yosi sich aber um ein Violinstudium kümmert. Zunächst nimmt sich Wilhelm Krysztal seiner an, ein Ševčík- und Hubay-Schüler, der bekannt dafür ist, Kinder zu unterrichten.

Eine Woche nach Józefs zehntem Geburtstag stirbt in Suwalki die Mutter im Alter von 46 Jahren an Typhus. Ihr Tod habe den Sohn nicht belastet, sagt der Vater, was andere allerdings bestreiten. Mit zehn Jahren verlässt er seinen Lehrer Krystal, da er von der Warschauer Chopin-Musikschule angenommen worden ist. Er kommt in die Klasse für „Wunderkinder“ von Mieczyslaw Michalowitcz, die auch der spätere Geigenstar Ida Haendel besucht. Bei ihm ist der Unterricht offen, gerade auch für die Eltern. Doch das führt dazu, dass die Väter Haendel und Hassid aneinander geraden, die Schüler wiederum sind von Michalowitcz’ enttäuscht; sie nehmen heimlich bei anderen Unterricht. So wechselt Józef zur Geigerin Irena Dubiska aus dem staatlichen Konservatorium, bei der er zum ersten Mal auch Theorieunterricht hat.

Ein Schlüsseljahr ist für Józef – wie für Ginette Neveu (vgl. S. 135) – 1935: Er kann beim Internationalen Henryk Wieniawski Violinwettbewerb dabei sein, der zum Teil auch im Rundfunk übertragen wird. Fünfundfünfzig Teilnehmer und Teilnehmerinnen aus sechzehn Ländern spielen vor der Jury. Die jüngste ist sechs Jahre alt und erhält den siebten Preis, es ist Ida Haendel. Dann folgt der zwölfjährige Józef, der Wieniawskis Polonaise in D spielt; er hat aber eine Gedächtnislücke, wodurch er ein paar Sekunden aussetzen muss, aber doch noch ein Ehrendiplom erhält. Norbert Karaskiewicz erinnert sich in seiner Monografie über die Wettbewerbe: Józefs Spiel, „gekennzeichnet durch einen weichen, süßen Klang und erstaunliche Technik, strahlte eine gewisse vage Traurigkeit aus, wie das Gefühl eines tragischen Endes. Sein Genie war unübertroffen". Den Wettbewerb verfolgt sehr interessiert der große Geiger Carl Flesch, nicht zuletzt, weil ja seine hochbegabte Schülerin Ginette Neveu daran teilnimmt. Dem jüdischen Künstler war im Dritten Reich die deutsche Staatsbürgerschaft entzogen worden, und er ist von Baden-Baden nach London ausgewandert, wohnt in einem Haus in Hampstead und gibt zehnwöchige Meisterkurse in den belgischen Sommerbädern Knokke an der Nordseeküste und in Spa in den Ardennen. Er wird für Józef noch sehr wichtig werden.

Doch der will zunächst weiter am Staatlichen Konservatorium in Warschau studieren und legt 1936 seine Violinprüfung bei Irena Dubiska und für Kammermusik bei Józef Jarzebski ab. Sein Vater erreicht, dass der Sohn dem Violinstar und polnischen Landsmann Bronislaw Huberman vorspielen darf. Dieser vermittelt ihn wiederum eben an Carl Flesch, den bedeutendsten Lehrer seiner Zeit. So ist Józef im Folgejahr zum ersten Mal Teilnehmer bei dessen Sommerkurs in Spa. Bald wird jedoch von Deutschen im Stadtzentrum Warschaus ein Getto geschaffen, in das Juden aus der Stadt und aus anderen unter ihrer Kontrolle stehenden polnischen Regionen sowie aus dem deutschen Reichsgebiet deportiert werden, später in Konzentrationslager. Der Verbleib von Józefs Geschwistern in Suwałki kann bis heute nicht geklärt werden, man weiß von Erschießungen in der Stadt im Jahr 1939.

Auf Einladung von Flesch wird Vater Chasyd daher am Ende von dessen Kurs mit dem Sohn nach London ausreisen. Der Geiger hat angeboten, ihn unentgeltlich Unterricht zu erteilen. Er sagt, dieser sei das größte Talent, das er je unterrichtet habe, er müsse ihm wenig Technik beibringen, könne sich gleich auf die musikalische Interpretation konzentrieren – immerhin sind unter seinen Schülern später so renommierte Künstler wie Ida Haendel, Ginette Neveu oder Ivry Gitlis.

Flesch steht mit seiner Meinung nicht allein; in seinem Haus in London sammeln sich immer wieder Geigen-Koryphäen wie Kreisler, Szigeti oder Thibaud und hören zu, wie sein „Wunderkind“ Józef zum Beispiel Bachs C-Dur-Sonate spielt. Kreisler etwa ist so fasziniert von Chasyds Ton, dass er einmal versehentlich das Sandwich der Klavierbegleiterin Adela Kotowska aufisst. Und hier fällt sein legendärer Satz: „Ein Menuhin wird alle hundert Jahre geboren, ein Chasyd nur alle zweihundert.“ Kreisler lädt Józef in die Büros von Hill Brothers ein und leiht ihm aus seiner umfangreichen Sammlung, unter der Mahnung, damit nur sehr vorsichtig umzugehen, ein Instrument von Jean Baptiste Vuillaume (1845), das heute übrigens dem koreanischen Geiger Young-uk Kim gehört. Kreisler wird diese Ermahnung zuweilen wiederholen müssen, da Józef zwar ein großer Geiger aber eben noch immer ein kleiner, leichtsinniger Junge ist. Beim Kunstsammler und Philanthropen Leon L. Gildesgame kann er jetzt in 41 Clifton Hill, South Hamstead, für einige Zeit Unterschlupf finden.

Am 9. März 1938 stellt Gildesgame dann in seinem Londoner Haus „Yossef Hassid“ einem geladenen Publikum vor. Am Klavier sitzt Ivor Newton, der sich besonders als Begleiter internationaler Sänger und Streicher einen Namen gemacht hat, im Publikum hören unter anderen der Dirigent Henry Wood mit Frau, der Journalist Florian Sokolow und Dr. Rothschild zu. Es geht in diesem Jahr weiter mit privaten Rezitalen bei wohlhabenden Gönnern. Außerdem besucht er einen neuerlichen Sommerkurs bei Flesch, diesmal in Knokke. Der niederländische Geiger Jo Juda, auch er ein Flesch-Schüler und lange Jahre Konzertmeister beim Amsterdamer Concertgebouw Orchester, schreibt in seinen Erinnerungen „Voor de duisternis viel“ [Bevor die Dunkelheit hereinbrach], wie er Józef Chasyd Mozarts A-Dur-Konzert spielen hörte: „Nie zuvor bzw. nach dieser Zeit habe ich Mozart so gehört und suche vergebens die Worte, die, wenn auch nur annähernd, meine Gefühle ausdrücken könnten. Federleicht, voller ‚Elastizität‘, mit einem transparenten Ton, der aufblühte und Kraft in sich hatte, kristallklar, pure Intensität und gleichzeitig intim und voller Tiefe.“

Kein Wunder, dass sich dann allmählich die Schallplattenindustrie für diesen „Yossef Hassid“ zu interessieren beginnt. Am 9. Januar 1939 – er ist jetzt gerade sechzehn Jahre alt – macht die „Gramophone“ Company unter Produzent Fred Gaisberg im Londoner Abbey Road

Studio mit Kreislers Vuillaume-Geige eine Probeaufnahme von Elgars „La Capricieuse" op. 17, Chasyd wird wieder von Newton begleitet. Die Einspielung wird hoch gelobt. Als Agent steht bald Harold Holt zur Verfügung, der sich als „Englands wichtigster Impresario" anpreist und sich nun in der Rolle des Vertreters zweier Kinderstars gefällt, vertritt er doch auch Ida Haendel. Begeistert, wie man über Chasyd ist, schlägt man vor, ihn gleich auf internationale Tourneen zu schicken. Aber Holt interveniert; Józef solle erst noch einige Zeit mit Studieren fortsetzen. Er lässt aber schon einmal ein professionelles Foto von ihm drucken und seinen Namen jetzt als „Josef Hassid" angeben.

Der Sommer 1939 soll wieder mit Fleschs Kurs in Knokke verbracht werden. Geplant ist, dass er bis September dauert, er wird aber schon im August sein Ende finden: Vorkriegsstimmung herrscht, im September beginnt der Zweite Weltkrieg, und die meisten von Fleschs Schülern reisen in ihre jeweiligen Heimatländer zurück. Flesch selbst wird nach Holland, weiter nach seinem Geburtsland Ungarn und letztlich in die Schweiz gehen und nicht mehr zurückkommen. Auch Leon Gildesgame verlässt Europa und emigriert in die USA. So verliert Josef plötzlich nicht nur seinen verehrten Lehrer, sondern auch noch seinen Gönner. Der Vater nimmt sich mit ihm ein kleines Appartement in London, in Swiss Cottage, einer Gegend, die bald bombardiert werden wird. Holt sorgt dafür, dass der „polish boy violinist" (er ist mittlerweile siebzehn) am 3. April 1940 in der Wigmore Hall – begleitet vom eingangs zitierten, legendären Gerald Moore – sein „first recital" haben kann. Das Programm reicht von Corelli, Bach und Schubert bis zu Debussy und Sarasate. „Seine Leistung hinterließ einen starken Eindruck und zeigte, dass er bereits etwas mehr als ein geigespielender Junge ist", schreibt die „Times" anerkennend. Schon drei Wochen später, am 25. April, steht Hassid auf dem Podium der Queen's Hall zu seinem Debüt mit einem Solo-Konzert. Bei den Londoner Philharmonikern unter Grzegorz Fitelberg spielt er für den polnischen Flüchtlingshilfsfonds Tschaikowskys schwieriges Violinkonzert. „Die Schönheit seines Tons im lyrischen langsamen Satz war frappierend, und die Brillanz des Finales brachte ihm den großzügigen Applaus ein, den das große Publikum ihm gewährte", registriert die „Times" jetzt, obwohl Hassid auch hier wieder einen Gedächtnisverlust erleidet. Im Juni und dann im November wird Walter Legge, Gaisbergs Nachfolger als Plattenproduzent, in den EMI-Studios der Abbey Road acht Titel produzieren – noch einmal neu Elgars „La Capricieuse" aber auch kürzere Genrestücke von Tschaikowsky, Sarasate, Dvořák, Kreisler und Achrons „Hebrew Melody", die Hassid schon bei einem Empfang von Gildesgame in Anwesenheit des Komponisten gespielt hat.

Gegen Ende des Jahres wird Josef Hassid jedoch schwer krank, zeigt immer wieder Symptome von Gedächtnisverlust, ist mürrisch und zurückgezogen. Eines nachts wird sein Vater von ihm in wahnsinniger Raserei zusammengeschlagen, dann irrt er schmutzig und ungepflegt durch die Londoner Straßen. Am Morgen taucht er in Holts Büro auf und spricht zusammenhangloses Zeug. Als der Vater mit ihm bei Bombardements in einen entsprechenden Schutzkeller gehen will, will Josef partout „allein ohne Licht in dieser elenden Wohnung" bleiben. Man darf den Grund dafür nicht ausschließlich als Stressreaktion sehen. Nicht ganz schuldlos ist daran wohl auch, dass er sich schon 1937 mit vierzehn Jahren bei Fleschs Meisterkurs in Spa in eine gutaussehende, schottische fast zwei Jahre ältere Schülerin namens Elizabeth Lockhart verliebt hat. Man sagt, beide Familien seien aus religiösen Gründen über diese Beziehung des Juden mit der Christin nicht wirklich glücklich gewesen. Möglicherweise verschlechtert sich dadurch auch das Verhältnis ihrer Kinder zueinander; Elizabeth geht im Januar 1941 nach Cambridge. Der achtzehnjährige Josef reist ihr ohne Wissen des Vaters nach, macht ihr einen Heiratsantrag; man schreibt sich noch Briefe – letztlich endet dann aber der Kontakt. Elizabeth wird später den ukrainischen Dirigenten Anatole Fistoulari heiraten und mit ihm sogar eine Gesellschaft „Friends of Josef Hassid" gründen …

Hassids drittes großes Solo-Konzert ist am Sonntagnachmittag, 5. Januar 1941 in der Londoner Queen's Hall mit Beethoven und wieder den dortigen Philharmonikern, diesmal unter dem beliebten Sir Adrian Boult. „Der junge polnische Geiger gab eine technisch versierte Leistung, aber er hat noch nicht die Reinheit des Stils erreicht", findet die „Times". Am 1. März spielt er in derselben Halle das Brahms-Konzert. Sein Vater sagt: „Ich wage nicht hinzugehen – er hat seine Geige einen Monat lang nicht angerührt". Und so kann man drei Tage später im selben Blatt lesen: „Der Solopart war kaum mehr als der eines klugen Schülers, der hart gearbeitet hat, um das Konzert auswendig zu lernen […] bis zu dem Punkt, dass er gelegentlich seine Noten vergisst." Und in der Tat hat Hassid hier erneut eine Gedächtnislücke. –

Zwei Monate später wird übrigens eine deutsche Brandbombe diese Halle völlig zerstören.

Es gibt noch einige weitere Auftritte, auch Konzertsendungen in der BBC, aber der junge Geiger wird immer wunderlicher, grimassiert in einen Spiegel und lacht unvermittelt, wechselt mehrmals täglich die Kleidung, greift immer wieder den Vater an, hetzt gegen die Juden und leugnet, selbst einer zu sein, wie er bald sogar abstreitet, überhaupt Geige spielen zu können – die ihm zugeschriebenen Plattenaufnahmen seien gar nicht von ihm. Das ist der Beginn einer ernsten Psychose.

Als der Vater es allein mit ihm nicht mehr aushalten kann, überredet er ihn Ende 1941, einen Arzt aufzusuchen. Man diagnostiziert Schizophrenie, doch Hassid verweigert aggressiv die weitere Zusammenarbeit mit Ärzten und wird letztlich auf Kosten von Harold Holt zunächst ins Saint-Andrews-Krankenhaus in Northhampton aufgenommen. Freunde und Bewunderer übernehmen weitere finanzielle Ausgaben. Erst im Mai 1942 kann Hassid nach sechzig (!) insulininduzierten Komata und fünfundzwanzig elektrisch induzierten Krämpfen entlassen werden. Man sagt, er spiele jetzt noch besser als vorher, doch Josef zerstört seine Geige und Bögen, wirft anderes in den Fluss, droht mit Selbstmord. Kein Wunder, dass inzwischen Kreisler seine Geige wieder zurückerbeten hat. „Tu alles, was Dir möglich ist, um möglichst bald wieder gesund zu werden. Ein so großer Künstler wie Du ist es der Welt schuldig, wieder aktiv zu werden. Ich bin mir sicher, dass Deine Krankheit vorübergeht und dass Du bald darauf zurückblicken wirst wie auf einen Alptraum. Mein Interesse an Dir ist und wird dasselbe wie zuvor bleiben", tröstet ihn Carl Flesch brieflich am 6. Juni 1943. Doch schon im nächsten Monat muss Hassid in das Long Grove Hospital in Epsom (Surrey) aufgenommen werden, wo er seine letzte Lebenszeit verbringen wird. Die vierzehnjährige Ida Haendel ist mit ihrer Mutter damals auf einer Tournee in dieser Stadt. Sie beschließen Hassid zu besuchen: „‚Wie geht es dir, Josef?', fragte ich und zwang meine Stimme, natürlich und fröhlich zu klingen. Wir sahen eine Art inneren Kampf. Plötzlich begann er in zusammenhangslosen Sätzen zu sprechen. Mutter und ich sahen uns traurig an; trotzdem begannen wir, ungeachtet seines Geplappers, vertraute Namen und Dinge zu erwähnen, in der Hoffnung, ihn zu erreichen. Irgendetwas muss in seinen kranken Verstand eingedrungen sein, denn plötzlich fragte er, jedes Wort erschütternd klar: ‚Wo bin ich?' Mutter und ich erschraken über diese an sich sinnvolle Frage, aber bevor wir eine passende Antwort finden konnten, war er in seinen früheren Zustand zurückgefallen."

Im Dezember 1943 stirbt sein Vater an Magen- und Leberkrebs. Es ist die Rede davon, dass sich jetzt Winston Churchills Leibarzt um Josef Hassid kümmere. Doch der junge Geiger verstirbt siebenundzwanzigjährig am 7. November 1950, nachdem ihm Psychochirurgen einer präfrontalen Lobotomie unterzogen haben, die postoperativ zu einer Meningitis führte, einer eitrigen Hirnhautentzündung. Hassid hat sich von diesem Eingriff nie mehr erholen können.

Genau genommen dauerte die professionelle Karriere des Geigers von April 1940 bis März 1941 also ganze elf Monate; sein gesamtes akustisches Erbe sind eine Testaufnahme und vier Schellackplatten mit acht Titeln von weniger als neunundzwanzig Minuten Gesamtspieldauer.

JULIAN SITKOVETSKY

(1925–1958)

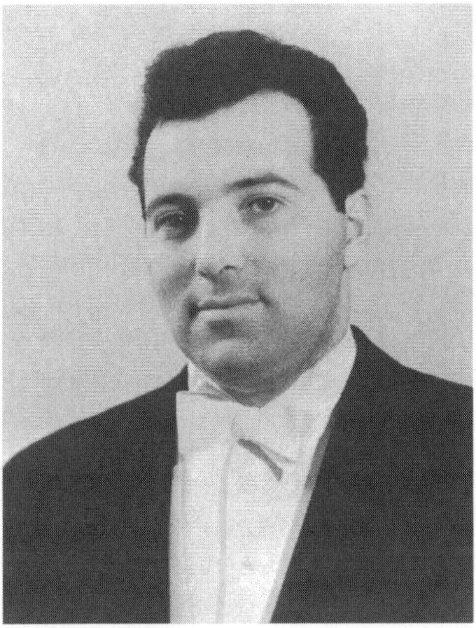

Als der Geiger Julian Sitkovetsky 1958 in Moskau stirbt, ist er in der Bundesrepublik, ja „im Westen“ überhaupt, nur wenigen Kennern aus Veranstaltungen bekannt. Zwar hat er 1955 in der DDR einmal an einem Abend spektakulär mit drei Violinkonzerten debütiert – dem von Sibelius, Katchaturjan und mit Paganinis zweitem. Davon gibt es eine Aufzeichnung, aber das war damals ja „hinter dem Eisernen Vorhang“. Ansonsten gab es gerade eine einzige Aufführung von Tschaikowskys Konzert im Amsterdamer Concertgebouw unter Eduard van Beinum. Weitere Auftritte hat die Sowjetregierung nicht ermöglicht, obwohl man in diesen Tagen des sogenannten „Kalten Krieges“ mit ihm hätte Aufsehen erregen können.

Geboren wird Julian Grigorjewitsch Sitkovetsky am 7. November 1925 in Kiew – in der Ukraine also, aus der viele der wichtigsten Geiger der Welt stammen, von David Oistrach über Leonid Kogan bis hin zu Mischa Elman, Nathan Milstein und Isaac Stern. Stern spottet einmal über den amerikanisch-sowjetischen Kulturaustausch: „Sie schicken uns ihre Juden aus Odessa, und wir schicken ihnen unsere Juden aus Odessa."

Julian ist in eine Musikerfamilie hineingeboren. Schon im Alter von vier Jahren erhält er Geigenunterricht bei seinem Vater, dann bei David Bertie an der Kiewer Zentralschule. Julian gilt als „Wunderkind" und wird mit acht Jahren ausgewählt, dem großen französischen Virtuosen Jacques Thibaud vorzuspielen, als der zu einer Tournee in der Sowjetunion ist. Ein Jahr später bietet er mit dem heimatlichen Orchester, den Kiewer Symphonikern, im Konzertsaal seiner Geburtsstadt das Mendelssohn-Konzert. Und im April 1938 – er ist jetzt zwölf – lässt man ihn zum fünfundzwanzigsten Gründungstag des Zentralen Staatlichen Musikkonservatoriums in Moskau das Tschaikowsky-Konzert spielen. Dort soll nicht nur Julian ein Violinstudium beginnen, auch sein jüngerer Bruder Vitaly studiert hier. Und der dritte Bruder Dmitry wird in die Klavierklasse von Alexander Goldenweiser aufgenommen, allerdings schon 1941 sterben. Die Familie folgt den Söhnen nach Moskau; Julian kann im Alter von vierzehn Jahren das Geigen-Studium bei Abram Yampolsky beginnen, der nicht nur zu den Gründern des dirigentenlosen „Persimfans"-Orchesters aus Mitgliedern des Lehrkörpers gilt, sondern am Moskauer Konservatorium auch eine Kinderklasse für Hochbegabte geschaffen hat, die er selbst unterrichtet. Schüler sind dort auch der spätere Weltstar Leonid Kogan, Rotslav Dubinsky, lange Jahre erster Violinist des Borodin-Quartetts, und Igor Bezrodny, der spätere künstlerische Leiter des Moskauer Kammerorchesters. Berühmte Namen, gewiss. Aber Yampolsky sagt über Sitkovetsky: „Wenn ein anderer Geiger einen Tag anstrengender Arbeit braucht, braucht Julian nur eine Stunde."

Dann kommt der Zweite Weltkrieg, und die Zentrale Musikschule wird 1941 ins über fünfhundert Kilometer südöstlich von Moskau gelegene Pensa evakuiert, und so macht Sitkovetsky 1943 seine Abschlussprüfung im Exil. Er spielt auf einer Vincenzo Panormo Trusiano-Geige des im achtzehnten Jahrhundert wirkenden sizilianischen Geigenbaumeisters aus Monreale bei Palermo [lateinisch „Panormus", daher der Namenszusatz]. Erst gegen Lebensende musiziert Sitkovetsky auf einer Stradivari – Leihgabe der Staatssammlung der UdSSR. Als 1943 das Konservatorium wegen der angestiegenen Schülerzahl dann doch wieder in ein vierstöckiges Gebäude in Moskau zurückverlegt wird, ist auch Julian erneut in der Hauptstadt. Er will bei Yampolsky ein Postgraduierten-Studium fortsetzen. Immerhin ist er ja noch keine zwanzig.

Doch die Sowjetunion gewährt ihm diese Möglichkeit nicht; er muss sich in unermüdlicher Arbeit auf einen Wettbewerb vorbereiten. Die Liste russischer Geiger, die an internationalen Konkurrenzen teilnehmen, ist enorm lang. Yehudi Menuhin sieht in seinen Lebenserinnerungen den Grund dafür in der damaligen kulturpolitischen Situation des Landes, die ihm einmal David Oistrach so erklärt: „Erster Preis, das bedeutete frei atmen, bedeutete Reisen in die Welt; nicht den ersten Preis erringen, bedeutete Verbannung in irgendein sibirisches Orchester oder zurück in ein Provinzengagement.“ So kann Julian Sitkovetsky ein halbes Jahr nach Kriegsende, im Dezember 1945, am Ersten Allunions-Musikwettbewerb für Klavier, Violoncello und Violine teilnehmen. Svjatoslaw Richter gewinnt im Fach Klavier, Mstislaw Rostropowitsch Violoncello und Sitkovetsky ist der Gewinner in seiner Kategorie. Zwei Jahre später teilt er sich mit Leonid Kogan und Igor Bezrodny den Ersten Preis beim Prager internationalen „Wettbewerb der Jugendmusiker der kommunistisch-demokratischen Länder“. Er spielt das schwierige Solostück Variationen über »The Last Rose of Summer« von Heinrich Wilhelm Ernst. Bezrodny erinnert sich, dass bei der Variation poco più vivo, in der die linke Hand das Thema im Pizzicato spielt, während die andere ununterbrochen Passagen zu absolvieren hat, ein Mitglied der Jury hinter der Bühne nach einem zweiten Geiger sucht; man denkt, dass einer allein dies nicht schaffen kann. So wird Julians Musikalität bewundert, sein phänomenales Gedächtnis, vor allem aber die stupende Technik – immer an der Grenze des gerade noch Möglichen. Manche sind allerdings nicht ganz überzeugt; ihnen fehlt Unverwechselbares jenseits der Technik. David Oistrach hält sein Lob nicht zurück, wenn er zu Joseph Magil im „American Record Guide“ sagt: „Er hatte einen großen, festen, fokussierten Ton in allen Lagen, eine einwandfreie Intonation, einen schnellen, gleichmäßigen Triller, ein rasches, perfekt kontrolliertes Staccato, starke, makellose Obertöne, ein ebenmäßiges, klares Sautillé.“ Letzteres ist der Springbogen. Damit hatte Sitkovetsky für Oistrach einfach alles, obwohl er noch hätte seinen intuitiven Sinn für Rubato und Phrasierung erwähnen können. Nach Worten des Pianisten Vladimir Ashkenazy ist Julian

Sitkovetsky „ein legendärer Geiger mit einem einzigartigen und dämonischen Talent".

So beginnt dessen Solistenkarriere, und er kann ab 1945 Schallplatten aufnehmen. Das sind zunächst meist virtuose Miniaturen, da ja nur Schellackplatten mit etwa vier Minuten Spieldauer pro Seite eingespielt werden können. – Auf Sitkovetskys erster Platte ist Eugène Ysaÿes Etüde in Form eines Walzers, aber das Repertoire reicht von Bachs Partita No. 2 für Solovioline über Saint-Saëns zu Glasunow. Hinzu kommen bald auch zeitgenössische Komponisten wie Schostakowitsch oder Szymanowski. Wirklich überragend ist die 1956 entstandene Aufnahme von Katchaturjans Konzert mit dem Sinfonieorchester des staatlichen Rundfunks und Fernsehens der UdSSR unter der Leitung des Komponisten.

Dabei ist die Auswahl an Sitkovetskys Tonträgern – sowohl Studioaufnahmen wie Konzertmitschnitten – nicht eben umfangreich; manche Produktion ist technisch beschädigt oder sogar verloren gegangen. Berühmt geworden ist in seiner epischen Breite der Prager Mitschnitt des Sibelius-Konzerts mit der Tschechischen Philharmonie aus dem Jahr 1953 unter Nikolai Anosov. Auch eine Aufnahme des zweiten Paganini-Konzerts unter Mark Pavelmann aus Moskau im Jahr 1955 ist noch in Umlauf. Beides wurde als CD auf dem Label „Pristine Audio" veröffentlicht. Interessant ist ein Mitschnitt des eingangs erwähnten zweiten Paganini-Konzerts mit dem Rundfunksinfonieorchester Leipzig unter Franz Jung aus demselben Jahr, die gegenüber Pavelmans Einspielung weit frischer wirkt. Neben Publikationen auf dem „Artek"-Label ist heute die zu seinem fünfundneunzigsten Geburtstag erschienene „Sitkovetsky Collection" im Angebot, mit einer umfangreichen Edition von „Melodiya"-Aufnahmen.

Doch zurück in die Nachkriegszeit: Im Dezember 1952 teilt Sitkovetsky sich in Posen beim Wieniawski-Wettbewerb mit der Polin Wanda Wiłkomirska den zweiten Preis – vor ihm lag nur Igor Oistrach. Drei Jahre später ist er wieder Zweiter, nämlich beim Concours Musical Reine Elisabeth in Brüssel. David Oistrach empfahl Sitkovetsky, denn er sei „ein unermüdlicher Arbeiter und habe sich seit seinem siebten Lebensjahr endlos abgerackert, um ein Virtuose von Weltruf zu werden". Doch Erster wird der amerikanische Geiger Berl Senofsky, der bereits im Cleveland Orchestra spielt. „Was für die meisten Aspiranten ein Triumph gewesen wäre, erwies sich für Sitkovetsky als

Tragödie", sagt Menuhin. Man munkelt von politischen Manipulationen. Menuhin und Oistrach, die der Jury angehörten, wären nachträglich dafür, ihm den Ersten Preis zu verleihen.

Im Moskauer Konservatorium studiert seit 1939 Bella Davidovich aus Baku in Aserbaidschan, die – in eine jüdische Musikerfamilie geboren – schon mit sechs Jahren am Klavier begann. Jetzt arbeitet sie mit Konstantin Igumnov und Yakov Flier und kann sich 1949 mit Halina Czerny-Stefanska den ersten Preis beim vierten Internationalen Frédéric Chopin-Klavierwettbewerb teilen. Ein Jahr später wird sie Julian Sitkovetsky heiraten, der mit ihr etliche Rezitale absolviert, Uraufführungen sowjetischer Komponisten wie Rakov, Leman oder Milman spielt und zum Beispiel eine Plattenaufnahme von Mozarts Violinsonate B-Dur KV 378 macht - ein seltenes Beispiel für ein ideales Ensemble herausragender Musiker. Erstaunlich ist immer wieder die Leichtigkeit, mit der Sitkovetsky Werke wie Ernsts „Last Rose of Summer" oder Paganinis „Mosè-fantasia" einspielt.

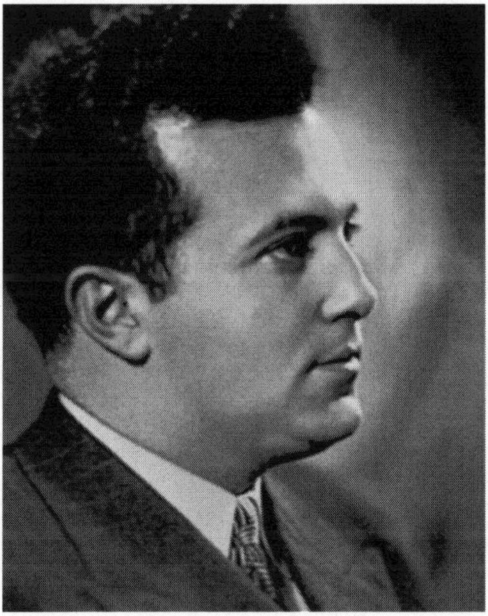

Julian Sitkovetsky in den 1950-er Jahren

1954 wird in Baku Bellas und Julians einziger Sohn geboren. Er erhält (nach dem früh verstorbenen Bruder des Vaters) den Vornamen Dmitry und wird als Geigensolist wie Dirigent die Familientradition fortsetzen, Sieger des Fritz-Kreisler-Wettbewerbs 1979 sein.

Julian Sitkovetsky geht aber auch ohne Bella auf Tournee. Dabei konzertiert er nicht nur in allen sechzehn Sowjetrepubliken, sondern ebenso in Prag, Warschau, Budapest, Bukarest oder Sofia unter Dirigenten wie Kirill Kondraschin, Kurt Sanderling oder Nikolai Anosov, dem Chef des Opernstudios im Moskauer Konservatorium und Vater des Dirigenten Gennadi Roshdestvensky. Mit Anton Sharoev (zweite Geige), Rudolf Barshai (Viola) und Yakov Slobodkin (Cello) gründet er zudem ein „Tschaikowsky-Streichquartett".

Am 18.Juni 1955 debütiert er im Amsterdamer Concertgebouw unter Chefdirigent Eduard van Beinum mit dem eingangs erwähnten Tschaikowsky-Konzert, doch dann wird das westliche Publikum keine Gelegenheit mehr haben, ihn zu hören, denn 1956 diagnostiziert man bei ihm Lungenkrebs, und er unternimmt nach dieser Diagnose keine Tourneen mehr. Mit großem Erfolg führt er noch im Tschaikowsky-Saal des Moskauer Konservatoriums im Beisein des Komponisten Schostakowitsch neues (erstes) Violinkonzert auf. Es ist Sitkovetskys letztes Konzert in der Hauptstadt.

Dann beginnt eine beispiellose Aktion: Viele der Kollegen und Freunde des Geigers bemühen sich um medizinische Hilfe; Isaac Stern, Yehudi Menuhin, David Oistrach, Mstislav Rostropovich und Gennadi Roschdestvensky sind darunter, ja sogar Königin Elisabeth von Belgien. Im August 1956 flieht der schwerkranke Sitkovetsky geradezu aus dem Krankenhaus, um an der Beerdigung von Abram Yampolsky teilnehmen zu können. Am 23. Februar 1958 stirbt im Alter von nur zweiunddreißig Jahren er selbst in Moskau. David Oistrach ist überzeugt, dass Sitkovetsky, hätte er länger gelebt, einer der größten Virtuosen aller Zeiten geworden wäre, der auch ihn oder Leonid Kogan in den Schatten gestellt hätte. Sitkovetskys Trusiano-Geige spielt heute Julia Igonina, die erste Geigerin des Neuen Russischen Quartetts.

CHRISTIAN FERRAS

(1933–1982)

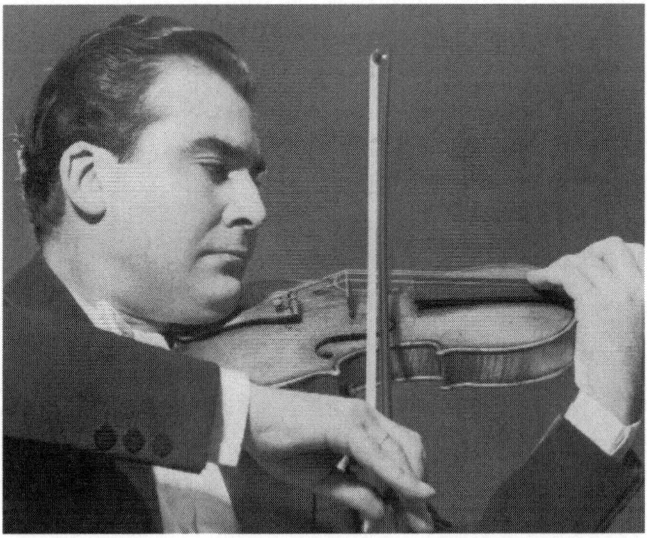

Am 14. September 1982 verunglückt Fürstin Gracia Patricia von Monaco tödlich mit ihrem Auto, das von einer Straße abkommt. Die Feuilletons der französischen Zeitungen sind voll damit und mit den möglichen Ursachen so beschäftigt, dass sie eines fast übersehen: Am selben Tag ist auch einer der ganz großen französischen Geiger gestorben, einer der bedeutendsten Vertreter seines Fachs, den man „den zweiten Menuhin" nennt.

Er heißt Christian Georges Pierre Léon Ferras und wird am 17. Juni 1933 im eleganten Badeort Le Touquet an der belgisch-französischen Grenze geboren. Christian ist das jüngste Kind einer Hoteliersfamilie, hat noch eine Schwester Hélène (*1926) und einen Bruder Bernard (*1927). Die Mutter Antoinette, Tochter eines Marine-Kapitäns, ist mit Robert Ferras verheiratet, der Violinschüler von Marcel Chailley war, einem Freund von Saint-Saëns und Jacques Thibaud. Für Robert war sogar eine Karriere als Geiger angedacht, doch er verletzte sich bei einem Unfall eine Hand und folgte daher seinem Vater als Hotelier nach. Das Hochzeitsgeschenk beider Eltern ist ein kleines 25-Zimmer-Hotel in Touquet-Paris-Plage. Später erwirbt man noch ein zweites Haus in Beaulieu-sur-Mer in der Nähe von Nizza.

Gerade einmal sechs Jahre alt ist „Chri", wie man den Kleinen nennt, als er an einer Lungenentzündung erkrankt und sich kaum aus dem Zimmer bewegen darf. Der Vater findet bei einem Antiquitätenhändler eine kleine Geige und bringt sie seinem Söhnchen mit. Er erklärt ihm den Umgang damit, und so ist es fast selbstverständlich, dass der musikalisch sehr begabte kleine Christian unter den wachsamen Augen des Vaters, der ihn daran hindert, mit anderen Kindern zu spielen, schnelle Fortschritte macht.

Von den Folgen des Wall-Street-Crashs und der folgenden Weltwirtschaftskrise wird das Hotel in Le Touquet hart getroffen, doch bald auch noch von den Einwirkungen des Zweiten Weltkrieges. Das Haus ist bald eine Ruine, es wird von den Deutschen in den Bau des Atlantikwalls integriert. So lässt sich die Familie Ferras, die dadurch schwere materielle Probleme hat, in Antibes nieder. Das Leben spielt sich demzufolge in einem Hin und Her zwischen Touquet und Nizza ab. In Nizza nimmt Christian mit erst acht Jahren im Konservatorium bei dem Ysaÿe-Schüler Charles Bistesi Unterricht und kann schon ein Jahr später öffentlich auftreten. „Bei den ersten Unterrichtsstunden, die ich Christian Ferras im Oktober 1941 gab, konnte ich seinem Vater vorhersagen, dass er bald ein großartiger Geiger werden würde. Trotz seiner kindlichen Unvollkommenheiten hatten wir das Gefühl, dass mit ihm alles möglich sein würde", sagt Bistesi in einer Rundfunksendung. Und in der Tat wird Christian mit gerade einmal zehn Jahren 1943 den Ersten Preis des Konservatoriums gewinnen. Marcel Chailley, der Mentor des Vaters, schlägt allerdings vor, für ihn als neuen Lehrer René Benedetti auszusuchen, der eben am Pariser Konservatorium eine Klasse übernommen hat (er wird übrigens auch der Lehrer von Neville Marriner sein). Als die Aufnahmeprüfung für das Konservatorium stattfindet, ist Christian gerade krank. Trotz seines fiebrigen Zustands soll er auf Wunsch des Vaters am Wettbewerb teilnehmen. Da Familie Ferras allerdings kein Auto mehr besitzt, bestellt er einen Krankenwagen, mit dem der junge Geiger vorgefahren wird. Und dieser überzeugt, besteht trotz Beschwerden die Prüfung und kommt im Oktober 1944 mit Familie nach Paris. Außer bei Benedetti hat er noch Unterricht bei Joseph Calvet in Kammermusik.

Auf Empfehlung des Geigers Jacques Thibaud vertieft Christian sich auch in die von Boris Kamensky aus Russland übernommene Lehre. Dieser war nach Paris geflohen, lehrt als Professor am Russischen Konservatorium und gibt Privatstunden. Ende des Sommers 1947 nimmt Ferras auch noch Unterricht bei Georges Enesco, der ebenfalls aus politischen Gründen in Paris lebt. Er kümmert sich in diesen Tagen um ihn, berät ihn besonders in Klangfragen.

1947 schafft er seinen Durchbruch mit großem Orchester: „Am 14. Dezember muss ich in Paris mit Wolff den Brahms spielen. Großes Stück! Ich hoffe, es wird gut gehen. Amen!“, schreibt Christian an Bistesi. So tritt er mit nur dreizehn Jahren beim Pasdeloup Orchester unter der Leitung von Albert Wolff im Palais de Chaillot auf. „Der junge Christian Ferras erhielt lange Ovationen für seine sehr brillante Interpretation und, was noch besser ist, seinen großen Respekt vor dem Konzert von Brahms“, schreibt „Le Monde“. Schon eine Woche darauf spielt er bei noch größerer Publikums-Begeisterung das Beethoven-Konzert mit dem Colonne-Orchester unter Paul Paray. Vater Robert gefällt sich dabei als sein Impresario.

Im Jahr darauf gewinnt Christian unter achtundfünfzig Konkurrenten den Ersten Preis der Internationalen Scheveninger Festspiele, wo Yehudi Menuhin den Vorsitz hat. Im übrigen ist das einer von sogar zwei dort vergebenen Ersten Preisen, den anderen bekommt Michel Schwalbé, dem später langjährigen Konzertmeister Herbert von Karajans in Berlin. Und zusammen mit Menuhin wird Ferras später übrigens das Bach-Doppelkonzert für EMI einspielen.

A propos Schallplatte: Schon im November 1947 debütiert der gerade einmal Vierzehnjährige im Londoner Aufnahmestudio von DECCA. Über deren Firmenpolitik ist schon bei Mewton-Wood zu lesen, jetzt aber entsteht da eine Weltpremiere auf der Schallplatte, nämlich unter der Leitung von Gaston Poulet das Konzert von Federico Elizalde, das drei Jahre vorher Ginette Neveu uraufgeführt hat. In Anwesenheit des Komponisten spielt Ferras auch noch die Londoner Premiere.

Gerne wird Ferras als Vertreter hauptsächlich des klassisch-romantischen Repertoires gesehen, er hat aber keine Scheu vor Modernem. Vielbeachtet wird seine Einspielung von Alban Bergs Violinkonzert „Dem Andenken eines Engels“ unter Georges Prêtre, und er spielt die Uraufführungen von Claude Pascals Violinsonate oder Ivan Semenoffs Doppelkonzert (1952), Gyula Bandos Concerto hongrois (1958) und Serge Niggs Konzert (1960). In London bringt er Peter Racine Frickers Concerto No. 2 op. 21 mit dem Royal Philharmonic Orchestra unter Rudolf Schwarz zur Uraufführung. 1951 macht er mit Ataúlfo Argenta die Ersteinspielung von Joaquín Rodrigos „Concierto de estio“.

Der Komponist Arthur Honegger, von dessen Sonate pour violon seul Ferras die Erstaufführungen in Frankreich und den Niederlanden spielt, schreibt 1948 im Programmheft: „Diese Sonate weicht bis auf den zweiten Satz bewusst von der Form und Atmosphäre von Bachs Sonaten für Solovioline ab. Sie ist in einem eher romantischen Geist konzipiert und versucht, die Ressourcen des Instruments hervorzuheben. Ich freue mich, dass sich einer der jüngsten großen Geiger dafür interessiert und seine Erstaufführung in Frankreich und Holland gibt.“ Der „jüngste große Geiger“ ist damals fünfzehn Jahre alt aber bereits allerorts gefragt.

Beim dritten Internationalen Marguerite-Long-Jacques-Thibaud Wettbewerb, wo er 1949 den zweiten Preis gewinnt (ein erster wird nicht vergeben), lernt Ferras den jungen Pianisten Pierre Barbizet kennen, der im Klavierfach den fünften Preis erhält. Die Duo-Partnerschaft wird zur Freundschaft und hält viele Jahre lang – weltweit. „Das Konzert, das ich am Dienstag in Madrid mit Pierre Barbizet geben soll, einem französischen Pianisten, dessen Namen Sie vielleicht kennen, der diesen Sommer in Aix-en-Provence mit Arthur Grumiaux gespielt hatte …“ – so bringt Christian seinem früheren Lehrer Charles Bistesi seinen neuen Begleiter nahe. Und Barbizet sagt von Ferras: Er „hatte eine Art Wärme in seinem Sound, eine samtige. Sein Ton war kraftvoll, tief, intensiviert durch ein Vibrato, das er straffen und beschleunigen konnte, bis er Spitzen großer Spannung erreichte.“

1950 tritt Ferras siebzehnjährig beim Straßburger Bachfest in Konkurrenz mit Menuhin und Szigeti auf. Er ist eine „Entdeckung, fast eine Offenbarung“, stellt die Zeitschrift „Fonoforum“ fest. Man nimmt „Adel und Kultur des Spiels, Charme, lebensprühende Jugendlichkeit, Leidenschaft und doch diszipliniertes, reifes, ehrfurchtsvolles Nachgestalten“ wahr. Ferras könnte, so wird gesagt, die Lücke bei den zukunftsträchtigen französischen Geigern füllen, die das Flugzeugunglück von Ginette Neveu gerissen hat. Auch gibt es sogar auffällige Bezüge zu ihr: Ferras begann ebenfalls früh in seiner Familie, lässt sich der französisch-belgischen Schule zurechnen, studiert mit einem schnellen Abschluss am Pariser Conservatoire, dann auch in Kursen bei Enesco, hat schon frühe öffentliche Erfolge, spielt oft das Brahms- und Sibelius-Konzert, liebt aber immer wieder weniger bekannte Werke, wie eben das Violinkonzert von Federico Elizalde oder macht gerne im Duo Kammermusik.

Die größte Chance kommt für Ferras, als ihn der Dirigent Karl Böhm im November 1951 einlädt, im Berliner Titania Palast mit ihm und dem dortigen Philharmonischen Orchester in einem Beethoven-Programm zu spielen. Ein Jahr darauf musiziert er mit Böhm das Konzert erneut beim Hessischen Rundfunk. Er spielt aber auch unter Dirigenten wie Ernest Ansermet, hat unter Charles Munch sein USA-Debüt, konzertiert mit Georges Prêtre, Lorin Maazel oder Paul Klecki, macht mit Pierre Fournier oder (wie beim Prades Festival) mit Pablo Casals und Wilhelm Kempff Kammermusik. Er tourt nach Japan, China oder Afrika und Südamerika. Bereits im Alter von unter zwanzig ist er mehrmals um die Welt gereist. 1956 verschickt er als Neujahrskarte eine Karikatur, in der er als ‚armer Wandergeselle' mit Rucksack über die ganze Erde wegschreitet ...

1954 erwirbt Ferras bei Étienne Vatelot die Stradivari „Le Président" von 1721 und nimmt im April mit Carl Schuricht und den Wiener Philharmonikern im Großen Musikvereinssaal das Brahms-Konzert auf. Die Aufnahme muss unterbrochen werden, als sich nach dem ersten Satz die oft so schwierigen Wiener spontan von ihren Plätzen erheben und Beifall klatschen. Sie rühmen seine differenzierten Bogenstriche, seine Klangfülle und Sensibilität, sein schwärmerisches Musizieren, das sich bei manchen Werken aber auch nicht immer genau an den Notentext hält. Und sein Biograf Thierry de Choudens will sogar einen „Ferras-Stil" erkennen – „eine einzigartige und kontrastreiche Mischung aus Jugend, Emotion, musikalischer Beständigkeit, Intensität und Intuition. Doch vom Geist der Partituren durchdrungen, will er den Intentionen der Komponisten dienen." Ferras ist aber auch eine Mischung aus französisch-belgischer Schule (z.B. Bistesi, Benedetti), rumänischen (Enesco) und russichen (Kamensky) Einflüssen.

Im Oktober 1954 spielt er in Genf mit Karl Münchinger und dem Stuttgarter Kammerorchester Mozarts Violinkonzert No. 3 KV 216 für DECCA ein. Die Aufführung zweier Konzerte unter Münchingers Leitung werden die schönsten Zeugnisse des Mozartjahrs 1956. In diesem Jahr trifft er auf Herbert von Karajan, mit dem er Brahms in Wien aufführt. „Sein Genie ist die Vorahnung des Spiels des anderen", sagt der Dirigent bewundernd. Nach und nach wird die Verbindung zwischen ihnen enger. Dann verlässt Ferras die DECCA, arbeitet ab 1957 für EMI. Für sie entsteht mit Barbizet im November 1958 ein Zyklus der Beethoven-Sonaten und Ferras erhält dafür den Grand Prix du Disque. Als Barbizet zum Direktor des Conservatoire de Marseille ernannt wird (wo übrigens die Pianistin Hélène Grimaud später eine Schülerin von ihm ist), reagiert der Geiger etwas pikiert – sie sollen nun wohl am Telefon proben!?

Am 3.Dezember 1959 heiratet Ferras in Paris die vierzehn Jahre ältere Béatrice Martellière, die Ex-Frau des Dirigenten Georges Sébastian, die er kennen gelernt hat, als er mit diesem Chaussons „Poème" einspielte, und mit der er seit längerer Zeit ein Verhältnis hatte. Christians Eltern sind dieser Liaison nicht wohlgesonnen gewesen, und nun schon gar nicht für eine Ehe. Seit 1957 leben sie nicht mehr in Paris, sondern dauerhaft an der Côte d'Azur in Le Cannet bei Cannes und verfolgen von dort mit Abstand die Engagements ihres Sohnes. Denn dessen Leben wird immer hektischer. Er ist von Königen und Politikern auf der ganzen Welt eingeladen, spielt das Brahms-Konzert in Athen vor dem griechischen Königspaar, auch bei der Hochzeit von Prinzessin Margarethe von Dänemark, er wird im April 1963 im Vatikan von Papst Johannes XXIII. empfangen, triumphiert in den Vereinigten Staaten und tritt im Fernsehen auf. Bei der Fernseh-Übertragung des Sibelius-Konzerts beobachtet ein amerikanischer Professor im zweiten Satz: „Seine Augen sind geschlossen, seine Wange immer noch gegen den Kinnhalter der Geige gepresst, während er seine letzten, geflüsterten Äußerungen spielt. Hier, kurz vor der Auflösung der Kadenz – ein schrecklicher, schöner Moment –, passiert etwas Außergewöhnliches: Tränen beginnen aus Ferras' geschlossenen Augenlidern zu strömen und rollen ihm schnell über die Wangen."

Karajan hat 1958 die mit EMI verbundene Exklusivitätsklausel gebrochen. Im folgenden Jahr begann er, obwohl er mit diesem Haus verbunden blieb, seine Zusammenarbeit mit der Deutschen Grammophon Gesellschaft. Und die schließt nach dessen erfolgreichem Beethoven-Sinfoniezyklus 1964 mit ihm und Ferras einen Vertrag über die Einspielung von zwanzig Konzerten ab. Die Zusammenarbeit beginnt im Mai mit Brahms, im Oktober folgt Sibelius, dann Tschaikowsky (1965), 1966 spielt er Bachs a-Moll- und E-Dur-Konzert ein (das er übrigens mit Karajan 1967 bei den ersten Salzburger Osterfestspielen aufführt), schließlich 1967 Beethoven. Er ist Ende der sechziger Jahre auf dem Gipfel seines Erfolges, wird schließlich neun Grand Prix du Disque sein eigen nennen, ist Ritter der Ehrenlegion, erhält den Nationalen Verdienstorden der Künste und Literatur. Mit dem schnell verdienten Geld kann er sich nun alles leisten, was sein Herz begehrt: Flotte Sportwagen zum Beispiel oder 1966 eine weitere Stradivari, die legendäre „Milanollo Teresa" (1728), die schon Paganini, Dragonetti und Viotti gehört haben soll.

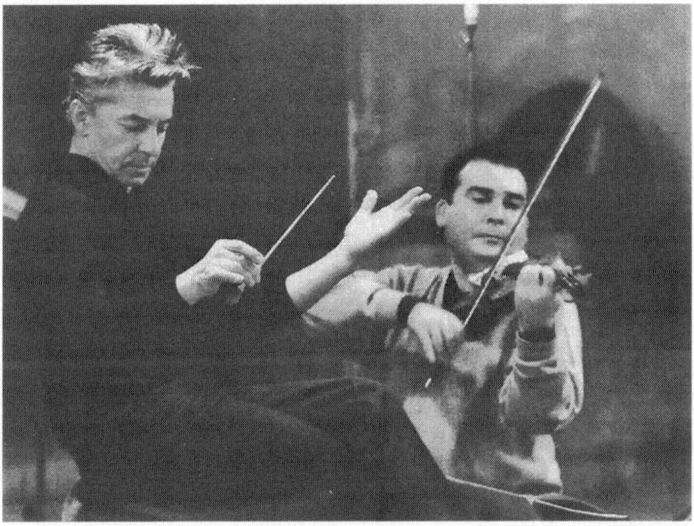

Christian Ferras als Solist bei Herbert von Karajan (1967)

Doch sogar Karajan findet, dass die Situation, in der sich Ferras inzwischen befindet, nun sein Spiel beeinflusse. Nicht nur er hört jetzt einen veränderten Künstler. Publizist Harald Eggebrecht beobachtet: „Aus dem romantischen Jüngling geigerischer Nervenkunst war ein wuchtiger Mann geworden, der sein Instrument [...] kräftig traktierte, rubatoselig in den Kantilenen. Manchmal entstand dabei unangenehme Violinbrunst mit Schnaufen, Schaben und Vibratoexzessen. Ferras hatte seinen Stil gewandelt." Die Deutsche Grammophon Gesellschaft plant die Produktion des Bruch- und Mendelssohn-Konzertes, und Ferras schreibt stolz an Freunde: „Mit Karajan werden wir Bruch wie Wagner spielen". Karajan aber will den Vertrag nicht mehr fortsetzen. Ende 1968 wird die Platten-Zusammenarbeit daher nach sechs der ursprünglich vereinbarten zwanzig Konzerte enden. Der Maestro findet bald in Gidon Kremer oder dann auch Anne-Sophie Mutter neue interessante (und sich gut verkaufende) Solisten.

Das Ende der sechziger und die siebziger Jahre werden daher für Ferras zunehmend problematisch. Am 23. Dezember 1966 kommt sein geschiedener Bruder Bernard 39-jährig bei einem Unfall mit einem defekten Gas-Gerät in seiner Garage ums Leben. Auch Christians Ehe ist unglücklich; seine Frau, die bisher seine Reisen begleitete und viel Organisatorisches beaufsichtigte, reist nicht mehr mit ihm. Selbst er merkt, dass die Qualität seines Spiels allmählich nachlässt. So beginnen sich im enormen Stress der Konzerttätigkeit immer stärker Depressionen bemerkbar zu machen, auch Alkoholismusprobleme. Ferras wird unberechenbar und unzuverlässig, kann Verträge nicht einhalten und findet sich praktisch ohne Konzertverpflichtungen wieder. In der Folge lassen ihn die Plattenfirmen fallen, zuletzt bleibt ihm nur noch (man erinnere sich noch einmal an Mewton-Wood) die „Guilde International de Disque", eine französische Tochtergesellschaft des Labels „Musical Masterpiece Society", die man auch unter dem Namen „Concert Hall" kennt. Von öffentlichen Bühnenauftritten und Tourneen zieht er sich zurück, er leitet Sommerakademien in Nizza und Saint-Jean-de-Luz. Als im Juli 1975 René Benedetti in den Ruhestand geht, gibt es zahlreiche Wettbewerber um dessen Stelle. Da die Nominierung nach Titel und Bekanntheitsgrad erfolgt, ist keine Frage, dass Ferras ab Oktober als Professor am Pariser Conservatoire arbeiten kann. Mit Ehefrau Béatrice zieht er nun ins höchste Gebäude der Place de Barcelone, sie behalten aber weiterhin einen Zweitwohnsitz in Nizza. Allerdings müssen Drogentherapien folgen, der Geiger kann erneut Verträge nicht einhalten, er verändert sich auch im Habitus, trägt zuweilen Bart, wirkt körperlich aufgeschwemmt.

Im Rundfunk hört er den Bruder von Gilles Lefèvre spielen, einem seiner Lieblingsschüler, für den er sogar als Trauzeuge zur Verfügung stand. Das ist der kanadische Pianist Alain Lefèvre. Und mit ihm als Begleiter will er – nach sieben Jahren Pause – dann doch ein Konzert-

Comeback vorbereiten. So gibt er (im Rahmen des Zyklus' „1 heure avec ...") mit Lefèvre am 9. März 1982 ein Rezital in der Pariser Salle Gaveau, unter anderem mit Bachs Sonate für Violine und Klavier. Zwei Monate später, am 6. Mai findet dort ein weiteres Konzert statt, diesmal mit seinem ehemaligen Begleiter Barbizet. Am 25. August konzertiert er, begleitet von der Barbizet-Schülerin Anne-Marie Ghirardelli, im Grand Casino in Vichy. Er spielt Beethovens Frühlings-Sonate, Bachs Chaconne, die Debussy-Sonate und Ravels „Tzigane". Dann plant er mit Alain Lefèvre eine Tournee durch Spanien und Portugal, unter anderem mit Florent Schmitts enorm schwieriger „Sonate libre en deux parties" aber auch mit Werken von Beethoven, Grieg, Bartók, Franck und des belgischen Komponisten Guillaume Lekeu. Doch dazu wird es nicht mehr kommen.

Drei Wochen nach dem Konzert in Vichy, am Dienstag, 14. September 1982, telefoniert Ferras mit Gilles Lefèvre. Der meldet sich zurück von seinen Flitterwochen auf Korsika und erkundigt sich nach seinen Vorbereitungen für ein Konzert im Théâtre du Châtelet am 4. Oktober, also keine drei Wochen später, bei dem Gilles und sein Bruder Alain mit Ferras auftreten sollen. Ferras sagt, dass er sich nicht vorstellen könne, dieses Konzert vorzubereiten oder gar zu geben und lässt einen beunruhigten Gilles zurück. Später an diesem Tag kommt es zu einer heftigen Auseinandersetzung mit Ehefrau Béatrice. Als sich die Situation etwas beruhigt, schickt Ferras gegen zwanzig Uhr Béatrice aus dem Haus, um ihm Zigaretten zu holen. – In ihrer Abwesenheit stürzt er sich aus dem zehnten Stock der Wohnung an der Place de Barcelone Nummer 4 in den Innenhof des Anwesens.

Nur rund ein Dutzend Angehörige nehmen an seiner Trauerfeier teil. Im Friedhof von Cachan, einem südlichen Vorort von Paris, kann er seine letzte Ruhe finden.

MICHAEL RABIN

(1936–1972)

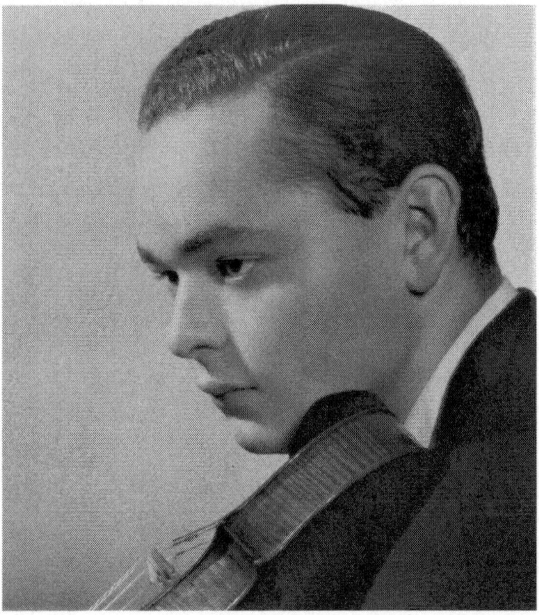

Der sehr gestrenge Dirigent George Szell sagt einmal: „Rabin ist das größte Geigentalent, das mir während der letzten zwei oder drei Jahrzehnte untergekommen ist." Dieser Michael Rabin ist New Yorker und Musiker durch und durch, stammt er doch aus einer hochmusikalischen Familie. Sein Vater George Rabinowitz, der sich und seine Familie ab 1939 verkürzt Rabin nennt, ist Sohn eines rumänisch-jüdischen Einwanderers und Geigers und spielt seit 1923 (und bis 1962) im New York Philharmonic Orchestra; die Mutter, Tochter russisch-jüdischer Einwanderer, studiert beim besten Lehrer des Institute of Musical Art, wo sie im selben Jahr ein Diplom erlangt und anschließend immer zwei oder drei Privatschülern Klavierunterricht erteilen wird. Ihre Tochter charakterisiert sie später: „Alles, was sie tat, machte sie gut. Sie war eine märchenhafte Köchin. Sie war eine wunderbare Entertainerin. Die

Menschen liebten sie. Sie hatte eine großartige Persönlichkeit. Sie konnte jeden verzaubern, den sie verzaubern wollte." Ehemann George ist ein sanftmütiger, passiver Mann, der seine Frau nicht minder verehrt; sie heiraten 1923 und leben in der Upper East Side von Manhattan, einer überwiegend jüdischen, künstlerisch geprägten, intellektuellen Gegend. Nach einem Jahr kommt ein Sohn namens Jay zur Welt. Dieser erhält Klavierunterricht durch die Mutter und macht schnell enorme Fortschritte. Allerdings wird er 1932, im Alter von sieben Jahren, an Scharlach sterben.

1934 kommt in New York City Tochter Bertine zur Welt und am 12. Mai 1936 Sohn Michael Joseph. Und über den gibt es von Anfang an „Wunderdinge" zu berichten: Im Alter von einem Jahr soll er mit seinem Löffelchen perfekt einen Takt geklopft haben. Mit drei kann er den genauen Ton von Autohupen in New York bestimmen, muss also das absolute Gehör haben. Und dann gibt es auch für diese Kinder Klavierunterricht bei der Mutter; Michael mit fünf, Bertine mit sechs Jahren. Nach einem Jahr haben sie ein Konzert, in dem Michael Werke von Bach und Clementi spielt sowie drei Burgmüller-Stücke. Er wird dennoch kein Pianist werden.

Als Siebenjähriger hat Michael nämlich bei einem befreundeten Arzt, einem Amateurgeiger, in einem Schrank eine „halbe" Geige, also ein Kinderinstrument, entdeckt. Er will es nicht mehr loslassen, und der Arzt überlässt es ihm. Sein Vater restauriert die Geige ein wenig, ersetzt die Saiten und den Steg und beginnt, Michael einige Lektionen zu geben. Doch bei allem Interesse an dem neuen Instrument, hört der Klavierunterricht durch die Mutter damit zunächst nicht gleich auf. Sie will nicht zulassen, dass der in einem Jahr auf dem Klavier erzielte Fortschritt Michaels wegen der plötzlichen Verliebtheit in ein anderes Instrument umsonst gewesen sein soll. Doch dann kann der Vater – obwohl er ja Profi ist – den Fortschritten seines Sohnes bald schon nicht mehr folgen. Kurz: Es muss ein neuer Lehrer für ihn gefunden werden. Da macht man 1944 Ivan Galamian auf ihn aufmerksam. Dieser Geigenpädagoge mit armenischen Wurzeln war über Moskau nach Paris gekommen und hat sich schließlich im Jahr 1937 in den USA angesiedelt, wo er in Manhattan ein Studio betreibt. Er verbindet russische mit französischer Methodik, legt bei seinen Schülern vor allem Wert auf die Bogenführung und wird einer der einflussreichsten Violinlehrer des zwanzigsten Jahrhunderts werden. Schüler von ihm sind zum Beispiel Itzhak Perlman oder Pinchas Zuckerman. Sehr bekannt wird später als Geigenlehrerin auch seine Assistentin, die berühmte Dorothy DeLay.

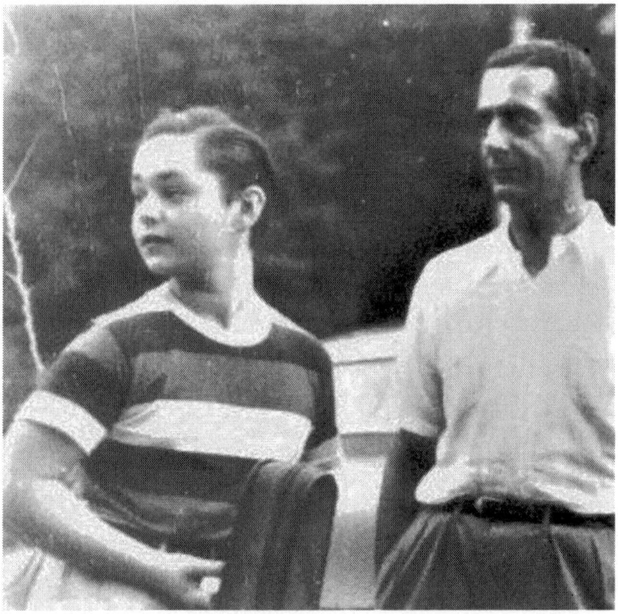

Michael Rabin 1949 mit Ivan Galamian in Meadowmont

Galamian übernimmt im September 1944 persönlich die Verantwortung für den Wunderknaben Michael, sagt, dieser sei sein begabtester Schüler. Er eröffnet noch in Elizabethtown im Bundesstaat New York ein Sommer-Musikcamp namens Meadowmont. Dort in der Nähe mieten sich Rabins ein Haus als Sommerresidenz, man nimmt Michael aus der konventionellen Schule und schickt ihn mit seiner Schwester in die Professional Children's School, wo er recht gute Leistungen zeigt. Allerdings lassen die vielen Übungsstunden, der Rückzug aus dem regulären Unterricht und die anschließende Beendigung des gesamten Schulbesuchs Michael ohne Freunde zurück; außer im Kontakt mit seiner Schwester, hat er so gut wie keine Beziehung zu Gleichaltrigen.

1946 kommt Galamian an die New Yorker Juilliard School und mit ihm auch sein Lieblingsschüler. Der spielt sechs bis acht Stunden täglich und sitzt schon im Juilliard Preparatory Division's Orchestra. 1947 hat Michael – er ist jetzt noch keine zwölf Jahre alt – seinen ersten öffentlichen Auftritt bei einem Festival in Providence/Rhode Island, immerhin in der drittgrößten Stadt der Neuenglandstaaten. Als „Master Michael Rabin – A Boy and his Violin“ wird er ankündigt, und man leiht ihm dafür eine Amati-Geige. Das Programm ist außerordentlich anspruchsvoll. Michael spielt eine Händel-Sonate, Wieniawskis fis-Moll-Konzert, Paganini-Capricen und andere kürzere Werke. Die Mutter begleitet ihn am Klavier. „Dieser Junge näherte sich dem Programm mit Kühnheit, reiner Technik und einem reifen Ton. Er hatte Feuer und Glanz und Wärme. Er hatte Geschwindigkeit und Klarheit und fast perfekte Kontrolle über die schwierigen Obertöne“, lobt ihn eine Lokalzeitung, und diese nahezu völlige Mühelosigkeit bei spannender Intensität wird ihn zum Weltruhm führen.

Ein erster Durchbruch kommt 1950: Am Nachmittag des 11. Februar ist er in der Carnegie Hall zu hören, wo ansonsten große Stars, wie Horowitz oder Toscanini auftreten. Unter dem Titel „Great Oaks from Little Acorns Grow“ [Große Eichen wachsen aus kleinen Eicheln] veranstaltet die National Orchestral Association eine Reihe, die einhundertsechsundvierzig Jugendliche aus vier Musikschulen von New York City mit den verschiedensten musikalischen Darbietungen vorstellt. Dort spielt Michael das fünfte Konzert von Vieuxtemps unter der Leitung von Léon Barzin. Die „New York Times“ schreibt von einem „vollkommenen Künstler“, und der „Herald Tribune“ lobt ihn: „Er hat einen sicheren Bogenarm, enorme mechanische Fähigkeiten und einen großen Ton, voll und durchschlagend, aber in keiner Weise übergewichtig.“

Jetzt soll der Junge sich möglichst großen Geigern oder Dirigenten präsentieren, Bruno Walter zum Beispiel oder Dimitri Mitropoulos, der in ihm den „genialen Geiger von morgen“ sieht. Natürlich hört von ihm auch Artur Rodziński, den er „Onkel Artur“ nennt; denn dieser ist damals ja der Musikdirektor seines Vaters bei den Philharmonikern. Als Rodziński diese Position aufgibt, organisiert er eine Zehn-Tages-Tournee nach Kuba und gibt Michael seine erste Chance, wobei dieser jetzt nicht mehr zusammen mit anderen auftritt, sondern wirklich als Solist in einem Konzert mit Orchester. Das ist am 9.April 1950 in Havanna mit dem dortigen Sinfonieorchester, diesmal mit einer geliehenen Guarneri del Gesù-Geige. „Er ist wunderbar, fantastisch. Er wird eine enorme Zukunft haben!“ prognostiziert Rodziński in der „New York Times“, die darüber berichtet, dass Michael Wieniawskis erstes Violinkonzert spielt. Und da ihn in einigen Rezitalen noch seine Mutter begleitet, widmet sich die „Havana Post“ auch den Eltern: „Michael scheint ständig im Bann seiner Eltern zu stehen. Der erste Faktor in der künstlerischen Entwicklung dieses kleinen Jungen muss seine Mutter Jeanne Rabin sein, die ihn immer am Klavier begleitet.“ Er steht jetzt nicht nur unter dem Druck der Eltern, nicht nur unter dem des Publikums, sondern nun auch noch der Medien. Am 7. August ist er in der „Bell Telephone Hour“ zu hören, das ist eine seit 1940 veranstaltete Konzertreihe von NBC-Radio für Millionen von Hörern, in der bereits keine Geringeren als Heifetz, Kreisler, Francescatti oder Menuhin aufgetreten sind. Nun also (und dann in vielen weiteren Folgen) Michael, der Paganinis siebzehnte Caprice spielt und das Finale von Mendelssohns e-Moll-Konzert. Er ist anschließend erschöpft, fährt aber mit seinem neuen Fahrrad noch in New Yorks Straßen herum. Er hat ja auch noch andere Interessen – Tischtennis zum Beispiel (würde gerne einmal gegen sein Vorbild Jascha Heifetz spielen), Schach und Fotografieren, er schwärmt für Autos und Flugzeuge. Der große französische Geiger Zino Francescatti, der ihn einmal in Meadowmount kennengelernt hat und von dem Jungen seither beeindruckt ist, schreibt ihm: „Deine Eltern und Mr. Galamian können stolz auf dich sein, aber bitte - behalte immer deine Einfachheit, habe eine große musikalische Demut - und gib dich niemals mit dem Besten zufrieden. Perfektion in allem muss dein Ziel sein.“ Darum hätte sich der Geiger keine Gedanken machen müssen. In Anthony Feinsteins Biografie sagt Schwester Bertine: „Meine Mutter hat uns sehr unter Druck gesetzt. Wir mussten immer das Beste geben, aber wir waren nie gut genug. Der Druck war verbal, physisch, mental. Aber dann ging sie aus dem Haus und erzählte allen, wie wunderbar wir waren.“

Francescatti ist es auch, der vermitteln kann, dass das US-Label „Columbia Records“ in seinem 30th Street Studio als erste Produktion mit ihm elf Capricen von Niccolò Paganini einspielt. Und der zwölfjährige Michael widmet ihm daraufhin ein Exemplar mit „herzlichsten Wünschen für Sie und Frau Francescatti von ihrem Freund. In Liebe – Mike“. Kein Wunder, dass sich bald – man denke an William Kapell – Arthur Judson von Columbia Artists als Manager anbietet. Und damit beginnt der Wirbel von Michaels Verpflichtungen. Im Februar 1951 spielt er für den „Bohemian Club“ im Waldorf Astoria Hotel zu Ehren des Dirigenten Dimitri Mitropoulos, man leiht ihn aber auch für einen

Auftritt mit einem Paganini-Konzert unter George Szell in Cleveland eine Stradivari.

Mitropoulos, gerade neuer Chef der New Yorker Philharmoniker, wird vom wohlhabenden Präsidenten der Twentieth Century-Fox-Filmgesellschaft (der auch zum Vorstand der Philharmoniker gehört) das Angebot unterbreitet, dass das Orchester vor Beginn der regulären Saison einen zweiwöchigen Auftritt im New Yorker Roxy Filmtheater spielen könnte; vier 45-minütige Shows pro Tag, sieben Tage die Woche. So würden Hörer für die Klassik gewonnen und dem Orchester zusätzlich zwei lukrative Anstellungswochen verschafft. Mitropoulos ist hoch erfreut, und man spielt daher ab Anfang Mai 1951 im damals größten Kino der Welt mit fast 6.000 Sitzplätzen. Rabin ist viermal am Tag mit Paganini-Kompositionen dabei. Das Stammpublikum schätzt zwar mehr die Exklusivität der Carnegie Hall, Manager Judson aber meint, das bewirke doch eine herrliche Publicity, und lässt Michael auch in Schulen spielen. Nun steht er also auch noch durch einen Impresario unter Druck. Im Herbst 1951 beginnt für den 15-Jährigen die erste US-Tournee von New York bis Allentown, von Dayton nach St.Louis und LaCrosse. Am 29.November startet eine Serie von vier Konzerten, wieder mit Mitropoulos in der Carnegie Hall – zweimal Paganini, zweimal Wieniawski. Sein Ziel ist ein Honorar von mindestens 25.000 Dollar zu erhalten - in „hartem, kaltem, gefrierendem Cash“ (O-Ton Michael). Eine eigene, erstklassige Geige und ein Auto möchte er gerne haben, er besucht aber noch bis 1952 die Juilliard School wie neben ihm auch der Pianist Van Cliburn.

„Seine Karriere wurde sehr sorgfältig behandelt. In der nächsten Saison haben seine Eltern eine begrenzte Anzahl von Engagements für ihren Sohn angenommen“, schreibt die „New York Times“. Doch der große Musikjournalist Harold Schonberg irrt da: Ab Juni 1952 reist Michael schon auf eine viermonatige (!) Australien-Tournee mit sechsundvierzig Konzerten und allen möglichen Problemen durch Unerfahrenheit mit der dortigen Presse: Er finde das Land eher langweilig, es habe schlechte Hotels und keine Ahnung von Musik, sagt er, und pikiert hält die dortige Presse ihn für noch zu unreif. Zudem folgt ein weiteres Dutzend Konzerte in aller Welt. Michael macht überdies Plattenaufnahmen mit Nováček-, Paganini- und Sarasate-Werken.

Anfang 1954 ist er für siebzehn Tage in den kalifornischen MGM-Filmstudios in Culver City, wo er den Soundtrack für einen Liebesfilm mit dem Titel „Rhapsody“ einspielt, in dem Vittorio Gassman einen bedeutenden Geiger darstellt, dessen Geliebte von Elizabeth Taylor verkörpert wird. Michael wird auf dem Set seinen siebzehnten Geburtstag begehen. Als er den fertigen Streifen sieht, ist er sehr enttäuscht. Aber bei all der Publicity, die er dadurch erhält, kann er seiner Schwester aus St.Louis berichten: „Nach dem Konzert [...] glaube mir das oder nicht, habe ich mit ungefähr sechs reizenden Mädchen getanzt. Obwohl ich nicht tanzen kann, habe ich es getan. Ich schob die Mädels im Rhythmus zur Musik herum. Ich habe herausgefunden, dass es ein echter sozialer Schatz ist, tanzen zu können, und es ist sowieso an der Zeit, dass ich es lerne.“ Und das hat gravierende Folgen für seine Beziehung zur Mutter: „Ich hasse sie; sie sagt mir ständig, was ich tun soll. Ich kann dies nicht tun, ich kann das nicht tun. Ich möchte nicht, dass sie mit mir reist.“

1954 ist man auf einer zweimonatigen Europa-Tournee, die Harold Holt für ihn organisiert hat, der führende Konzertagent seiner Zeit. Die Überfahrt erfolgt per Schiff, was Michael eher ängstigt. Es geht nach Schweden und Dänemark, Italien und Großbritannien, als Abstecher gibt es einen Flug nach Paris (eine Stadt von der er recht enttäuscht ist) und Lissabon, dann wieder zurück nach Großbritannien zu Aufnahmen in Londons Kingsway Hall. Schuyler Chapin von „Columbia Artists Management“, der sie begleitet, sagt in einem Interview mit einem Biografen: „Die Mutter hatte offensichtlich eine große und überwältigende Präsenz in Michaels Leben. Ich hatte das Gefühl, dass die Mutter das Quartier verwaltete, den Vater, die Tochter und vor allem Michael. Sie war, soweit ich erkennen konnte, ein Drache, wenn es um irgendetwas ging, das mit Michael zu tun hatte. Und natürlich waren die Argumentationen und Gespräche, die ich zwischen Mutter und Sohn belauscht habe, empörend. Anders kann man es nicht ausdrücken.“

Inzwischen ist Michael berühmt, mit zermürbender Arbeit und schier endlosen Reisen. Im März 1955 schreibt er geradezu zynisch an die Schwester: „Heute Abend ist Konzert Nr. 21, also sind nur noch 15 weitere zu geben. Große Sache. – Ich weiß einfach nicht, was ich tun werde und abgesehen davon, dass ich keine wirklichen Freunde habe und sehr allein bin, möchte ich ein normales Leben führen“. Der Neunzehnjährige kann sich weniger für Konzerte als für einen Plymouth Belvedere Sportwagen begeistern ...

Als seine Schwester 1955 heiratet, findet Michael einen gewissen „Ersatz“: Da werden seine früheren Beziehungen zu einem anderen Galamian-Schüler wieder enger, zu Lewis Kaplan, der leicht Kontakte zu anderen Menschen findet und solche für Michael herstellt - zu einer jungen, hübschen Geigenschülerin des New England Conservatory namens Adrienne Rosenbaum etwa. Michael verliebt sich Hals über Kopf in sie, während sie eher verwirrt und ein wenig überfordert von Michaels Begeisterung ist. „Ohne Dich ist mein Herz leer“, schreibt er ihr. Als er ihr eine eben erschienene Platte mit der Widmung „Für die wunderbarste Frau der Welt, in meiner ganzen Liebe“ überlässt, ist Mutter Rosenbaums Schicklichkeitsgefühl überfordert, und sie entfernt das Wort „Frau“ vom Albumcover ihrer zwanzigjährigen Tochter. Bei den ständigen Verpflichtungen des Geigers in aller Welt nimmt die Intensität ihrer Beziehung im Lauf des Jahres 1958 schon wieder ab und zerbricht schließlich. Michael lässt sich zitieren mit: „Wir Solisten sind allesamt Sklaven unseres Instruments.“ Ihn langweilt, dass die Konzertveranstalter immer wieder dasselbe von ihm fordern. Als umso größere Ehre empfindet er, dass ihm Komponist Paul Creston sein zweites Violinkonzert widmet, das er 1960 mit dem Los Angeles Philharmonic Orchestra unter Georg Solti aus der Taufe heben kann.

Dafür muss jetzt eine rege Aufnahmetätigkeit für „Angel Records“ folgen, hat er mit der Firma doch 1954 einen Vier-Jahres-Vertrag abgeschlossen: In diesem Jahr spielt man das Glasunow-Konzert mit dem Londoner Philharmonia Orchestra unter Lovro von Matačić ein. Michael erhält fünf Prozent Tantiemen auf jedes verkaufte Exemplar, zusätzlich einen Vorschuss von 595,19 Pfund gemäß dem amerikanischen Gewerkschaftssatz. Zum Vergleich: Matačić erhält fünfzig Pfund pro Konzert. 1955 folgen Solowerke von Bach und Eugène Ysaÿe, ein Jahr später produziert man (einmal Mono, einmal in Stereo) in London das Tschaikowsky-Konzert (mit Alceo Galliera), zwei Werke von Camille Saint-Saëns und 1957 das Mendelssohn-Konzert (mit Adrian Boult), das Wieniawski fis-Moll-Konzert, Bruchs „Schottische Fantasie“ und Ravels „Tzigane“. So kann Michael sich im August 1958 für 26.500 Dollar eine Violine von Giuseppe Guarneri del Gesù aus dem Jahr 1735 kaufen, die früher im Besitz des tschechischen Geigers Jan Kubelík war. Mit ihr nimmt er ab 5.September 1958 in einem New Yorker Studio bei einer Vier-Tages-Sitzung – und jetzt bereits ausschließlich in Stereo – die bislang unübertroffene Interpretation auf, die man mit ihren Doppeltrillern und Klangeffekten bis heute mit ihm identifiziert, nämlich die Gesamteinspielung aller vierundzwanzig Paganini-Capricen, mit deren elf ja seine Aufnahmetätigkeit acht Jahre vorher begonnen hat. Diesmal ohne Davids Klavierbegleitung, sondern so, wie sie 1947 schon Ruggiero Ricci in der ursprünglichen Soloversion des Komponisten eingespielt hat. „Er war imstande, die Capricen wie Musik erklingen zu lassen", schreibt Musikpublizistin Tully Potter über Rabin, „und dabei spielte er so sprühend, dass seine Rivalen vorzeitig ergrauten".

Man müsste annehmen, dass sich nun die Plattenfirmen gierig auf Rabin stürzen. Merkwürdiger Weise aber ist dann von keinen weiteren Aufnahmen mehr zu hören. Ein Grund liegt vermutlich weniger beim Künstler als bei seiner Firma. 1956 übernimmt der englische EMI-Konzern die „Capitol (Angel) Records" und vermarktet seitdem über sie sein gesamtes Repertoire in den Vereinigten Staaten. Bei Aufnahmen soll es allerdings seperate Verträge für die Einzellabel geben, und Michael kann für zwei Jahre unter der Aegide von „Capitol" abschließen. Das sieht Firma EMI – sprich Produzent Walter Legge – jedoch nicht gerne; so lässt man 1958 seinen Vertrag auslaufen, ein schon festgelegter Aufnahmetermin für 1960 wird abgesagt. Vier Jahre später stimmt Michael bei Legges EMI einer reduzierten Tantieme von lediglich 2½ Prozent für die Neuauflage seiner Aufnahmen zu. „Ich hätte gerne Aufnahmen mit meiner neuen Geige gemacht, aber ich war bei ‚Capitol Records' und sie ließen mich 1965 fallen", sagt er in einem Interview. „Alle außer zwei oder drei meiner Aufnahmen sind gestrichen worden. Ich habe versucht, sie dazu zu bringen, einige neu aufzulegen oder mir die Rechte daran zurückzugeben, aber nichts ist geschehen." Das führt dazu, dass sich DECCA und die Deutsche Grammophon Gesellschaft Mitte der sechziger Jahre für ihn zu interessieren beginnen.

Doch dann gibt es Schwierigkeiten anderer Art: Nach gelegentlichen kleineren gesundheitlichen Problemen meldet sich vehement Michaels Körper; er wirkt müde und lustlos. In New Orleans bricht Rabin im März 1956 plötzlich auf der Straße zusammen. Er glaubt über etwas gestolpert zu sein, fragt aber sicherheitshalber bei einem Arzt seines Hotels nach, und der diagnostiziert das letzte Stadium eines Nervenzusammenbruchs. Nun wird eine mentale Krise auch bei Konzertauftritten offenbar; plötzlich hat Michael Ängste von der Bühne zu stürzen, hat Ausfälle von Konzerten wegen Neuritis im rechten Arm, hat Schlafprobleme. Im Frühjahr 1962 sucht er um ärztliche Hilfe gegen sein immer stärker werdendes Lampenfieber. So kommt er zu den „little yellow pills", wie er sagt, wobei er damit das starke Sedativum und Hypnotikum „Doriden" meint, bei dem allerdings allmählich für dieselbe Wirkung immer größere Dosen erforderlich werden können. Nach einiger Zeit folgt daher ein zweites verschreibungspflichtiges Medikament, „Plegine", ein Stimulans der chemischen Klasse Morpholin. Sedativum und Stimulans - das klingt wie ein Widerspruch in sich, er soll aber je nach Bedarf seine Angstzustände regulieren können. Doch so einfach geht das nicht. Vor einem Konzert in Los Angeles nimmt er versehentlich eine Überdosis und wacht für zwei Tage nicht mehr auf. Als er im Oktober 1962 in Berlin in einem „Meisterkonzert" eine Violinsonate von Beethoven spielt, stellt Joachim W. Hartnack fest: „Die Rhythmik des Geigers war fahrig, die Intonation ungenau, die Art der Interpretation lag zwischen Schmalz und Indifferenz. Auch die anderen Werke [...] hinterließen nur einen schwachen Eindruck: Eine mit überdicktem Strich intonierte Franck-Sonate, ein belanglos gespieltes kleines Werk von Spalding und einige routinemäßig heruntergefiedelte Paganini- und Sarasatestückchen." Der Grund ist wohl (auch), dass Rabin vorher stundenlang Aufnahmen für den Rundfunk gemacht hat. Doch es gibt Pfiffe im Publikum und – wie jetzt so oft – Gerüchte. Gleichzeitig müssen die Eltern verstehen, dass ein Zusammenleben in ihrer Wohnung am New Yorker Riverside Drive nicht länger haltbar ist. So nimmt sich Michael im Sommer 1963 – er ist jetzt siebenundzwanzig Jahre alt – ein Appartement in der West Side Avenue 185, nicht sehr weit von der Wohnung der Eltern entfernt.

Wer so gut wie aus dem Plattengeschäft verschwindet und wer für die Konzertveranstalter so voller Unwägbarkeiten ist (wird er kommen? ist er krank? wie wird er spielen? was wird er tun?), dass man ihn am liebsten permanent beaufsichtigen würde, verliert schnell seinen Ruf als großer Violinvirtuose, schürt immer wieder neu die Gerüchteküche. „Ich kann nicht verstehen, woher die Leute den Eindruck haben, dass ich drei oder vier Jahre lang nicht gespielt habe. Ich war nie in einer Zwangsjacke. Ich bin nie verrückt geworden. Ich war nie in einer psychiatrischen Anstalt. Könnten Sie glauben, dass ich nach acht Jahren immer noch von Managern höre, ich sei so lange krank gewesen?", sagt er 1971 der „New York Times" in einem Interview. Dabei hat er zahlreiche Auftritte in Nord- und Südamerika, immer wieder in Europa, auch fünf Wochen in Israel mit neunzehn Konzerten oder einen Monat in Südafrika sowie sogar einige Fernsehauftritte, die nicht etwa einen künstlerischen Einbruch zeigen. Zudem betreut er Meisterklassen beim Bowdoin Summer Festival, an der Universität von Texas in Austin und Houston oder in der Washington State String Teachers Association in Seattle.

Seit 1968 hat er sogar wieder enge Bindungen zu einer Frau. Nach einem Konzert in Queens kann der Dirigent David Katz den Kontakt zur Sopranistin June LeBell herstellen. Michael stellt sie seiner Familie vor, hat ihre Fotografie in seinem Geigenkasten. Auch wenn er immer wieder Phasen hat, in denen er gerne allein ist, verbringen sie bald viel Zeit miteinander. Da er in einigen Tagen auf Tournee gehen wird, soll es am Mittwoch, 19. Januar 1972 noch einen gemeinsamen Abend in New York geben. Michael meldet sich wie immer morgens nach dem Aufstehen telefonisch in bester Stimmung bei June, und man vereinbart, so gegen 18 Uhr in „Captain Nemo's Restaurant" in der 72. Straße zu Abend zu essen. Da June ungewöhnlicherweise weder gegen Mittag noch am Spätnachmittag von ihm hört, ihn aber bei mehreren eigenen Anrufen – sogar noch gegen 17 Uhr – nicht erreichen kann, macht sie sich Sorgen. Sie geht schließlich zu seinem Appartement in der West Side Avenue und klingelt. Keine Reaktion. Doch sie hat einen Schlüssel und tritt ein. Da findet sie ihn – wohl tot – mit geöffneten Augen in Boxershorts und T-Shirt unter einem Stuhl liegen, wobei er aus Nase und Mund blutet. Ein Hausschuh liegt im Wohnzimmer, einer im Schlafzimmer. Michael muss vermutlich geübt haben, denn die Geige liegt im geöffneten Kasten, und er wollte wohl um die Mittagszeit etwas essen, denn es findet sich eine Thunfischdose, ein Dosenöffner und eine Gabel. Beim Versuch, aus der Küche zum klingelnden Telefon zu laufen, scheint er ausgerutscht und gegen einen Stuhl geprallt zu sein – er hatte gerade die Böden frisch wachsen lassen. June ruft den Portier des Hauses und die Polizei, auch kommt noch ein im Anwesen wohnender Arzt hinzu.

Natürlich kommen schnell Selbstmord-Gerüchte auf. Der bekannte Gerichtspathologe Michael Baden, der den Tod von John F. Kennedy und Martin Luther King untersucht hat, sieht das anders. Eine Autopsie bestätigt den Sturz mit einem Schädelbruch, wobei Blut in das Gehirn eingedrungen sein muss. Da er keinen Helfer verständigen konnte, verfiel Michael wohl in ein Koma und starb. Dass der Fünfunddreißigjährige so leicht das Gleichgewicht verlieren kann, hat allerdings seinen Grund wohl nicht nur im gewienerten Boden, sondern ist auch ein Spiegel seiner Seele. Man hat eine Flasche des Barbiturats „Tuinal“ in der Wohnung gefunden, das zur Beruhigung bzw. gegen Schlaflosigkeit helfen soll. Labortests bestätigten auch das Vorhandensein der Barbiturate „Amobarbitol“ und „Secobarbitol“, allerdings in Konzentrationen, die weit davon entfernt waren, tödlich zu sein. Der Bericht des Gerichtsmediziners erwähnte noch neben „Tuinal“ die Anwesenheit einer Flasche seines früheren Stimulans „Plegine“.

Im Jahr von Michael Rabins Tod spielt Itzhak Perlman seine ebenfalls hochgelobte Gesamtaufnahme der Paganini-Capricen ein: „Ich möchte dieses Album dem Andenken meines lieben Freundes und Kollegen Michael Rabin widmen“, steht darauf. „Bei der Vorbereitung der Aufnahme war sein Einfluss eine ständige Inspirationsquelle für mich.“

JACQUELINE DU PRÉ

(1945–1987)

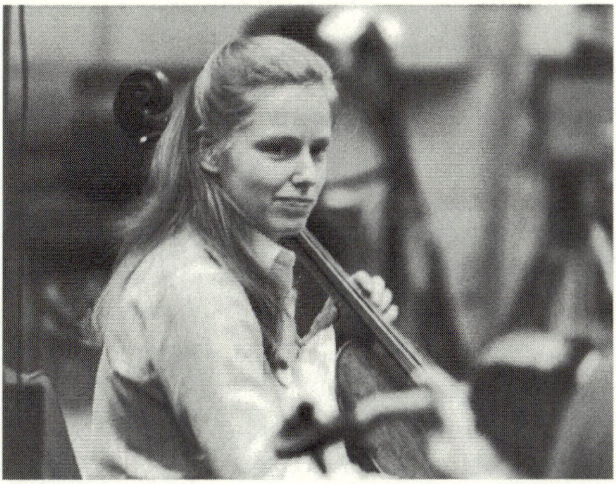

In der Presse wird die Cellistin Jacqueline du Pré häufig als das supertalentierte Mädchen von großer Natürlichkeit beschrieben, mit einem Zauber, dem alle erliegen, das sich dann zur Künstlerin wandelt und schließlich zu einem der größten Cellotalente des zwanzigsten Jahrhunderts wird. Oder wie die „New York Times" 1965 formuliert, „eine Kreuzung zwischen Lewis Carrolls Alice und einem dieser engelsgleichen Instrumentalisten in Renaissance-Gemälden." Warner hat sogar eine Kassette mit 23 CDs veröffentlicht. Nicht selten wird aber der zweite Teil ihrer Biografie unterschlagen.

Jacqueline wird in eine bürgerliche Familie geboren. Ihr Vater Derek du Pré (1908–1990) stammt aus einer Parfümhändlerfamilie; sein französischer Name kommt von der Kanalinsel Jersey, wo er in der Hauptstadt St.Helier und in London bei der Lloyds Bank als Buchhalter arbeitet, mit Monokel im Auge. Später ist er stellvertretender und dann verantwortlicher Herausgeber von „The Accountant", der ältesten und renommiertesten Buchhalterverbandszeitschrift der Welt. Mutter Iris Greep (1914–1985) entstammt einer alten Fischerfamilie aus

Plymouth und kann mit Hilfe von Stipendien und absolutem Gehör, an der Londoner Royal Academy of Music ihre Ausbildung mit Auszeichnungen abschließen, wird Musiklehrerin und Konzertpianistin, die man auch im Radio hören kann. 1938 nimmt sie an einem Sommerkurs des großen polnischen Pianisten Egon Petri teil, wo sie – weil sie englisch spricht – Derek kennenlernt, einen Engländer, der in der Lotterie eine Reise nach Polen gewonnen hat. Zwei Jahre später heiraten die beiden in Kensington im westlichen London und werden drei Kinder haben: Die Tochter Jacqueline Mary, geboren am 26.Januar 1945 in Oxford ist die Mittlere, schon 1942 war eine Tochter Hilary zur Welt gekommen, und es gibt noch einen 1948 geborenen Bruder Piers. Als die Wohnung zu klein wird, zieht man nach Purley in der Grafschaft Surrey.

Weniger der Vater, der ganz gut Akkordeon spielen kann, später noch eine Klarinette kauft, vor allem aber Theater und Geologie liebt, als vielmehr die Mutter erwartet eine musikalische Begabung unter den Kindern. Zunächst ist Hilary der „Star" unter den Dreien. Sie spielt schnell Klavier, wechselt noch zur Violine, sodann zur Flöte; Piers spielt Klarinette. Wirkliches Interesse aber genießt dann doch bald Tochter „Jackie". Das führt zu einer gewissen Konkurrenz der Schwestern, aber Jacqueline habe schon im Alter von neun Monaten Rhythmen nachklopfen, mit eineinhalb Jahren die Melodie des Kinderliedes „Bah, Bah, Black Sheep" nachsingen können, und mit vier Jahren sei sie in der Lage gewesen, sich am Klavier selbst Stücke zusammenzusuchen, die sie in der Übungsstunde der drei Jahre älteren Schwester wahrgenommen hat.

Allerdings hört Jackie in einer Rundfunk-Kindersendung über Sinfonieorchester ein anderes Instrument: „Als ich das erste Mal im Radio ein Cello hörte, war ich noch klein, vier Jahre. Ich kann mich an den Klang nicht mehr so genau erinnern, aber ich mochte ihn so sehr, dass ich sofort meine Mutter bat, mir das Ding zu besorgen, das diesen Klang erzeugt. Und das tat sie: Sie gab mir ein riesengroßes Cello. Und ich lernte es spielen", erinnert sie sich, „seitdem ist es mein bester Freund." An eine Karriere als Cellistin wird dabei zunächst allerdings noch nicht gedacht: „Ich habe nie vorgehabt, es täglich zu tun und alle Tage meines Lebens." Doch die Mutter, auch eine ausgebildete Eurythmielehrerin, schreibt für sie kleine, einfache Melodien, die sie nachspielt, sorgt aber umgehend auch für Unterricht, und so kommt

Jackie an die „London Violoncello School“ von Herbert Walenn am Nottingham Place. Unterrichtet wird sie dort allerdings von Alison Dalrymple [„Dally“], die als beste Cellolehrerin für Kinder gilt und ihr ein Viertel-Cello zuteilwerden lässt, das dann 1952 von einem „anonymen Gönner“ in ein Siebenachtel-Cello von Guarneri getauscht werden wird. Die Schule ist die erste, die ihren Schülerinnen beibringt, im „Herrensitz“, also mit gespreizten Knien zu spielen, was bislang fast als unmoralisch gegolten hat, weswegen das Instrument eher Männern überlassen ist. Jackie wird auch später keine Schwierigkeiten haben, vergangene Weiblichkeitsmodelle aufzubrechen. Unterricht ist einmal pro Woche, und am Ende des Trimesters steht immer ein kleines Konzert. Zu gleicher Zeit kommt Jackie in den Mädchenkindergarten von „Commonweal Lodge“, im Alter von acht an die „Croydon High School for Girls“, die nur Schülerinnen mit einem (sehr hohen) Intelligenzquotienten über 120 annimmt.

1954 schließt allerdings die „London Violoncello School“, Alison Dalrymple ist zwar bereit, ihre Schülerin privat weiter zu unterrichten, stellt aber langsam fest, dass diese ihr musikalisch über den Kopf wächst. So sucht Mutter Iris einen neuen qualifizierten Lehrer für das Kind und kommt auf den renommierten Cellolehrer William Pleeth, einen Schüler des Deutschen Julius Klengel. Auch Pleeth war ein Wunderkind, stammt aus einer polnisch-jüdischen Familie, ist in diesen Tagen achtunddreißig Jahre alt und Professor für Cello und Kammermusik an der „Guildhall School of Music and Drama“. Jackie ist damals zehn, und Pleeth sagt: „Sie ist die größte Begabung für Musik und Cello, die ich bisher erlebt habe. Hinzu kommt eine unglaubliche Reife“. Schon 1956 meldet er sie bei der nach der großen portugiesischen Cellistin Guilhermina Suggia benannten Suggia-Stiftung des British Arts Council für begabte Nachwuchstalente. Vorsitzender ist dort der englische Dirigent Sir John Barbirolli, der selbst eine Karriere als Cellist hinter sich hat. „Es hat mir eine enorme Freude gemacht, eine innere Freude, zu sehen, wie dieses Kind erblühte, so, wie ich es mir gedacht hatte. Ich sage nur: Gott segne sie; und möge sie eine große Karriere haben, die schon begonnen hat, denn solche Himmelsgaben geschehen nicht jeden Tag“, sagt Barbirolli in einer TV-Dokumentation. Jacqueline gewinnt ein Stipendium von einhundertfünfundsiebzig Pfund und kann es vor der Jury der Suggia-Stiftung bis 1962 von

Jahr zu Jahr erneuern. Damit lassen sich jeweils zwei Wochenstunden bei Pleeth im Angebot der Guildhall School finanzieren.

Als Derek du Pré Ende 1958 Geschäftsführer des Verbands der Buchhalter und Wirtschaftsprüfer wird, zieht die Familie direkt nach London um. Die Büroräume sind am Portland Place, nahe dem Oxford Circus, wo man im darüber liegenden Bereich eine Dienstwohnung beziehen kann – mit einem schallisolierten Zimmer für die Kinder.

William Pleeth erzählt: „Jackie war ungefähr dreizehn Jahre alt, und ich sagte: ‚Jackie, jetzt werden wir auch an die Piatti-Capricen gehen, die das Äquivalent der Paganini-Capricen für Geiger sind, und an den Elgar. Das war an einem Mittwoch. Sie hatte mittwochs eine Stunde und eine samstags. Sie sollte die Stücke am Samstag vortragen. Am Samstag sagte ich: ‚Nun, Jackie, kannst Du sie spielen?' – ‚Ja', sagte sie, ‚ich habe nicht viel getan, ich habe fast überhaupt nichts getan.' Ich sagte: ‚Gut, lass uns einfach anfangen.' Also Jackie setzte sich. Die erste Caprice spielte sie fließend auswendig und eineinhalb Sätze aus dem Elgar fast fehlerlos gänzlich auswendig. Die Noten musste sie am Donnerstagnachmittag bekommen haben. Am Freitag hatte sie Zeit zum üben. Am Samstag um zehn war ihre Stunde." 1957 spielt sie in der Guildhall School das Cellokonzert von Lalo, begleitet vom Schulensemble unter der Leitung von Norman Del Mar – das ist ihr erster Auftritt mit Orchester. Monate später kann sie im BBC-Fernsehen mit Schwester Hilary und dem Artemis-Quartett auftreten. Anwesend ist damals auch der achtjährige Prinz Charles, der Jackies Cello ausprobieren will. Jackie hat sich das verbeten: „Lassen Sie sofort mein Cello in Ruhe. Das ist doch kein Pferd!"

Mit der Zeit hat das unaffektierte „Goldmädchen" mit dem schier unerschöpflichen Talent allerdings das Schicksal etlicher, die eine große Musikerlaufbahn anstreben – sie verliert immer mehr den Kontakt zu Gleichaltrigen. „Die anderen Kinder konnten mich nicht leiden. Ich war sehr verschlossen und furchtbar schüchtern. […] Sie wussten von meinem Cello und zogen mich damit auf", sagt sie in einem Interview des „Sunday Telegraph"; sie tanzen um sie herum und singen „Wir hassen Jackie". Halt gibt ihr Pleeth, der für sie ihr „Onkel Bill" ist; Jackie übt täglich vier Stunden. Von der Mutter wird sie morgens zur Schule gefahren, mittags wieder abgeholt, nachmittags für wenige Stunden wieder zurückgebracht, abends wieder abgeholt. Von manchen Fächern wie Handarbeiten ist sie befreit; auch von Sport, denn sie muss ihre Hände schützen. Extraunterricht erhält sie in Deutsch, was die Mutter für erforderlich hält, wenn man als Musiker eine Weltkarriere machen will. Sie ist erfreut, dass Jackie sich 1959 mit dem eineinhalb Jahre älteren Geiger Peter Thomas befreundet, mit dem sie in einer BBC-Kindersendung aufgetreten war.

Noch für ein Jahr ist Jacqueline am Queen's College eingeschrieben, dann wird sie von den Eltern ganz von der Schule genommen, wird deswegen allerdings ihre Schwester Hilary um deren guten Schulabschluss beneiden. Allerdings versichert sie: „Wenn ich mit der Musik bis nach der Schule hätte warten müssen, wäre ich zehn Jahre zu spät dran gewesen". Und Jackie tut Pleeth den Gefallen, das Spielen so ungehemmt klingen zu lassen, „wie der Gesang eines Kindermädchens, das nicht Musik studiert hat, sondern an der Wiege sitzt und dem Kind ganz frei und natürlich etwas vorsingt", so schreibt dieser in seinem Buch „Das Cello". 1960 gewinnt Jackie die von der Guildhall School für außergewöhnliche Leistungen verliehene Goldmedaille und Pleeth meldet sie zum Queen's Prize für herausragende Musiker im Alter von unter dreißig an. Dessen vierköpfige Jury unter dem Vorsitz von Yehudi Menuhin verleiht ihr einstimmig den Preis, und Menuhin lädt sie ein, mit ihm und seiner Schwester Hephzibah einige Trios zu spielen.

Nach Ansicht der Mutter soll Jackie sich allerdings auch nicht zu sehr auf Pleeth konzentrieren, und so wird sie immer wieder Unterricht bei „Hohepriestern" des Cellos nehmen. In diesem Jahr 1960 ist sie mit ihrer Tochter in Zermatt, wo diese in der Sommerakademie an einer Meisterklasse von Pablo Casals teilnimmt, zwei Jahre später bei Paul Tortelier am Conservatoire in Paris und im russischen Winter 1966 ist die Einundzwanzigjährige auf Empfehlung von Lord Harewood bei Mstislav Rostropovich in Moskau, der von der einzigen Cellistin der jüngeren Generation spricht, die seine „eigene Leistung erreichen und übertreffen" könnte. Für Jacqueline stellt sich das so dar: „Zwischendurch, da war ich fünfzehn, nahm ich an zwei Meisterklassen von Casals teil. Das war sehr interessant; aber ich war ziemlich eigensinnig mit fünfzehn Jahren und sehr stolz auf meinen Lehrer. Ich wollte nicht so einfach annehmen, was Casals mir sagte, obwohl er Casals war. [...] Ich hatte nicht so viele Engagements, fühlte mich ein bisschen verloren, bis ich nach Dartington ging, da ging es mir gut, und ich hatte auch einige Stunden bei Tortelier und ging dann nach Paris zu ihm. Später ging ich auch nach Moskau und hatte sogar ein paar Stunden bei Rostropovich. Die Aufenthalte bei beiden Cellisten waren sehr aufregend und interessant. Ich war sehr gerne in Paris und Moskau. Aber ich habe immer Pleeth als meinen eigentlichen Lehrer betrachtet, sozusagen als meinen richtigen ‚Cello-Daddy' ". Als im Kurs ein Teilnehmer einmal Casals darauf aufmerksam macht, dass sie während des Spiels extrem hin- und herschwanke, wettert Casals: „Sehen Sie nicht, dass sie aus dem Herzen spielt und die Bewegungen einfach dazugehören?" Für die Mutter ist vor allem wichtig, so große Namen in Jackies Künstler-Biografie schreiben zu können, denn jetzt ist die Tochter für sie und Pleeth wohl reif für das offizielle Debüt.

Gewiss, Jacqueline hat schon an lokalen Kinder- und Jugendkonzerten teilgenommen, hatte bereits in dem erwähnten Semesterabschlusskonzert in der Guildhall das Cellokonzert von Lalo gespielt, dann noch einmal mit dem BBC Welsh Orchestra in Cardiff und mit dem Royal Philharmonic Orchestra den letzten Satz des Haydn-Konzerts in den BBC Lime Grove Studios. Doch 1961 ist Pleeth überzeugt, die Sechzehnjährige könne ihr erstes formelles Debüt in Londons kleiner Wigmore Hall absolvieren, in der sich zuweilen Nachwuchskünstler der öffentlichen Kritik stellen. Vor fünfhundertfünfzig Zuhörern spielt sie eine Solo-Suite von Bach sowie, am Klavier begleitet von Ernest Lush, Sonaten von Händel, Brahms, Debussy und eine Cellobearbeitung der „Suite Populaire Espagnole" von de Falla. Dazu gestattet Isména Holland, eine reiche Patentante, ihr bisher gespieltes Siebenachtel-Guarneri-Cello und ein Tecchler-Cello von 1696 gegen ein Stradivari-Instrument von 1673 und ein „Davidoff" von 1712 mit seidig-sonorem Klang zu tauschen, das Instrument, mit dem ihre meisten Plattenaufnahmen entstehen werden. In der Wigmore Hall lockert sich im Verlauf des ersten Satzes von Händels g-Moll-Sonate immer mehr die A-Saite. Jacqueline entschuldigt sich bei den Zuhörern, spannt die Saite neu – und gewinnt gerade damit das Publikum. „Man merkt ihr die Liebe zu ihrem Cello an, sie wiegt es im Takt der Musik hin und her – ihre Gefühle spiegeln sich in ihren Bewegungen, in ihrem Gesicht wider, seien sie ernst, streng, stolz oder jubelnd", beobachtet die „Daily Mail". Und die „Times" notiert: „Sie ist erst sechzehn Jahre alt, und doch erscheint es beinahe anmaßend, sie als ‚vielversprechend' zu bezeichnen, denn sie beherrscht ihr Instrument mit einer Meisterschaft, die bei einer so jungen Künstlerin verblüffend ist. Das lange Programm schien sie nicht im Mindesten zu belasten." Über Nacht wird Jacqueline zum Szenegespräch; kein Wunder daher, dass sich bald die große britische Agentur Ibbs & Tillett meldet und sie unter Vertrag nimmt. Kurz darauf hat sie, nach kleineren Auftritten, das Angebot, am 21. März 1962 mit großem Ensemble in der Londoner Royal Festival Hall das späte Cellokonzert von Edward Elgar zu spielen. Die „Daily Mail" zieht das Fazit: „Zum Abschluss des Konzerts spendeten ihr der Dirigent Rudolf Schwarz und die Musiker des BBC Symphony Orchestra begeistert Beifall. Das vielköpfige, wohlwollende Publikum klatschte sie dreimal heraus." Mitte August spielt sie das Konzert erneut, diesmal unter der Leitung von Sir Malcolm Sargent bei den „Proms", den Promenaden-Konzerten in der Royal Albert Hall. Sie hat einen derartigen Erfolg, dass sie es drei Jahre in Folge in dieser Reihe wiederholen muss, ja überhaupt bis 1969 jedes Jahr zu den „Proms" zurückkehren kann. Sie wird mit dem Werk nahezu identifiziert. Fast zeitgleich entstehen auch die ersten Aufnahmen für die Schallplattenfirma EMI – Werke von Bach, Saint-Saëns, de Falla und Bruch. Im September 1962 geht es zum Edinburgh Festival mit Brahms, und auf ihrer ersten selbstständigen Reise weiter ins Ausland nach Norwegen, Paris und Berlin, wo sie das Schumann-Konzert spielt. „Du wirst einmal die Ginette Neveu des Cellos sein", sagt dort Paul Tortelier zu ihr.

1963 kann Jacqueline als begehrte, hochmusikalische Solistin von unerhörter Präsenz und Intensität durch die Welt reisen, mit ungewöhnlichem Charme und Charisma, mit Spontaneität und Fröhlichkeit, die ihr durch Barenboim den Spitznamen „Smiley" einbringen wird, allerdings auch mit diverser Kritik, das Spiel sei überzogen oder manieriert. Harald Eggebrecht konstatiert in seiner Cellisten-Monographie, es liege „von Beginn an über diesem emphatischen, manchmal durchaus übertriebenen Spiel eine namenlose Trauer". Bei aller Freude am Musizieren hat sie auf einmal einen inneren Konflikt, wie zuweilen manche „Wunderkinder", Casals etwa oder Menuhin: Im Frühjahr muss sie in einem Konzert in Corsham Court bei Vivaldis e-Moll-Sonate dreimal unterbrechen, ehe sie das Stück fehlerlos zu Ende bringen kann. Sie hat Stimmungsschwankungen, nimmt bei Pleeth keine Stunden mehr, hört dann ganz auf zu spielen, überlegt, ob sie wirklich mit Musik weitermachen soll, macht sich Vorwürfe über ihre Ungebildetheit. Sie fühlt sich unfähig, an Gesprächen mit Menschen von „Allgemeinbildung" teilzunehmen, möchte mehr über Astronomie,

Chemie, Physik wissen, sagt einmal, sie würde gerne Mathematik studieren, sehnt sich letztlich nach einem „normalen" Leben.

Auch in der Familie gibt es Veränderungen: Der Vater kündigt 1964 seine bisherige Stelle, wird Sekretär des Studentenverbands der Vereidigten Bücherrevisoren und kauft ein geräumiges Haus in Gerrards Cross/South Buckinghamshire. Zum Entsetzen der Mutter nutzt Jackie die Chance, kurz nach ihrem neunzehnten Geburtstag in eine kleine Dachwohnung der Londoner Kensington Park Road umzuziehen. Dort fühlt sie sich letztlich jedoch noch einsamer und wechselt bald mit einer Freundin, der Silberschmiedin Alison Brown, Tochter einer früheren Nachhilfelehrerin, in eine Souterrainwohnung in Ladbroke Grove, später noch in die Addison Avenue.

Erfreulicherweise lässt damit ihre Depressionsphase nach. Jetzt fühlt sie sich befreit und setzt einfach ihre Karriere wieder fort. Im April 1964 spielt sie das ständig von ihr gefragte Elgar-Konzert in der Royal Festival Hall (auch das sie begleitende Hallé Orchestra applaudiert ihr), im September wieder bei den „Proms".

Natürlich wird sie auch nicht von der Plattenindustrie übersehen. Nachdem sie mit Sir Malcolm Sargent und dem Royal Philharmonic Orchestra das Delius-Konzert aufgenommen hat, muss im August 1965 mit Sir John Barbirolli und dem London Symphony Orchestra in der Kingsway Hall dann – natürlich – auch das Elgar-Konzert folgen, die ersten beiden Sätze am Vormittag, der Rest am Nachmittag. Barbirolli erinnert sich: „Sie spielte etwa zwei bis drei Minuten, da drehte ich mich zum Konzertmeister um, und ich sagte: Das ist es! Es war eines der eindrucksvollsten Erlebnisse meines Lebens, dieses unglaubliche, natürliche Cello-Talent fliegen zu sehen. Auch wenn sie bisweilen für ihre exzentrische Spielweise kritisiert wird, ich liebe das!" Die Platte wird über Nacht ein Bestseller und Jacqueline wird mit dem Werk nahezu identifiziert. Das Konzert kann sie im Mai auch bei ihrem dreiwöchigen USA-Debüt mit dem BBC Symphony Orchestra in der New Yorker Carnegie Hall spielen. Kurz: Aus dem schüchternen, bescheidenen, talentierten Mädchen ist die große Künstlerin, das größte Cellotalent des zwanzigsten Jahrhunderts geworden. A star is born.

Nun will Jacqueline einen ständigen Klavierbegleiter für Kammermusik haben und findet zu Stephen Bishop (der sich später Bishop-Kovacevich nennt), einem amerikanischen Wunderkind, mit dem sie viel übt und meist in Provinz-Sälen auftritt. Sie spielt mit ihm Scherzo und Marcia aus der Cellosonate op.65 von Benjamin Britten. Die „Sunday Times“ schreibt einmal: „Sie haben einen gemeinsamen Nenner gefunden, und mit der Zeit wird sich auch eine gemeinsame Identität entwickeln“. Nicht nur Bishop, auch andere Männer verehren sie, wie der Pianist Richard Goode, der über zwanzig Jahre ältere Hugh Maguire vom BBC-Orchester, mit dem sie sich auf der Amerikatournee anfreundete, später der Cellist Moray Welsh und andere, die ihrem Zauber erliegen. Über Maguire und Bishop kommt sie in Beziehung zu einer Gruppe junger Musiker, mit denen es spontan gemeinsame Abende gibt, bei Essen, Schachspielen oder Gesprächen über Filme. Dazu gehört auch Zamira Menuhin, die Tochter des großen Geigers, und ihr Ehemann Fou Ts'ong, ein chinesischer Pianist. Bei diesen lernt Jackie am Weihnachtsabend 1966 „Danny“ kennen, der mit den beiden befreundet ist, einen Pianisten, der ebenfalls als „Wunderkind“ begann, der als Dreizehnjähriger in London 1956 sein Debüt gegeben hat und inzwischen durch die ganze Welt tourt, auch als Dirigent – das ist Daniel Barenboim. „Ich habe nie wieder jemanden getroffen“, sagt dieser, „für den Musik so eine natürliche Ausdrucksform war, wie für Jacqueline [...]. Sie hatte die Fähigkeit, sich Klang vorzustellen, wie ich es nie wieder bei einem anderen Musiker angetroffen habe“. Und Jackie erinnert sich: „Dieser kleine, dunkle, gelenkige Typ schoss ins Zimmer, starrte mich an und sagte: ‚Sie sehen nicht wie eine Musikerin aus!‘ Weil ich zu dieser Zeit ziemlich schüchtern und unsicher war, dachte ich: ‚O Gott, da kann ich nur eines tun.‘ Glücklicherweise hatte ich mein Cello dabei, ich packte es also aus und begann zu spielen. Er machte mit. Es war als hätten wir unser Leben lang zusammen musiziert.“ Doch es bleibt nicht nur dabei, sie gehen auch gemeinsam in Restaurants oder auf Partys. Dann ist Jackie auf einer achtwöchigen USA-Tournee, und auch weiterhin überschneiden sich ihre Terminpläne, aber bald musizieren sie doch gemeinsam, haben eine eigene Wohnung und geben im April 1967 ihre Verlobung bekannt. Jackie irritiert ihre (christlichen) Eltern, als sie erklärt, sie werde vorher zum jüdischen Glauben übertreten – weil sie viele jüdische Musiker bewundere aber auch speziell wegen Daniel und ihrer Kinder; die Eltern werden ihr diesen Schritt nie verzeihen. Doch Jacqueline soll nicht das Schicksal Josef Hassids treffen, da diese einen wichtigen Aspekt nicht übersehen: „Mit Daniel lernte ich, mit anderen Menschen zusammen zu sein“.

Das Konvertieren zum jüdischen Glauben beinhaltet mindestens ein einjähriges Studium aller jüdischen Feiertage (mit Prüfung) und dass man Hebräisch lernen muss; manche Rabbis fordern gar, dass ein Anwärter fünf Jahre in einer jüdischen Familie lebt. Doch Jackie und Danny glauben, bereits im September 1967 heiraten zu können. Allerdings rufen Ende Mai Barenboims Eltern aus Tel Aviv an, es werde Krieg im Land geben. Der israelische Staatsbürger und überzeugte Zionist Barenboim reist mit Jacqueline sofort nach Israel, um ihre Solidarität zu bekunden. Sie spielen (nicht selten unter Sirenengeheul) im ganzen Land vom Tel Aviver Mann-Auditorium bis hin zu Kibbuzim oder Militärcamps. „Wir spielten für Menschen, die entweder sehr bald in den Krieg zogen oder eben von dort zurückgekommen waren", erinnert sich Jackie. Denn tatsächlich beginnt am 5.Juni 1967 der „Sechstagekrieg" zwischen Israel und den arabischen Staaten Ägypten, Jordanien und Syrien.

Jacquelines Konversion dauert nicht einmal Wochen, sondern gerade einmal vierundzwanzig Stunden. Der damalige Premierminister David Ben Gurion hat (unter Missfallen des Oberrabbinats) eine Sonderregelung vereinbart. Am 15. Juni heiraten sie nahe der Jerusalemer Klagemauer, Trauzeuge ist Zubin Mehta; das Ereignis steht ganz im Zeichen des Jubels über den israelischen Sieg. Es gibt ein Abschiedskonzert, dann reist die Familie mit Jacquelines Cello zurück nach London, die beiden Frischvermählten fahren zu Flitterwochen im Sommersitz des Pianisten Artur Rubinstein in der Nähe des spanischen Marbella.

Von nun an sind sie oft gemeinsam in der Welt unterwegs, nicht nur zu Solo-Konzerten, auch als Kammermusik-Duo. In Israel (und nicht nur dort) werden sie nahezu zu Popstars, Cello wird zum Modeinstrument. Sie werden aber auch mit befreundeten Kollegen Trios oder größere Besetzungen aufführen. Zur Jahreswende 1969/70 zeichnet man in den EMI-Studios zum Beispiel mit Pinchas Zuckerman und Gervase de Peyer Klaviertrios oder das Klarinettentrio von Beethoven auf. Legendär ist ihre im Film festgehaltene Aufführung von Schuberts „Forellenquintett" mit dem ‚Allstar-Quintett' aus Barenboim (Klavier), Perlman (Violine), Zuckerman (Bratsche), Mehta (Kontrabass) und eben Jackie am Cello. 1968 schreibt der Komponist Alexander Goehr ein dreiundzwanzigminütiges Konzert für Jacqueline und Barenboim: „Romanza". Kompositorisch stellt sich Goehr auf Jacqueline ein, die moderne Musik nach Bartók meist nicht sehr schätzt, allerdings auch zu diesem Werk keinen rechten Zugang finden wird.

Barenboim hat kaum Probleme damit, wie ein Wirbelsturm ehrgeizig in der ganzen Welt herum zu brausen. Ihm genügen oft vier Stunden Schlaf, und er ist von Jacqueline selten mehr als zwei Tage getrennt. Diese aber benötigt – ständig müde – oft mehr als die doppelte Zeit, ist erschöpft durch den Jetlag, wirkt traurig und verstört, sieht gelegentlich Doppelbilder auf dem rechten Auge. Ärzte finden dafür verschiedenste Ursachen: ein „jugendliches Trauma" mit psychischem

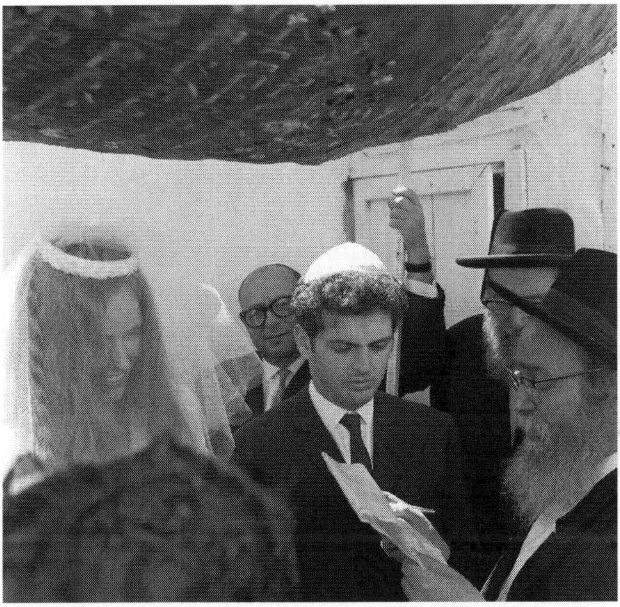

Hochzeit mit Daniel Barenboim (Jerusalem, 1967)

Stress, ihren rastlosen Beruf, eine Neurose, ihre – wie manche finden – extravagante und hysterische Spielweise; ihre gelegentliche Taubheit in den Fingern hält man für Abnutzungserscheinungen. Auch Folgen für ihre Ehe werden offenbar: „Es gibt immer so viel zu tun und so viele Menschen, mit denen wir zu tun haben müssen", klagt Jacqueline einem Journalisten, „dass ein Tag nach dem anderen vergeht, ohne dass wir uns zu einem ruhigen Gespräch zusammensetzen können". Sie wünscht sich Kinder, aber der Beruf lässt dafür keinen Raum. Immer wieder kommen gesundheitliche Einbrüche, obwohl sie äußerlich kerngesund wirkt. Im November 1970 spielt sie in Philadelphia viermal das Elgar-Konzert. Am Morgen der ersten Aufführung wird ihr ein neues Instrument überreicht, das Barenboim beim dortigen Geigenbauer Sergio Peresson in Auftrag gegeben hat. Es wird sofort ihr bevorzugtes Konzertinstrument. Damit wirkt sie anlässlich seines einhundertfünfundzwanzigjährigen Bestehens beim Galakonzert des Orchesters mit, muss aber Ende Mai 1971 Auftritte in den USA und in Israel absagen und für über ein halbes Jahr pausieren, geht fünfmal pro Woche zu einem Psychoanalytiker. Jacquelines Geschwister Hilary und Piers behaupten in ihrem Buch „A Genius in the Family" (später umbenannt in „Hilary und Jackie"), dass Jacqueline 1971 ein Jahr lang, als sie bei der Schwester am Land ist, mit ihrem Schwager, dem Dirigenten Christopher [„Kiffer"] Finzi und Schwester Hilary eine Affäre in Art einer Ménage-à-trois hat. Das wird in den Gazetten ausgeschlachtet. Man erzählt, Barenboim habe das Buch nie gelesen.

Anfang Dezember 1971, einen Monat vor ihrem siebenundzwanzigsten Geburtstag, fühlt Jackie sich wieder so gut, dass sie mit Barenboim Chopins Cellosonate op. 65 und eine Transkription von Francks A-Dur-Violinsonate erarbeiten kann. Man spielt sie im Londoner EMI-Studio ein; Jacqueline will sogar noch mit den (öfter verschobenen) Aufnahmeterminen von Beethovens Cellosonaten beginnen. Doch nach dem ersten Satz von op. 5,1 ist die Cellistin zu schwach, um weiterzuspielen. Es wird ihr letzter Aufenthalt in einem Aufnahmestudio sein …

Nun pausiert sie für längere Zeit, soll aber dann in New York mit Barenboim Sonaten von Chopin, Brahms und Debussy spielen. Die „Times" konstatiert allerdings „kratzende Töne", „wimmernde Lagenwechsel". Man will sie sogar wegen „nervöser Erschöpfung" in eine Nervenklinik einliefern, und sie sagt zunächst alle Konzerttermine ab. Im Februar 1973 ist unter der Leitung von Leonard Bernstein und mit Geiger Pinchas Zuckerman das Brahms Doppelkonzert angesetzt. Sie stellt schon in der Probe fest, dass sie ihren Cellokoffer nicht allein öffnen, das Gewicht des Bogens nicht richtig einschätzen kann und spürt ihre Finger nicht mehr, muss ihren Fingersatz mit den Augen kontrollieren. Sie will die Aufführung absagen, aber Bernstein überredet sie, weiterzumachen. Das Ganze endet in einer Katastrophe. – Im Oktober 1973 kommt im Lindo-Flügel der St.-Mary's-Klinik in der Londoner City of Westminster die schwierige, nun aber verbindliche

Diagnose ihres Leidens: Multiple Sklerose, eine chronische Entzündung, die das Nervensystem angreift.

Jacqueline ist jetzt achtundzwanzig Jahre alt, und es beginnt ein wichtiger zweiter Teil ihrer Biografie. Immer wieder gibt es die für ihre Krankheit typischen akuten „Schübe“ zwischen Phasen einer Besserung: „Mein Mann war viel weg, und ich hatte mich in allem auf ihn verlassen. Dann kam eine Zeit, in der ich mich überhaupt nicht bewegen konnte, ich starrte nur noch an die Decke und überließ mich der Verzweiflung“, sagt Jacqueline. Verzweiflung, weil immer klarer wird, dass ihre musikalische Karriere zu Ende ist. Einsamkeit stellt sich ein, Hunger nach Liebe. Barenboim sagt Termine ab, ist aber – wie du Prés Biografin Carol Easton schreibt – „von seinem Wesen her nicht gerade der geborene Krankenpfleger“. Er findet eine Haushälterin, später wird zusätzlich noch eine Krankenschwester erforderlich.

Auf Drängen ihres Neurologen absolviert Jacqueline im Mai 1975 im New Yorker Rockefeller Institute eine experimentelle Therapie. Nach drei Wochen ist klar, dass sie (unheilbar) nie wieder wird gehen können und im Rollstuhl sitzen muss. Sie hat eine Beschäftigungstherapie, bei der man Löcher in Ledergürtel stanzt. Daniel Barenboim kann und will nicht seine ja gerade aufstrebende Karriere abbrechen und ist zunehmend von zu Hause abwesend. Er übernimmt 1975 von Leonard Bernstein den Chefdirigentenposten des Orchestre de Paris mit fünfzig Konzerten im Jahr und zieht in die französische Hauptstadt. In der russischen Pianistin Jelena Baschkirowa, der früheren Frau des Geigers Gidon Kremer, findet er eine neue Lebenspartnerin, mit der er noch zu du Prés Lebzeiten zwei Söhne bekommt, während Jacqueline – oft depressiv und mit Zukunftsängsten – weiter in London lebt.

1976 wird ihr vom britischen Prinz Philip der „Order oft the British Empire“ [OBE] verliehen, ein Ritterorden für Verdienste in den Bereichen von Kunst und Wissenschaft. Von 1977 bis 1980 gibt sie noch Unterricht an der Celloschule von Aldeburgh, der Dartington Summer School, in der Guildhall School Londons und Meisterkurse bei verschiedenen Festivals. Sie erscheint auch anderweitig immer wieder einmal in der Öffentlichkeit, besucht Konzerte von Barenboim, spielt in der Royal Albert Hall sogar selbst in einer Aufführung von Leopold Mozarts „Kindersinfonie“ unter Rafael Kubelík die Kleine Trommel, spricht den Text von Prokofjews „Peter und der Wolf“ oder zu Saint-Saëns' „Karneval der Tiere". Doch ihr körperlicher Verfall ist nicht zu übersehen. Durch Cortison-Spritzen, die sie alle zwei Tage erhält, wirkt sie aufgedunsen, sie hat Wutausbrüche, Sehstörungen und Zitterbewegungen des Kopfes, bald fällt ihr auch das Sprechen immer schwerer, und sie kann nur noch im Bett liegen, muss gefüttert werden, das Kurzzeitgedächtnis lässt nach. 1986 überlebt sie zur Verblüffung ihrer Ärzte eine Pneumonie. Am 19.Oktober 1987 erkrankt Jacqueline an einer Lungenentzündung und verliert gegen Mittag das Bewusstsein. Gleichwohl erscheinen zahlreiche Besucher bei ihr – die Herzogin von Kent, ein Rabbi, Musiker, Freunde. Anthony Pleeth, der Sohn ihres Lehrers, kommt und lässt ihre Aufnahme von Schumanns Cello-Konzert mit Barenboim spielen. Darüber stirbt Jacqueline de Pré abends um halb neun im Alter von zweiundvierzig Jahren. Ein Jahr später heiratet Barenboim Jelena Baschkirowa.

Einem Schüler sagte Jacqueline einmal über ihre Krankheit: „Ich war bei Ärzten auf der ganzen Welt, und keiner kann sie heilen. Sie zerstört eine Person vollkommen – der Tod ist die einzige Lösung, der einzige Ausweg." Im Jahr 2021 behauptet die Schauspielerin Miriam Margolyes, die selbst ihre Karriere unterbrach, um die kranke Mutter zu pflegen, ihre 1997 verstorbene Londoner Therapeutin Margaret Branch habe gestanden, du Pré sei durch eine Giftspritze bei einem assistierten Selbstmord gestorben. Daniel Barenboim, nennt die Behauptung „nicht überprüfbar" und sagt, sie habe „absolut nichts mit der Realität von Jackies Tod zu tun" …

DENNIS BRAIN

(1921–1957)

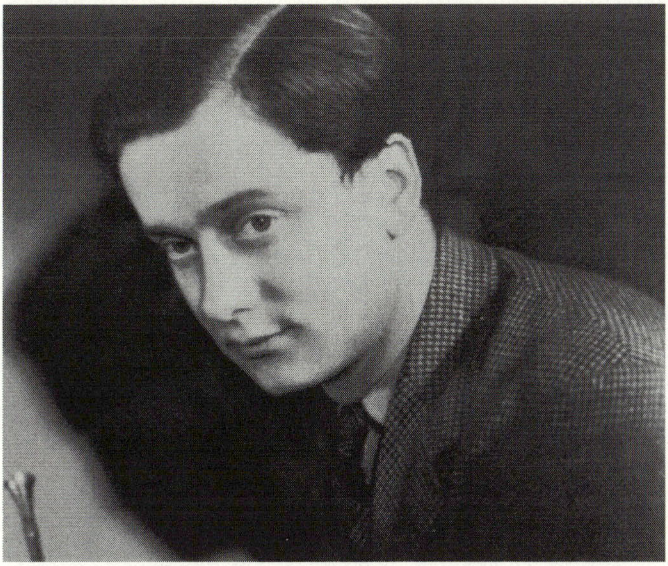

In Zeitschriften oder Lexika kann man oft lesen, Dennis Brain habe das Waldhorn als Soloinstrument bekannt gemacht. Das ist so gewiss nicht richtig, nicht einmal mit der Schallplatte. Schon 1924, als Dennis noch ein kleiner Junge war, hat sein Vater Aubrey Aufnahmen als Orchesterhornist unter Albert Coates und Edward Elgar eingespielt aber auch unter Joseph Batten als Erster ein Hornkonzert von Mozart (das zweite, Es-Dur, KV 417), dann noch Kammermusikwerke wie ein Brahms-Trio, ein Mozart-Quintett oder Schubert-Oktett.

Dennis stammt nämlich aus einer ganzen Dynastie von Hornisten. Alfred Edwin Brain (1860–1929) ist sein Großvater. Der musizierte in verschiedenen Orchestern – im Londoner Queen's Hall Orchestra, im Covent Garden Opernhaus und war Gründungsmitglied des London Symphony Orchestra. Sein Sohn Alfred [Alf] (1885–1966) spielte im Scottish Orchestra in Glasgow, ebenfalls unter Henry Wood im

Queen's Hall Orchestra und im London Symphony Orchestra, ehe er sich von seiner Frau trennte, 1922 mit seiner Tochter in die USA auswanderte und Solohornist im Los Angeles Philharmonic Orchestra wurde. Dessen Bruder Aubrey Harold (1893–1955) wurde Solohornist des New Symphony Orchestra und war dabei, als 1912 das London Symphony Orchestra unter Arthur Nikisch auf die legendäre USA-Tournee ging, wo es dem „Titanic"-Unglück haarscharf entkommen konnte. Dame Ethel Smyth schrieb ihr Konzert für Violine, Horn und Orchester für Aubrey, und er hat es mit Jelly d'Arányi uraufgeführt. Dann spielte er im Orchester des Londoner Covent Garden Opernhauses, im BBC Symphony Orchestra und unterrichtete ein Vierteljahrhundert lang auch an der Royal Academy of Music. Er heiratete Marion Beeley (1887–1954), eine Altistin, die bis in die späten zwanziger Jahre an der Royal Opera Covent Garden unter anderem in Wagners „Ring" sang, und für die Edward Elgar die Huldigungsarie „Hail, Immemorial Ind!" aus seiner Oper „The Crown of India" schrieb. Mit ihr hatte Aubrey zwei Söhne, Leonard (*1915) – und eben Dennis.

Dennis ist am 17. Mai 1921 in Londons Stadtteil Hammersmith geboren und zeigt, wen wundert's, schon mit drei Jahren Interesse am Waldhorn, beobachtet den Vater immer beim Spielen; der ist damals dritter Hornist im London Symphony Orchestra. Doch er hält ihn eher fern, will abwarten, bis Gesichtsmuskeln, Lippen und ein festes Gebiss entwickelt sind. So lässt Mutter Marion Dennis Klavier spielen, will ihn aber nicht – weise genug (wie er sagt) – selbst unterrichten, sondern zunächst zu einem guten Klavierlehrer in der Nähe gehen, bei dem er schnell Fortschritte macht. Damit er nicht das Interesse am Horn verliert – was der Vater dann auch wieder nicht will –, darf Dennis aber jeden Samstagmorgen ein paar Töne erlernen, und ab etwa 1930 nimmt Aubrey ihn regelmäßig zu seinen Proben mit, wo das Söhnchen viele bedeutende Dirigenten kennenlernen kann.

Als Dennis sieben Jahre alt ist, besucht er die Richmond Hill Preparatory School, bei der er zweifellos Horn im Schulorchester spielt, und er geht anschließend in die St. Paul's Jungenschule an der Themse, die sehr auf Musik ausgerichtet ist. Ihr Direktor gibt ihm weiteren Klavierunterricht, und er spielt bei einem Schulkonzert einmal Beethovens Klaviersonate No. 10 G-Dur, gehört auch zum Schulchor.

Nach drei Jahren, 1936 also, verlässt Dennis die Schule und studiert nun endlich Horn bei seinem Vater, der auch Professor an der Royal Academy of Music ist, sowie Klavier bei Max Pirani, wechselt aber im September 1938 zum Orgelfach bei G.D. Cunningham und zur Harmonielehre bei Montague Phillips. Zunächst spielt er ein französisches F-Naturhorn von 1818 der Pariser Firma Raoux, wechselt später, 1950, bei einem Deutschlandaufenthalt aber von dem weichen Ton zur breiten, kraftvolleren Klangfülle des B-Horns der Mainzer Rheinischen Musikinstrumentenfabrik Gebrüder Alexander, wird aber immer wieder auch mit anderen Instrumenten experimentieren. Im übrigen geht er recht sorglos mit seinen Instrumenten um, immer wieder sind sie beschädigt, haben Dellen, weil er sie hat fallen lassen.

Als am 21. Mai 1937 König George VI. gekrönt wird, spielt das Hauptorchester der Akademie, vertreten durch die Professoren, ein spezielles „Coronation Concert" in der Queen's Hall. Die Horn-Sektion ist dabei durch Aubrey und Dennis Brain vertreten. Der spielt im selben Jahr aber auch Erstes Horn im Ernest Read Symphony Orchestra, dessen Leiter das Musizieren von jungen Leuten unterstützt, und bei dem Dennis auch Dirigierunterricht nimmt. Das professionelle Debüt mit seinem Instrument hat er allerdings, als er am 6. Oktober 1938 mit seinem Vater in Londons Queen's Hall in Bachs Brandenburgischem Konzert No.1 spielt – immerhin in einer Bach-Serie der eben gegründeten „Busch Chamber Players" unter der Leitung von Adolf Busch. Er kann für einen ausgefallenen Zweiten Hornisten einspringen; Erste Oboe spielt dabei übrigens Evelyn Rothwell, die spätere Dirigentengattin Lady Barbirolli. Im „Daily Telegraph" liest man: „Der Sohn sekundierte dem Vater mit einer Geschmeidigkeit und Sicherheit, die seines Namens würdig sind." Doch das bleibt kein singuläres Ereignis, schon einen Monat später steht Dennis mit seinem älteren Bruder – der zunächst Chemie studierte, jetzt aber Oboe und Englischhorn spielt – für Mozarts Hornquintett KV 407 und das Oboenquintett KV 370 auf der Bühne, und man macht Einspielungen bei der BBC, etwa Mozarts Divertimento KV 334, das dann Vater und Sohn auch für „Columbia" auf Platte aufnehmen. Produzent Walter Legge erinnert sich: „Aus einem Studio, das ich für leer hielt, kam die denkbar unverschämteste Form des Till-Eulenspiegel-Themas. Im Studio fand ich einen Schuljungen mit einem Engelsgesicht vor, der allein dastand und ein Horn in der Hand hielt. Unfähig, zu glauben, was ich hörte und sah, fragte ich ihn: «Hast du das gespielt? » Er errötete und sagte: «Ja. Aubrey Brain ist mein Vater.»" Auch der erwachsene aber schüchterne Brain wird lebenslang weit jünger geschätzt als er ist.

Im Juni 1939 geben die kombinierten Orchester der Royal Academy und des Royal College of Music noch ein Händel-Festival-Konzert unter Sir Henry Wood, doch dann kommt ein wichtiger Einschnitt im Leben von Dennis Brain: Es beginnt der Zweite Weltkrieg. Als in einer Panikmaßnahme wegen zu erwartender Luftangriffe umgehend alle Theater- und Konzertsäle geschlossen werden und man das BBC Symphony Orchestra nach Bristol evakuiert, brechen die Brüder Dennis und Leonard zusammen mit einigen Freunden ihr letztes Studienjahr an der Royal Academy ab. Sie wollen vermeiden, in den Kriegsdienst eingezogen zu werden. Dennis erhält noch eine Silbermedaille für Harmonielehre, Bronzemedaillen in Komposition und Orgel sowie Zertifikate in Horn- und Gehörbildung. Am 26.September 1939 treten die Geschwister der Royal Air Force (RAF) bei, wo sie bis Sommer 1944 in die RAF Central Band nach Uxbridge in Londons Nordwesten kommen und dort für dreieinhalb Jahre zusammen ein Ein-Zimmer-Appartement bewohnen. Da sie sich auf sieben Jahre zu verpflichten hatten, landen sie dann im RAF Symphony Orchestra, das Geschwaderkommandant Rudolph O'Donnell mit Genehmigung des Luftfahrtministeriums geschaffen hat. Mit ihm kann Dennis etwa als Solist Mozarts viertes Hornkonzert aufführen. Jetzt in Militäruniform erhält er den Spitznamen „Dubbie", um ihn vom dort auch eingezogenen Denis (mit einem n) Matthews zu unterscheiden, dem Pianisten und Musikologen. Jetzt ist Dennis Solohornist, zweiter Hornist ist Norman del Mar, der sein bester Freund und später als Dirigent und Musikschriftsteller bekannt wird. Man kann, wenn man nicht für offizielle Aufgaben benötigt wird, hier nebenbei auch externe Jobs annehmen. Und das nutzt Dennis weidlich aus: Er spielt Erstes Horn im 1941 von Karl Haas gegründeten London Baroque Ensemble oder bei den im Jahr darauf entstandenen London Wind Players von Harry Blech, mit denen man auch für DECCA Einspielungen macht. Dennis hat sechsundzwanzig Soloauftritte in den mittäglichen National Gallery-Konzerten von Myra Hess, spielt einundzwanzigjährig ab Oktober 1942 Erstes Horn in einem „New London Orchestra" von Alec Sherman mit vierundzwanzig Konzerten in der Royal Albert Hall; er macht Sendungen für Militärsender und spielt im BBC Symphony Orchestra unter Sir Adrian Boult. Einmal absolviert er ein Probespiel beim Scottish Orchestra und der Dirigent – es ist George Szell – sagt zu ihm: „Kommen Sie wieder, wenn Sie einige Erfahrungen gemacht haben“. Dennis spielt in einem „Orchestre Raymonde“ unter George Walter (ein Pseudonym von Walter Goehr) leichte Klassik von Schubert bis Johann Strauß, liebt sogar Jazz und lässt keine Gelegenheit aus, sich auch in diesem Genre zu versuchen.

Die RAF ermöglicht, dass Leonard und Dennis für das Frühjahrs- und Sommersemester 1940 zum Studium zurückkehren können. Die Royal Academy, die Mangel an Studenten hat, bezahlt nicht nur ihre Fahrkosten von und nach Uxbridge, sondern versorgt sie sogar mit Mittagessen. Am Weihnachtstag 1940 stürzt Vater Aubrey während eines Stromausfalls an der vereisten Promenade von Bristol, wo ja noch immer das BBC Symphony Orchestra stationiert ist, und bricht sich den rechten Oberschenkelhals. Er spielt zwar weiterhin, oft mit Schmerzen, wird sich aber mit Kriegsende als Solist zurückziehen, und Dennis kann einen Teil seiner Verpflichtungen übernehmen. Im September 1955 wird der Vater übrigens erneut schwer stürzen, einen Herzinfarkt erleiden und wenige Tage später sterben.

Sendungen mit dem Titel „An American in England“ werden produziert, für die der aus dem amerikanischen Exil zurückgekehrte Benjamin Britten komponiert. Und der ist von Dennis‘ Spiel, bei dem alles immer ganz einfach und mühelos klingt, so angetan, dass er sich 1943 von ihm überreden lässt, für ihn und Brittens Lebensgefährten, den Tenor Peter Pears, seine Serenade für Tenor, Horn und Streicher, op. 31 zu komponieren. Das wird ein Liederzyklus auf Texte von englischen Dichtern und wohl das bedeutendste Horn-Solostück des zwanzigsten Jahrhunderts. Brain steht andererseits Britten bei der Kompositionsarbeit zur Seite: „Er war immer sehr vorsichtig, wenn er irgendwelche Änderungen anriet. Passagen, die selbst für seine erstaunlichen Gaben unmöglich schienen, wurden immer wieder geübt, bevor Änderungen vorgeschlagen wurden, so groß war sein Respekt vor den Ideen eines Komponisten.“ Im Oktober 1943 sind Brain und Pears die Solisten bei der Uraufführung in der Wigmore Hall, spielen das Werk im Folgejahr auch für DECCA auf Platte ein.

1944 tourt das RAF-Orchester mit einhundertvier Musikern sogar durch die USA. Natürlich sind die Brain-Brüder auch dabei und können in Los Angeles Onkel Alf auf der von ihm betriebenen Hühnerfarm besuchen. Die Goodwill-Tournee der RAF-Band legt den Grundstein für Dennis' amerikanischen Ruf und bringt ihm – anders als damals von George Szell – spontan ein Angebot von Leopold Stokowski ein, als sein Erstes Horn nach Philadelphia zu kommen, „wenn der Krieg vorbei ist". So spielt man im August 1945 während der Potsdamer Konferenz und im selben Jahr für DECCA Bachs Brandenburgische Konzerte. Obwohl aus Vertragsgründen die Spieler namentlich nicht erwähnt werden dürfen, weiß man, dass Brain und Del Mar im ersten Konzert Erstes und Zweites Horn spielen.

Die musikalische Inspiration Brains geht übrigens weit über Brittens Werke hinaus: Zahlreiche andere Komponisten schreiben angeregt von ihm für sein Instrument – Paul Hindemith, Malcolm Arnold, Elisabeth Lutyens und Gordon Jacob (Hornkonzerte), Lennox Berkeley (Horntrio), Humphrey Searle (Aubade für Horn und Streicher), Ernest Tomlinson (Rhapsody für Horn und Orchester) oder Mátyás Seiber (Notturno für Horn und Streicher).

Brain ist mittlerweile ein gesuchter Hornist auch für Kammermusik. Noch während der RAF-Zeit gründet er mit seinem Bruder ein „Brain Quintet", das er später zum „Dennis Brain Wind Ensemble" erweitert. Mit dem Pianisten Wilfrid Parry und Geiger Jean Pougnet gründet er auch ein Trio, das sogar auf Tournee gehen kann. In Schuberts Lied „Auf dem Strom" spielt Dennis Brain, begleitet von Noel Mewton-Wood, die Horn-Passage.

Das Kriegsende bringt für Brain weitreichende Neuerungen. Im Sommer 1944 hatte der schüchterne Dennis an der Royal Academy Yvonne Coles, eine junge, attraktive aber nicht weniger schüchterne Klavierstudentin kennengelernt. Sie werden am 8.September 1945 heiraten und in einen Bungalow mit großem Garten in Hayes ziehen. Und auch beruflich gibt es Veränderungen. Da hat der EMI-Produzent Walter Legge den Plan, ein „erstklassiges Orchester für Oper, Konzerte und Aufnahmen zu formen", das er „Philharmonia Orchestra" nennt, und das am 25.Oktober 1945 ein erstes Konzert absolviert. Über sechzig Prozent der Musiker sind offiziell noch Militärangehörige. Gar keine Frage, dass er Dennis Brain (der ja erst im September des nächsten Jahres aus der Armee entlassen werden kann) als Ersten Hornisten verpflichtet, Bestandteil seines „Royal Flush" der Bläsersolisten. Legge erinnert sich in einem Artikel der Zeitschrift „Gramophone": „Technische Probleme gab es für ihn nicht. [...] Er beherrschte über den gesamten Tonumfang seines Instruments die Intonation, das Legato, das Staccato, die Dynamik und vor allem die Ausdruckskraft, die kein anderer Hornist erreicht hat. [...] Sein Klang war Balsam für die Ohren, den Verstand und die Seele. In all den 20 Jahren, in denen ich ihn kannte, hat sich sein Charakter nicht wesentlich verändert". „Trainer" des Orchesters – wie der englische Kritiker Peter Heyworth einmal formuliert – wird Herbert von Karajan, und Otto Klemperer kann auf dem von ihm „geschmiedeten Instrument" spielen. Allerdings will Sir Thomas Beecham aus dem – wie er sagt – „erstaunlichen Embryo" Legges ein „königliches" Ensemble gründen, ein „*Royal* Philharmonic Orchestra". Legge hat eigene Ambitionen und denkt nicht daran, Beecham sein Lieblingskind zu überlassen. Man ventiliert noch dessen Vorschlag, dasselbe Ensemble bei Legge Philharmonia, bei Beecham dann eben Royal Philharmonic zu nennen, doch das will wiederum Beecham nicht, und so entsteht ein zweiter eigenständiger Klangkörper, der am 15. September 1946 sein Gründungskonzert hat. Auch da sitzt Brain (er ist ja immerhin erst fünfundzwanzig Jahre alt) als Erster Hornist, ist er doch einer von Beechams Lieblingsmusikern, den er, abgeleitet vom Hornruf des Helden in Wagners Oper, „Siegfried des Horns" nennt. Obwohl Dennis sein Philharmonia-Engagement fortsetzt, gelingt ihm, durch sehr geschickte Terminplanung, für einige Jahre in beiden Orchestern eine stetige Solo- und Orchestertätigkeit aufrechtzuerhalten. Als er 1948 doch zugeben muss, für ein Konzert von Strauss' „Heldenleben" nicht zur Verfügung stehen können, sagt Beecham zu den Musikern: „Bitte sagen Sie Mr. Brain, dass er sich entweder für unser Konzert frei macht oder nie wieder mit dem Orchester spielen wird." Brain pausiert daraufhin tatsächlich ein Jahr bei Beecham, geht mit dem RPO aber 1950 doch mit auf USA-Tournee. Yvonne begleitet ihn, und Dennis gibt in freien Tagen gleichzeitig Solokonzerte im Land. Doch je gefragter er ist, umso häufiger gibt es ein Gerangel um die Dienste in beiden Ensembles – die Konsequenz ist, dass Brain das Royal Philharmonic Orchestra im Dezember 1956 dann endgültig verlässt.

Dass er gerne weiterhin zum Philharmonia Orchestra gehört, liegt zumindest auch daran, dass er dort unter den ganz Großen seiner Zeit arbeiten kann – unter Furtwängler etwa (der sogar eine Gesamtaufnahme von Wagners „Tristan" einspielt) oder Toscanini (in dem erwähnten von Cantelli vermittelten Brahms-Zyklus). 1948 debütiert dort Herbert von Karajan. Er spielt Beethoven-Sinfonien oder Tschaikowskys Fünfte mit ihm, Sibelius' Vierte und Fünfte und dessen „Finlandia", Brahms' Erste oder die Hamilton-Harty-Fassung von Händels „Wassermusik". Doch an Karajan ist Brain eine ganz außermusikalische Eigenschaft vielleicht nicht weniger wichtig. Man weiß, dass er noch mehr als für Cricket für Autos übrighat. Zuweilen kann man auf Brains Notenpult das Automagazin „Autocar" stehen sehen. Und er wie Karajan kennen die technischen Daten, die angepriesenen und tatsächlichen Leistungen, strukturellen Details, die Vor- und Nachteile jedes schnellen Autos auswendig und werden nicht müde, darüber zu diskutieren. Als Karajan Dennis später sagt, er könne auf Autos zugunsten des Fliegens verzichten, blickt Dennis ihn gekränkt an, lächelt und sagt: „Ja, aber Sie brauchen ein Auto, um zum Flugplatz und von ihm zurück zu gelangen." Eine seiner glücklichsten Stunden ist, als Karajan ihn in Luzern seinen Mercedes 300SL fahren lässt; dafür bringt er übrigens dem Dirigenten das Alphornblasen bei. Brain ist ein begeisterter und immens begabter Sportwagen-Fahrer; sein erstes Auto ist ein CPJ 815, ein offener zweisitziger Morris 8, den er mit seinem Bruder für die Fahrten von Uxbridge nach London teilt. Dann folgt ein Austin 7 und ein Rolls-Bentley, auch ein sehr seltener 1939er Zwölfzylinder Lagonda (den er aber bald zu Schrott fährt), ein 1938er Sechszylinder Citroën, mit dem er im ersten Jahr 32.000 Meilen unterwegs ist, zuletzt ein grüner Triumph TR2, ein britischer Roadster.

Nach einem Konzert in der Mailänder Scala warten einmal Brain und der Erste Flötist Gareth Morris im Winter 1951 geduldig auf Walter Legge und die damals noch nicht mit ihm verheiratete Elisabeth Schwarzkopf. Diese hatte aus zweiter Hand einen großen, bulligen US-Hudson gekauft [„Atlantic Liner"]. Da sie zusammen über den Gotthard-Pass nach Zürich fahren wollen, hat man Brain erlaubt zu fahren. Sie übersehen die witterungsbedingten Warnungsschilder „Pass für den Verkehr gesperrt"; „doch Dennis Brain, mit seinem unerreichten Geschick am Lenkrad, fuhr, glitt und schlitterte in unserem großen alten Hudson durch tiefen Schnee und über spiegelndes Glatteis." Brain schafft die Fahrt über den Pass.

Im Mai 1952 geht Karajan mit dem Philharmonia Orchestra auf eine dreiwöchige Europa-Tournee, die in Paris beginnt und (wohl auch um sich als Furtwängler-Nachfolger ins Gespräch zu bringen) am 30. des Monats nach sechzehn Konzerten in Berlin endet. Unter seiner

Leitung nimmt Dennis (auch im Studio auswendig spielend) als Solist im November 1953 Mozarts Hornkonzerte No. 1 bis 4 auf, die noch heute begehrte Referenzaufnahmen sind. 1954 übernimmt er – da er gelegentlich auch öffentlich Orgel spielt – in Karajans Einspielung des Intermezzos aus Pietro Mascagnis „Cavalleria Rusticana“ sogar den Orgelpart. Der Dirigent bewundert seine ungeheure Musikalität, Genauigkeit und Leichtigkeit. Er ist auf eine Weise von Natur aus musikalisch, die sich jeder Beschreibung oder Analyse entzieht. Als Brain einmal bei einer Aufnahme einen schlechten Ton produziert, entschlüpft Karajan ein „Gott sei Dank!“ – er ist bei aller Perfektion doch ein Mensch geblieben …

Mittlerweile wird Brain immer populärer. Nicht nur, weil er auf den verschiedensten Festivals auftritt, von Venedig bis Luzern, Edinburgh bis Aix-en-Provence, man spielt 1953 seine Mozart-Aufnahmen auch den Sherpas während der Mt. Everest-Bezwingung vor, während er fast zeitgleich in der Westminster Abbey bei der Krönung von Königin Elizabeth II. spielt. Zwei Jahre später macht er auch eine Rundfunksendung (Lecture-Recital) namens „The Early Horn“. Er schreibt Artikel für Zeitschriften wie „French Horn Playing“ (1954) oder „About the French Horn“ (1957). Als das Philharmonia Orchestra nach einer Probenwoche und zwei Konzerten in London im Herbst 1955 mit Karajan eine Tournee durch die USA macht, spricht – obwohl er nicht etwa in einem Solokonzert auftritt – zum Beispiel die „Chicago Tribune“ vom „himmlischen Hornisten“ oder der „Philadelphia Inquirer“ vom „unvergleichlich zuverlässigen Dennis Brain“, und der wird auch noch in der „Today Show“ des NBC-Fernsehens auftreten.

Im November 1956 ist Brain, dem ein guter Sinn für Humor eigen ist, im legendären, komischen ersten Festival Gerard Hoffnungs in der Londoner Royal Festival Hall vor über dreitausend Zuhörern als Organist in Malcolm Arnolds „Grand Grand Ouverture“ zu hören, dann als Solist in Leopold Mozarts Konzert für Alphorn und Streicher – gespielt allerdings nicht auf einem Alphorn, sondern auf einem von ihm zugeschnittenen Gartenschlauch … – Nach dem Konzert schickt er seinen Scheck an Hoffnung zurück: „Meine Frau und ich haben das Konzert sehr genossen und freuen uns auf das nächste.“

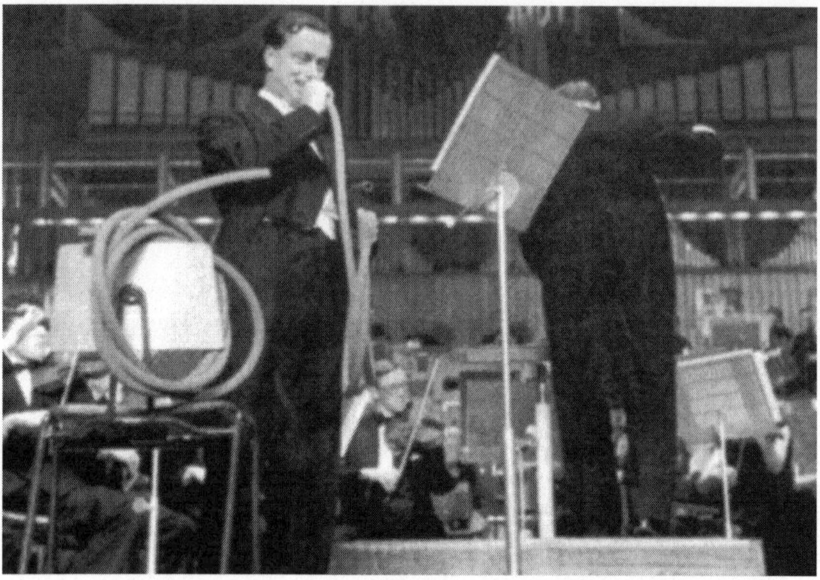

November 1956: Dennis Brain spielt im Hoffnung Festival auf einem Gartenschlauch Leopold Mozarts Alphornkonzert

Jetzt ist Brain ein weltweit gefragter Musiker mit vollem Terminkalender aber auch immer stärker „Sklave seines Genies", wie es einmal ein Journalist formuliert. 1956 absolviert er nicht nur eine Skandinavien-Tournee, er dirigiert gar ein eigenes, mit allen guten Freunden besetztes Kammerorchester. „Er ärgert sich über das begrenzte Repertoire an Werken, die er selbst spielen kann. Da er kein technischer Virtuose mit dem Taktstock war, dirigierte er seine Spieler in einem Programm, das weitgehend Mozart gewidmet war, mit klaren, schnörkellosen Gesten und wurde mit einem Spiel ähnlicher Art belohnt", kann man im „Daily Telegraph" lesen. Das bedeutet aber auch, dass er sich immer stärker selbst überfordert.

1957 spielt das Philharmonia Orchestra in den letzten Augusttagen drei Konzerte beim Edinburgh Festival in der berühmten Usher Hall. Das letzte enthält Tschaikowskys „Pathétique". Kollegen fällt auf, dass Brain in der Probe sehr erschöpft wirkt, er schläft in einer Pause sogar ein und Dirigent Eugene Ormandy sagt ihm, er solle sich doch mehr schonen. Also hat er vor, anschließend ab Sonntag einige Zeit daheim in London zu verbringen und dann am Freitag, 6. September, wieder zu kommen, um im Festival unter Ormandys Leitung Strauss' zweites

Hornkonzert zu spielen. In der BBC-Sendereihe „Desert Island Disc“ erwähnt Brain einmal, dass die Rückfahrt von einem Engagement „mit dem Auto normalerweise schneller und praktischer als mit öffentlichen Verkehrsmitteln“ sei. An diesem Abend sagt er einem Kollegen – ganz ungewöhnlich für ihn –, er freue sich nicht auf die Heimfahrt, habe aber Kaffee und Sandwiches dabei. Zu Hause in Hampstead warten seine Frau Yvonne und die Kinder Sally und Tony auf ein zeitiges Sonntagsfrühstück mit ihm. Am Montag hat er ja in London eine Aufnahmesession mit Wolfgang Sawallisch zu Richard Strauss' „Capriccio“. Doch nach etwa 380 Meilen kommt sein Triumph TR2 gegen sechs Uhr morgens in der Nähe der Flugzeugfabrik de Havilland in Hatfield nördlich von London bei starkem Regen und schlechter Sicht von der Straße ab. Die Lichter des Wagens flackern, er überschlägt sich und prallt gegen eine Ulme, wird zu einem kompletten Wrack. Sind Probleme mit der Elektrik die Ursache, eine überhöhte Geschwindigkeit, der Schlafmangel des Fahrers, die schlechte Sicht? Alles zusammen? Es wird keine endgültige Klärung geben. Dennis Brain stirbt siebzehn Meilen von zu Hause entfernt sechsunddreißigjährig in den frühen Morgenstunden des 1.September 1957.

Am geplanten Edinburgher Konzerttag mit Ormandy – es ist gleichzeitig der Freitag von Brains Bestattung – stehen zweieinhalbtausend Menschen schweigend in der Usher Hall. Der Dirigent mit gesenktem Kopf. Vorher in einer Pressekonferenz hat er gesagt: „Wir zollen einem sehr großen Künstler und einem sehr großen Engländer unseren Respekt, dessen Verlust nicht nur in diesem Land, sondern in der ganzen Welt spürbar sein wird. Als Solist hatte Dennis nicht seinesgleichen“. Brains Horn, das zunächst am Rücksitz des zertrümmerten Wagens lag, findet man übrigens unweit von ihm stark beschädigt im Gras liegen. Seit 2002 steht es – inzwischen restauriert – hinter Glas in der Londoner Royal Academy of Music.

Eine Nichte von Dennis Brain namens Tina lebt in Australien. Sie hat elf Jahre lang im Hongkong Philharmonic, dann im Sydney Symphony Orchestra gespielt, in der Stadt, in der sie heute an Schulen ihr Instrument unterrichtet. Es ist – in der vierten Generation – das Horn.

Wen die Götter lieben …

„Quem dei diligunt, adulescens moritur“, schrieb der römische Komödiendichter Titus Macchius Plautus – „Wen die Götter lieben, der stirbt jung“. Aber haben „die Götter“ wohl wirklich Fritz Wunderlich mehr geliebt als Dietrich Fischer-Dieskau, Guido Cantelli mehr als Arturo Toscanini? Sind das nicht unnütze Fragen, da wir die Antworten nicht kennen (können)?. Und wäre dann der schon alttestamentarische Ruf „Lang lebe der König“ vielleicht gar ein antimonarchischer Fluch?

Nicht nur unter den Interpreten, auch unter den Komponisten klassischer Musik gibt es zahlreiche jung Verstorbene – von Mozart oder Schubert bis hin zu Lili Boulanger, Rudi Stephan oder Hans Rott, von dem Gustav Mahler schreibt: „Was die Musik an ihm verloren hat, ist gar nicht zu ermessen: zu solchem Fluge erhebt sich sein Genius schon in dieser Ersten Symphonie, die er als zwanzigjähriger Jüngling schrieb und die ihn – es ist nicht zu viel gesagt – zum Begründer der neuen Symphonie macht, wie ich sie verstehe“. Rott stirbt mit fünfundzwanzig Jahren in der „Niederösterreichischen Landesirrenanstalt“, einer Heilanstalt für Geisteskranke in Wien. Sollte mit seinem Tod seine irdische Aufgabe wirklich erfüllt gewesen sein? Franz Grillparzer hat bei Schuberts frühem Ableben festgestellt: „Die Tonkunst begrub hier einen reichen Besitz, aber noch viel schönere Hoffnungen.“ Man betrauert meist die fehlende Zeit, in der noch mehr aus dem Betreffenden hätte werden können. Béla Bartók tut das für sich selbst, wenn sein resignativer letzter Satz auf dem Sterbebett lautet: „Das Schlimme ist, dass ich gehen muss und noch so viel zu sagen habe …“. Und als William Kapells Frau von dessen Unfalltod erfährt, sagt sie spontan: „Er hat aber doch noch so viel zu tun.“ Schicksalsergeben schreibt die Schwester des Tenors Fritz Wunderlichs über ihren Bruder: „Er wurde in eine Zeit hineingeboren, wo er gebraucht wurde. […] Gott lässt den Menschen zu sich emporsteigen – bis zur Schwelle der Vollendung –, die Zeit des Vollendetseins jedoch bestimmt er“. Wird da nicht unter Vollendung die bloße Beendigung des Lebens gesehen?

Und kann dieses „Vollendetsein" sich einstellen, egal ob jemand friedlich zu Hause stirbt oder vielleicht auch – wie eben Wunderlich – durch einen überraschenden Unfall?

Von den überlebenden Bewunderern geäußerte Reaktionen sind meist einfach nur Versuche einer verzweifelten Sinngebung für einen solch frühen Tod. Die Geigerin Ida Haendel erinnert sich an ihre letztlich ergebnislosen Gedanken nach ihrem Besuch bei **Josef Hassid**: „Ich lag die ganze Nacht wach [...]. Warum hat Josefs Leben so vielversprechend begonnen, nur um in einer solchen Tragödie zu enden? Ich wunderte mich über das Rätsel des Lebens, die scheinbare Zufälligkeit des Schicksals, aber wie so viele vor mir kam ich zu keiner vernünftigen Schlussfolgerung, und ich musste darauf verzichten, über dieses Thema zu philosophieren."

In der Rock- und Bluesmusik macht in den sechziger und siebziger Jahren der Slogan „Live fast, die young" [Lebe schnell, sterbe jung] die Runde, und in der öffentlichen Wahrnehmung wird frech ein „Forever 27 Club" gebildet, da diese Musiker häufiger im Alter von siebenundzwanzig Jahren sterben als in anderen Lebensaltern – Kurt Cobain, Jimi Hendrix, Brian Jones, Janis Joplin, Jim Morrison oder Amy Winehouse, sie alle sterben mit siebenundzwanzig. Doch dies liegt vielleicht weniger am genauen Datum als am exzessiven „Schnell-Leben".

Guido K. Brand definiert in einer wissenschaftlichen Publikation „frühvollendet" als „früh ein Schaffender, ein Gestalter und früh ein Toter sein". Das würde zu „Live fast, die young" nicht schlecht passen. Für viele klingt „früh*vollendet*" jedoch auch nach Vollkommenheit, nach höchster – aber schon bald erreichter – Stufe der Entwicklung, eben nach Vollendung. Allerdings ist (noch) keiner von den Künstlern, die in diesem Buch versammelt sind – zumindest nach einem solch konventionellem Verständnis –, frühvollendet. Als mit zweiunddreißig Jahren der Geiger **Julian Sitkovetsky** stirbt, sagt sein großer Kollege David Oistrach, dass, wäre Sitkovetsky ein längeres Leben beschieden gewesen, er einer der größten Virtuosen aller Zeiten hätte werden können und Oistrach, wie auch den nicht minder großen Leonid Kogan, in den Schatten stellen. Vollendet will Oistrach ihn also nicht sehen, nur leider zu früh verstorben. „Der Geigenhals ist abgebrochen, die rechte Hand mit einem Bogen ist mit Granit verkettet, die Linie des Sockels geht glatt ins Grab [...] Das Leben wurde abgebrochen". So beschreibt der Lokalhistoriker Solomon Kipnis den von Ernst Neizvestny entworfenen Grabstein von Julian Sitkovetsky auf dem Nowodewitschi-Friedhof in Moskau. Die in diesem Buch Versammelten haben sich mitten im Leben und mitten im Aufstieg ihrer Karriere von der Erde verabschiedet, sich verabschieden müssen. „Frühgestorben" würde also vielleicht besser passen.

Bei **Ferenc Fricsay**, den Ulrich Schreiber als „ersten Medienkünstler von europäischem Rang" bezeichnet und der sich früh für die Stereophonie, auch für das Medium Fernsehen engagiert, ist das eingespielte Repertoire schon ganz beachtlich, gleichwohl gab es noch anstehende Pläne für Brahms-, Bruckner- oder Mahler-Sinfonien, auch für Fernsehproduktionen. Hätte er in den nächsten dreißig, vierzig Jahren mit seinem Mozart vielleicht Karl Böhm überflügelt? Was wäre, hätte es Fricsay länger gegeben, etwa aus Georg Solti geworden? Hätte Karajan von Berlin aus und mit Hilfe der Deutschen Grammophon Gesellschaft (die auch Fricsay unter Vertrag hatte) sein Medien-Imperium errichten können? Hätte, hätte ... – Man erzählt sich in Berlin, dass bei seinem Tod die Philharmoniker deutlich aufatmen.

Auch beim Dirigenten **Giuseppe Sinopoli** gibt es noch zahlreiche Zukunftspläne: Einspielungen von Strauss-Opern, ja ein Strauss-Festival und 2003 die Übernahme des Opernbetriebs in Dresden. Einen konzertanten „Ring" Wagners in Tokio plant man, und es bleibt zu fragen, was sich noch in Bayreuth hätte entwickeln können. Sinopoli will gerade wieder neu beginnen zu komponieren, will sein Repertoire erweitern, will im umbrischen Lipari, wo er ein Landhaus über dem Meer besitzt, ein Konservatorium für die Inselkinder aufbauen, archäologische Grabungen machen, Bücher schreiben. Der Presse gegenüber meint er einmal, dass er seine beste Zeit wohl noch vor sich habe; er will sogar einige Jahre als Dirigent pausieren, um sich ganz der Archäologie zu widmen. „Hätte ich ein zweites Leben, würde ich mich von Anfang an zurückziehen und nur für mich denken und forschen". Doch das Schicksal hat nicht einmal *ein* langes Leben für ihn zur Verfügung.

Was wäre aus **Dinu Lipatti** ohne seine Krankheit noch geworden? „Oh Gott, warum muss man mit dem Wissen um den Tod leben, wenn das Leben aus schöpferischer Sicht so schön sein könnte", schreibt er 1948. Gewiss, er gilt bereits vor seinem Tod als großer Pianist, als eindrucksvoller Musiker. Es waren von ihm bereits Aufnahmen der Indianischen Fantasie von Busoni geplant, des C-Dur-Konzerts KV 467 von Mozart, des e-Moll-Konzerts von Chopin, des dritten Bartók-Konzerts mit Karajan. Und warum sollen die ihn Überlebenden nicht etwa seine Interpretation der Beethoven-Sonaten hören? Was wäre vielleicht noch aus dem Dirigenten Lipatti geworden, was aus dem Komponisten?

Trotz seines schwierigen Wesens gibt es beim ‚Universalgenie' **Glenn Gould** den Plan, mit dem Cleveland Orchestra unter Neville Marriner noch einmal alle fünf Beethoven-Konzerte einzuspielen. Gould hat überdies sogar Ideen für eine Karriere als Dirigent und für ein ganz neues Studium.

„Ich habe gespielt, was ich wollte, und ich habe mit den Musikern gespielt, die ich bewunderte. Es gibt keinen Grund, zurückzublicken und zu sagen: Verdammt noch mal, warum ist das alles passiert, bevor ich richtig angefangen habe?" Wer hier denkt, noch nicht einmal richtig angefangen zu haben, ist die Cellistin **Jacqueline du Pré**. Auch für sie konstatiert Harald Eggebrecht in seinem Cellisten-Buch ein Ende mitten im Aufbruch. Sie habe, so schreibt er, „ganze Kontinente des Repertoires noch nicht entdeckt, hatte die Begegnung mit neuer Musik noch vor sich, aber auch die eingehende Beschäftigung mit der Musik des 18. Jahrhunderts. Bach und Haydn hatte sie gespielt, aber in Haltung und Stil noch weit, wenn auch immer interessant, verfehlt". Was hätte wohl aus dem Duo mit dem Wirbelwind Daniel Barenboim als ihrem Klavierpartner oder Dirigenten werden können, was im erweiterten Team mit den befreundeten Geigern Pinchas Zukerman und Itzhak Perlman oder dem Dirigenten Zubin Mehta? – Ihre große Zahl von Bewunderern lässt sich gewiss nicht damit beruhigen, dass man eine Rose (‚Radox Bouquet' x ‚Maigold') und eine Clematispflanze (Clematis alpina ‚Jacqueline du Pré') nach ihr benannt hat ...

War der Tenor **Joseph Schmidt** vielleicht sogar künstlerisch erschöpft? Gewiss, seine Filmplots werden sich immer ähnlicher, seine Lieder immer seichter („Liebling, nach dem Tango vergiss mich"). Vollendet? Was, wenn er Leo Engel noch durch einen erfahrenen Manager hätte ersetzen können, der ihn anregt, sein Repertoire zu erweitern, umzuschichten, der sich um bessere Filmsujets kümmert und erreicht, dass das Publikum der Opernhäuser seine geringe Körpergröße akzeptieren bzw. für nicht mehr von Bedeutung halten würde?

In einem seiner letzten Interviews erklärt **Mario Lanza**: „Meine Karriere fängt gerade erst an. Sie dürfen nicht vergessen, dass ich ein Tenor bin, und dass wir Tenöre unsere Blütezeit nicht vor dem vierzigsten Lebensjahr erreichen. Im Moment fühle ich mich, als könnte ich ewig weitermachen." Ist vielleicht Lanzas Aufgabe, vielen Menschen – den genannten Plácido Domingo und José Carreras zum Beispiel aber einer ganz enormen Zahl von Bewunderern – die Tür zur musikalischen Welt zu öffnen. Wenn er das nicht weiterhin kann und darf, liegt das nicht vielmehr daran, dass er sich selbst zerstört hat?

Reisen ist ein wichtiger Bestandteil einer Musikerkarriere, und mit der Zeit werden immer schnellere Verbindungen ermöglicht. Der Geiger Yehudi Menuhin spricht in seinen Memoiren davon, dass „in den vierziger und fünfziger Jahren Flugunfälle gerade unter den großen Musikern, vor allem Geigern, schrecklich gewütet" hätten, und er reist für einige Zeit interkontinental nur auf dem Seeweg: „Auf einem Schiff genießt man die Reise; im Flugzeug denkt man immer nur daran, ob man wohl heil ankommt", sagt er der Presse und wird von manchen als Feigling verspottet. Doch was wäre, wenn **Ginette Neveu** dieselbe Einstellung wie Menuhin gehabt hätte und nicht verunglückt wäre? Gewiss, obwohl sie nur wenige Aufnahmen gemacht hat, ist bei vielen Musikhörern auch heute noch das Interesse ungebrochen. Eben ist eine Kassette mit vier CDs erschienen. Aber Harald Eggebrecht sieht Neveu in seinem Buch „Große Geiger" gleichwohl nicht als „frühvollendet": „Die Dimensionen der Ginette Neveu waren erst im Ansatz entfaltet. Ihr Spiel, das vor Energie und Leidenschaft nahezu barst, hatte noch keine Mitte gefunden".

Dasselbe kann für **William Kapell** gelten. Gewiss, er ist ein Star-Amerikaner, nicht Horowitz, nicht Rubinstein, beide geboren im russischen Kaiserreich, auch nicht Rudolf Serkin aus dem Königreich Böhmen. Kapell nähme wohl eher Glenn Goulds Ideen vorweg, besonders, wenn er noch mehr Bach gespielt hätte. Aber Michael Kimmelman, ein Kritiker der „New York Times", meint: „Ich kann mir vorstellen, dass er mit der Zeit ein Mozart- und Schubert-Spieler ähnlich wie Clifford Curzon geworden wäre". Sein Flugzeugabsturz kommt dem jedoch zuvor, gerade als er sich auch in der „alten Welt" einen Namen machen kann.

Am Anfang seiner musikalischen wie beruflichen Entwicklung steht der Dirigent **Guido Cantelli** noch, als er bei einem Flugzeugabsturz stirbt. Er ist soeben zum Chefdirigenten der Mailänder Scala ernannt worden und hätte eine Bedeutung erringen können, von der vielleicht sogar Arturo Toscanini übertroffen worden wäre, vor allem – bei aller Partiturtreue – durch Eleganz, Wahrhaftigkeit oder tonale Schönheit.

Auch andere Unfälle spiegeln eher die scheinbare Sinnlosigkeit eines Todes, etwa wenn der Hornist **Dennis Brain** wenige Kilometer vor der Ankunft zu Hause mit dem Auto gegen einen Baum prallt. Gerne hätte er, bei seiner Berufserfahrung mit allen Großen dieses Fachs, selbst dirigiert, hat ja damit bereits begonnen, er hätte aber auch gerne mit einem der wichtigen Dirigenten Wagners „Ring" aufgeführt.

Ganz ähnlich das Schicksal von **Ossy Renardy**, der im Alter von dreiunddreißig Jahren in den Tod gesteuert wird. Alan Sanders meint: „Natürlich kann man nicht sagen, welchen Weg seine weitere Laufbahn genommen hätte, wenn ihm eine normale Lebensspanne vergönnt gewesen wäre. [...] Seine Aufnahmen gehören in Sammlerkreisen zu den gefragten Stücken".

Michael Rabin, der nach dem Urteil vieler Zeitgenossen zu den großen Geigern seiner Tage gehört und in den USA wie Heifetz gefeiert wird, ist gerade dabei, sich Freiräume zu schaffen, hätte vielleicht sein stark virtuoses Repertoire erweitern können, stirbt aber in seiner Hektik (auch) wegen eines zu glatt gewachsten Zimmerbodens.

Und der ja bereits erwähnte Tenor **Fritz Wunderlich** steht an oberster Stelle in seiner musikalischen Generation, kommt aber wegen eines offenen Schnürsenkels ums Leben. Welchen Weg hätte seine Karriere wohl in New York genommen? Welchen in Bayreuth? Wäre er vielleicht ein großartiger Lohengrin geworden, ein Parsifal? Oder hätte er sich, ähnlich wie Tenorkollege Rudolf Schock, zu einem enorm populären Medienstar entwickelt?

Ataúlfo Argenta hat die Fähigkeit, einem breiten Publikum Klassik und sogar die spanischen Zarzuelas zu vermitteln. Aber auch die zeitgenössischen Komponisten achten ihn: Cristóbal Halffter beklagt, dass mit Argentas Tod „viele Komponisten von einem Dirigenten verwaist wurden, der sie um die ganze Welt geführt hätte", denn Argenta sei ein „unwiederholbares Wunder" gewesen. Geliebt und respektiert wird er, er hat Pläne – zum Beispiel eine Gesamtaufnahme der Brahms-Sinfonien mit den Wiener Philharmonikern und der neun Beethoven-Sinfonien mit dem Israel Philharmonic Orchestra, es steht eine USA-

Tournee an, und er soll Nachfolger Ernest Ansermets beim Orchestre de la Suisse Romande werden (der dann allerdings noch fast zehn Jahre länger der Leiter bleiben wird). – Gerade als das musikalische Leben weit die Arme für ihn öffnet, stirbt er in seiner Garage an einer Kohlenmonoxid-Vergiftung.

Nicht weniger rätselhaft ist der Tod von **István Kertész,** der bei seiner Verwirklichung in der Musik gerne an seine Grenzen geht. Er hat aber auch Freude an schnellen Autos und Booten und merkwürdiger Weise ist er in seinem Leben dreimal in existenzieller Gefahr zu ertrinken – einmal in Budapest, dann in Italien und schließlich (und leider ‚erfolgreich') in Israel.

„Der Junge ist wirklich bemerkenswert", sagt die Pianistin Myra Hess und fragt: „und wie soll er erst mit über vierzig sein?" „Der Junge" ist **Noel Mewton-Wood,** und die gestellte Frage bleibt unbeantwortet, da er nicht älter als einunddreißig Jahre werden wird, im Suizid vermeintlich die Verantwortung für den Tod seines Lebensgefährten zu übernehmen glaubt.

Bleibt zum Schluss der hochbegabte Geiger **Christian Ferras.** Er hat bei seinen Pariser Konservatoriumsstudenten immer beklagt, dass er „alles zu schnell" erledigt habe. Zweifellos, er hat sich – gewiss mit erklärbarem biografischem Hintergrund – permanent unter Druck gesetzt und versinkt schließlich in einer Einsamkeit, in welcher der Kinderlose von seinem Hund als seinem Sohn spricht. Man erinnere sich, dass Glenn Gould das Publikum hasst, das „Blut sehen" will. Ist da ein schwerer Nervenzusammenbruch oder wie bei Ferras ein Suizid nicht verständlich? Michael Rabin beklagt einmal sein Dilemma aus Konzertritualen und Programmtyrannei: „Wir sind allesamt Sklaven unseres Instruments". Warum aber lassen sie sich „versklaven"? „Beim Spielen gelangt man über sich selbst hinaus, in einen rauschhaften Zustand, man fühlt sich verlassen und sehr glücklich zugleich", sagt einmal Jacqueline du Pré.

Zweifellos sind die in diesem Band präsentierten Künstler in eine Zeit hineingeboren, in der sie gebraucht werden, doch zur (frühen) Vollendung hat das Leben ihnen nicht Raum gelassen. Was sind sie aber dann? Frühverstorbene glückliche Sklaven oder „nur zum Vorübergehen bestimmte Wesen", wie Friedrich Nietzsche über den mit neunundzwanzig Jahren verstorbenen Friedrich von Hardenberg schreibt, den man als Dichter Novalis kennt?

Vielleicht könnte man sich bei ihrem kometenhaften Aufstieg auf den Begriff „Supernovae" einigen. Das sind Sterne, die am Ende ihrer Lebenszeit zwar nur kurz aufleuchten, dafür aber umso heller strahlen. Wenigstens ein kleiner Trost ist, dass die hier Angeführten durch ihr diskographisches Vermächtnis aus hervorragenden historischen Aufnahmen auch heute, lange nach ihrem Tod, noch Spuren hinterlassen, noch unter uns sein können; wir dürfen immer wieder dabei sein und ihnen mit Hörgenuss nachspüren, wenn sie singen, spielen, dirigieren, auch wenn ihr Nachlass – wie bei Josef Hassid – nur aus Interpretationen von acht kleinen Werken besteht.

AUFNAHMEN DER KÜNSTLER UND KÜNSTLERINNEN

In diesem Rahmen können Diskographien nicht vollständig, sondern allenfalls eine (subjektive) Auswahl besonders guter, repräsentativer oder zumindest im angesprochenen Zusammenhang interessanter Aufnahmen sein. Im Zuge der Räumung von Backkatalogen werden derzeit allerlei historische Aufnahmen neu aufgelegt, es sind aber auch für Sammler länger gestrichene – aber im Internet durchaus zu erlangende – Veröffentlichungen festgehalten. Auf die Angabe von Bestellnummern wurde verzichtet, da sie in verschiedenen Ländern meist unterschiedlich sind und auch hierzulande zu oft wechseln, gerade bei den Publikationen historischer Aufnahmen.

Argenta

Ataúlfo Argenta. Beethoven, Chapí, Giménez, Smetana. Div. Orchester. Ica.

Berlioz: Symphonie Fantastique. Paris Conservatoire Orchestra. Decca.

Debussy: Images Pour Orchestre. London Records.

Espana! London Symphony Orchestra. Decca.

Granados: Goyescas (Rubio, Torrano, Iriarte, Ausensi). Spanisches Nationalorchester. Decca.

Ataúlfo Argenta. From Spain with Love. Documents (10 CDs).

The Art of Ataúlfo Argenta. Scribendum (22 CDs).

Brain

Dennis Brain. His Early Recordings: Mozart, Beethoven. Grammofono.

The World of Dennis Brain. Mozart, Beethoven, Tschaikowsky u.a. Beulah.

Dennis und Aubrey Brain. Mozart: Divertimento, Hornkonzerte. Léner String Quartet. Div. Orchester. EMI.

Mozart Hornkonzerte, Quintett KV 452. Gieseking. Philharmonia Wind Ensemble. Karajan. Warner Classics.

Strauss, Hindemith. Philharmonia Orchestra. Sawallisch, Hindemith. EMI.

Beethoven, Jacob, Hindemith, Vinter. BBC Concert Orchestra. Tausky. BBC Legends.

Dennis Brain: Hommage. Warner Classics (11 CDs).

Cantelli

Debussy. Philharmonia Orchestra. Testament.

Verdi: Messa da Requiem. New York Philharmonic Orchestra (Nelli, Turner, Tucker, Hines). Archipel.

Tschaikowsky: Romeo und Julia, 6. Sinfonie. Philharmonia Orchestra. Testament.

Rossini, Schumann, Brahms. Philharmonia Orchestra. ICA.

Wagner (mit Probenmitschnitt). New York Philharmonic Orchestra. Archipel.

American Masters. Urania.

Schubert, Schumann, Mendelssohn (Heifetz). Div. Orchester. Disques Dom.

Mozart: Così fan tutte (Schwarzkopf, Merriman, Alva, Sciutti u.a.). Orch. e coro del Teatro alla Scala di Milano. Wallhall Eternity (2 CD).

Die NBC Radiokonzerte. NBC Symphony Orchestra. Testament (4 CDs).

The Complete Warner Records. Div. Orchester (mit Probenmitschnitt). Warner Classics (10 CDs).

Milestones of a Legend. Documents (Membran) (10 CDs).

Du Pré

Schumann: Cellokonzert. Radio-Symphonie-Orchester Berlin. Albrecht. audite.

Dvořák/Saint-Saëns: Cellokonzerte. Div. Orchester. Barenboim, Celibidache. Teldec.

Brahms: Die zwei Cellosonaten. Mit Barenboim. EMI.

Jacqueline du Pré-Recital (Bach, Schumann, Fauré u.a.). Moore u.a. Warner Classics.

The Heart oft the Cello (Haydn, Brahms, Elgar u.a.). Warner Classics (2 CDs).

The Sound of Jacqueline du Pré (Chopin, Dvořák, Boccherini u.a.). Warner Classics (4 CDs).

The Complete Warner Recordings. Warner Classics (23 CDs).

Ferras

Beethoven/Berg: Violinkonzerte. Div. Orchester. Böhm, Freccia. Audite.

Berg/Strawinsky: Violinkonzerte. Orchestre de la Suisse Romande. Ansermet. Claves.

Tschaikowsky/Sibelius: Violinkonzerte. Berliner Philharmoniker. Karajan. Deutsche Grammophon.

Forgotten Ferras (Rameau, Granados, Kreisler, Drdla u.a.). Deutsche Grammophon.

The SWR Recordings (Brahms, Debussy, Ravel, Berg u.a.). SWR music (4 CDs).

Milestones of a Legend (Brahms, Franck, Fauré, Honegger, Mozart u.a.). Documents (10 CDs).

Icon: The Complete HMV & Telefunken Recordings (Bach, Bruch u.a.). Warner Classics (13 CDs).

Die Christian Ferras Edition. Deutsche Grammophon (19 CDs).

Fricsay

Tschaikowsky: 6. Sinfonie. Radio Symphonie-Orchester. Deutsche Grammophon.

Bartók: Klavierkonzerte 1–3. Anda. Radio Symphonie-Orchester. Deutsche Grammophon.

Schumann, Tschaikowsky. Ansprache Fricsays. Cortot. Radio-Symphonie-Orchester. Audite.

Smetana: Die Moldau (Probenmitschnitt). Radiosinfonieorchester Stuttgart. Deutsche Grammophon.

Strauß: Die Fledermaus. RIAS-Sinfonie-Orchester. Audite (2 CDs).

Mozart: Don Giovanni. Radio-Symphonie-Orchester. Deutsche Grammophon (3 CDs).

Mozart: The Radio Broadcasts. Deutsche Grammophon (4 CDs).

Sämtliche DG-Aufnahmen. Deutsche Grammophon (Vol. 1: 45 CDs, Vol. 2: 37 CDs).

Gould

Beethoven: Klavierkonzert No.3. Berliner Philharmoniker. Karajan. Sony.

Brahms: Klavierknzert No. 1. New Yorker Philharmoniker. Bernstein. Sony.

Hindemith/Krenek/Strauss: Lieder (Roslak,Rideout,Marshall). Sony.

Glenn Gould. The secret live tapes. Sony.

Die Schwarzkopf Bänder (Strauss). Sony (2 CDs).

A State of Wonder. The Complete Goldberg Variations 1955 & 1981. Sony (3 CDs).

Glenn Gould plays Mozart Piano Sonatas. Sony (4 CDs).

Glenn Gould plays Beethoven (Bernstein, Golschman, Stokowski). Sony (6 CDs).

The Complete Columbia Album Collection. Sony (81 CDs).

Hassid

The Complete Recordings (Elgar, Massenet, Sarasate, Kreisler u.a.). Testament.

Kapell

Brahms: 1. Klavierkonzert. New York Philharmonic. Mitropoulos. Melodram.

Brahms, Rachmaninoff: Sonaten. Heifetz, Kurtz, Primrose. RCA.

De Falla: Nächte in spanischen Gärten. New York Philharmonic. Stokowski. Pristine.

Prokofieff/Khatchaturjan/Schostakowitsch: Klavierkonzerte. Div. Orchester u. Dirigenten. Naxos.

Kapell Rediscovered (australische Mitschnitte: Bach, Rachmaninoff u.a.). RCA (1953).

Rachmaninoff: 2.Klavierkonzert u.a. Robin Hood Dell Orchestra. Steinberg, Reiner. Naxos.

Frick Collection Recital (Chopin, Copland u.a.) RCA.

Great Pianists (Chopin, Rachmaninoff, Albéniz u.a.) Philips (2 CDs).

Complete Recordings (1944–1953). RCA (11 CDs).

Kertész

Mozart: La Clemenza di Tito. Orchester der Wiener Staatsoper. Decca.

Mozart: Klavierkonzerte. Curzon. London Symphony Orchestra. Decca.

Schubert: Alle Sinfonien. Wiener Philharmoniker. Decca.

Dvořák: Alle Sinfonien. London Symphony Orchestra. Decca.

Bruckner: 4. Sinfonie. London Symphony Orchestra. Decca.

Kodály: Psalmus Hungaricus. London Symphony Orchestra. Decca.

Schostakowitsch: 5. Sinfonie. Orchestre de la Suisse Romande. Decca.

The London Years. Decca (12 CDs).

István Kertész in Vienna. Decca (21 CDs).

Lanza

Mario Lanza: At His Best! RCA.

Christmas with Mario Lanza. RCA.

Mario Lanza: Live from London. RCA.

Mario Lanza/Frances Yeend: Live At The Hollywood Bowl. Melodram.

Mario Lanza: The Best of Everything. Sony (2 CDs).

The Mario Lanza Collection. Acrobat (4 CDs).

Mario Lanza: Original Album Classics. RCA (5 CDs).

Lipatti

Chopin: Walzer. EMI.

Les Inédits (Liszt, Bartók u.a.). Archiphon.

Lipatti: Concertino en style classique. Berliner Kammerorchester. Benda. Philips.

In Memoriam Dinu Lipatti (Mozart, Schubert, Lizt, Ravel) Praga Digitals.

Studio Recordings in Geneva (Bach, Chopin) (1950). Opus Kura.

Landmarks Of Recorded Pianism Vol. 1. [u.a. bislang verschollene Aufnahmen mit Scarlatti und Brahms]. Marston (2 CDs).

The Complete Columbia Recordings [mit Testaufnahmen] (1947/48). apr (2 CDs).

Immortal Dinu Lipatti (Bach, Chopin, Liszt u.a.) Warner Classics (3 CDs).

Dinu Lipatti Collection. Hänssler (12 CDs).

Mewton-Wood

Busoni: Klavierkonzert. BBC Symphony Orchestra. Beecham. Somm.

Schumann: Klavierkonzert. Niederländisches Philharmonisches Orchester. Goehr. Pristine Audio.

Beethoven: 4. Klavierkonzert. Philharmonisches Orchester Utrecht. Goehr. Pristine Audio.

Weber: Klaviersonaten, Chopin: Tarantelle. Pearl.

Britten: Klavierkonzert Op. 13. London Symphony Orchestra. Cameron. Testament.

Tschaikowsky: 3. Klavierkonzert. Winterthur Sinfonieorchester. Goehr. Pristine Audio.

The Art of Noel Mewton-Wood. (Beethoven, Schubert u.a.). Brain, Pears. Heritage Records.

Erste und letzte Aufnahmen (Albéniz, Beethoven, Schostakowitsch) Concert Hall Society Symphony Orchestra. Goehr. Pristine Audio.

Neveu

The First Recordings (Kreisler, Suk, Gluck, Tartini, Chopin, Gluck, Paradies). Testament.

Brahms/Sibelius-Violinkonzerte. Philharmonia Orchestra. Dobrowen. Susskind. Pristine audio.

Ginette Neveu en Amérique (Beethoven, Chausson, Ravel) – Pristine audio.

Beethoven-/Brahms-Violinkonzerte. Div. Orchester. Désormière. Rosbaud. SWR music.

Historic Public Performances (Beethoven, Ravel u.a.) Music & Arts (2 CDs).

The Complete Recordings. Warner Classics (4 CDs). (gemeint sind alle Studioaufnahmen)

Rabin

Bruch: 1. Violinkonzert u.a. RIAS Symphonie-Orchester. Broddack. Schippers. Audite.

Paganini: 24 Capricen. EMI.

Unveröffentlichte Aufnahmen (1947–1971). Testament (3 CDs).

A Genius on the Violin (Bach, Mozart, Paganini u.a.). Hänssler (4 CDs).

Die Studioaufnahmen (1956–1960). Testament (6 CDs).

Renardy

Bach: 2 Solosonaten, Encores. Lush. Testament.

Live performances from New York 1939–45 (Ernst, Brahms, Tschaikowsky). Div. Orchester. MeloClassic.

Alle Remington Aufnahmen: Paganini: 24 Capricen u.a. Helmer. List. Pristine.

Alle Columbia-Aufnahmen: Corelli, Schubert, Sarasate u.a. Robert. Taubman. Pristine.

Brahms: Violinkonzert. Concertgebouw Orchester. Munch. Dutton.

Schmidt

Religiöse Gesänge und Arien. Preiser.

The Ultraphon Recordings (1929–1932). Relief.

Unveröffentlichte Live-Aufnahmen 1930–1937. Koch/Schwann.

Charpentier, Massenet, Puccini u.a. (1937). Moore, Weede. Orch. d. Radio City Music Hall. Rapé. I Grandi Concerti

Arien und Lieder (1929–1936) (Mozart, Meyerbeer, Smetana u.a.). Naxos (2 CDs).

Ein Lied geht um die Welt (mit My Song Goes Round The World). Profil Hänssler (2 CDs).

Ein Stern fällt vom Himmel: Oper, Operette, Filmhits, Canzonen, Tenorschlager, Radio-Raritäten, Live-Konzerte. Membran (10 CDs).

Sinopoli

Brucker: 4. Sinfonie. Staatskapelle Dresden. Deutsche Grammophon.

Verdi: Ouvertüren. Wiener Philharmoniker. Philips.

Brahms: Werke für Chor und Orchester (Fassbaender, Popp, Kollo). Tschechische Philharmonie. Deutsche Grammophon.

Sinopoli: Lou Salomé (Popp. Carreras). Radiosinfonieorchester Stuttgart. Deutsche Grammophon.

Weber, Wagner, Liszt u.a. Staatskapelle Dresden. Henssler (2 CDs).

Schönberg, Berg, Webern. Staatskapelle Dresden. Warner Classics (8 CDs).

Mahler: Alle Sinfonien. Div. Orchester. Deutsche Grammophon (12 CDs).

The Art of Giuseppe Sinopoli (Beethoven, Brahms, Strauss u.a.). Deutsche Grammophon (16 CDs).

Sitkovetsky

Paganini, Sibelius: Violinkonzerte. Div. Orchester. Anosov, Pavelman. Pristine.

Paganini: 2.Violinkonzert. Rundfunksinfonieorchester Leipzig. Jung. Melo Classic.

Khatchaturjan/Schostakowitsch: Violinkonzerte. USSR State Radio Symphony Orchestra. Khatchaturjan, Gauk. Artek.

Glasunow/Khatchaturjan: Violinkonzerte. Div. Orchester. Kondraschin, Niyazi. Russian Disc.

The Julian Sitkovetsky Legacy Vol. 1–3 (Bach, Mozart, Tartini, Kreisler u.a.). Arlecchino (3 CDs).

Julian Sitkovetsky Collection. Melodia (4 CDs).

The Art of Yulian Sitkovetsky Vol. 1–5 (Glasunow, Paganini, Ysaye u.a.). Artek (5 CDs).

Wunderlich

Fritz Wunderlich – Schlager aus den 50ern. SWR-music.

Mahler: Das Lied von der Erde. (New) Philharmonia Orchestra. Klemperer. Warner Classics.

Mozart: Die Zauberflöte (Peters, Fischer-Dieskau u.a.). Berliner Philharmoniker. Böhm. Deutsche Grammophon (2 CD).

Beethoven: Missa solemnis (Janowitz, Berry u.a.). Berliner Philharmoniker. Karajan. Deutsche Grammophon (2 CD).

Smetana: Die verkaufte Braut (Lorengar, Frick u.a.). Bamberger Symphoniker. Kempe. EMI (2 CDs).

Bach: Weihnachtsoratorium (Janowitz, Crass). Münchener Bach-Orchester. Richter. Deutsche Grammophon (3 CD).

Bach: Matthäus-Passion (Ameling, Prey u.a.). Stuttgarter Kammerorchester. Münchinger. Decca (3 CD).

Fritz Wunderlich edition (Bach, Mozart, Schubert, Schumann u.a.). Deutsche Grammophon (4 CDs + Bonus-CD Probenmitschnitt).

Art of Fritz Wunderlich. Deutsche Grammophon Gesellschaft (7 CDs).

ABBILDUNGSNACHWEISE

CBC, Ottawa: 123
Decca Classics, London: 47, 143
DG Archives, Berlin: 21, 49, 83, 173
EMI, London: 31, 93, 203
National Library of Israel, Jerusalem: 199
RCA Records, New York: 73
Sony Classical, Nashville: 128
Warner Classics, Paris: 189
Wikimedia Commons, Berlin: 53
Wunderlich, München: 88

Die übrigen Aufnahmen entstammen dem Archiv des Verfassers.

In einigen wenigen Fällen war es nicht möglich, die Rechteinhaber des Materials zu ermitteln. Sie mögen sich zur Abgeltung ihrer Ansprüche an den Verlag wenden.

DANKSAGUNG

Dieses Buch wäre nicht möglich geworden ohne Personen und Institutionen, die mit ihren Ratschlägen, Erinnerungen oder bei der Beschaffung von Material halfen. Besonders erwähnen möchte ich:

in Amsterdam:
das Koninklijk Concertgebouworkest (Wilma Tichelaar)

in Bad Elster:
Michaela Gewinner und Stephan Seitz

in Dresden:
die Sächsische Landesbibliothek – Staats- und Universitätsbibliothek

in Dürnten:
Alfred A. Fassbind

in Freiburg:
die Universitätsbibliothek

in Leeuwarden:
Brilliant Classics (Riëtte van Beem)

in London:
das London Symphony Orchestra (Libby Rice)

in München:
die Bayerische Staatsbibliothek

in New York:
Itzhak Perlman und das New York Philharmonic Orchestra

in Paris:
die Edition Durand Salabert Eschig (Damien Degraeve)

in Tel Aviv:
das Israel Philharmonic Orchestra

in Wien:
die Wiener Philharmoniker (Silvia Kargl)

QUELLEN

ALLGEMEINES

Brand, Guido K.: Die Frühvollendeten. Berlin/Leipzig 1929.

Caskel et al. (Hrsg.): Handbuch Dirigenten. Kassel 2015.

Eggebrecht, Harald: Große Geiger. München 2000.

Elkin, Robert: Queen's Hall (1893-1941). London 1944.

Ders.: Große Cellisten: Mit zwei Exkursen über große Bratschisten. München 1007.

Fischer, Jens Malte: Große Stimmen. Stuttgart 1993.

Haffner, Herbert: Orchester der Welt. Der internationale Orchesterführer. Berlin 2008.

Ders.: His Master's Voice. Die Geschichte der Schallplatte. Hofheim 2021.

Hartnack, Joachim W.: Große Geiger unserer Zeit. Zürich 1993.

Holmes, John L.: Conductors on Record. London 1982.

Kaiser, Joachim: Große Pianisten unserer Zeit. München 1989.

Kesting, Jürgen: Die großen Sänger unseres Jahrhunderts. Düsseldorf, Wien, New York, Moskau 1993.

Legge, Walter et al.: Gehörtes – Ungehörtes. Memoiren. München 1982.

Roeseler, Albrecht: Große Geiger unseres Jahrhunderts, München 1988.

Sanders, Alan (Hrsg.): Walter Legge. Words and Music. London 1998.

Schonberg, Harold C.: Die großen Pianisten. München 1972.

Ders.: Die großen Dirigenten. München 1973.

ARGENTA

Arambarri, Ana: Ataúlfo Argenta – música interrumpida (Biografías y Memorias). Madrid 2017.

Crandall Hollick, Julian: Ataulfo Argenta. In: CD-Booklet zu: Thara TAH 427.

Fernandez-Cid, Antonio: Ataúlfo Argenta. Santander 2003.

González-Castelao, Juan: Ataúlfo Argenta. Claves de un mito de la dirección de orquesta. Madrid 2008.

Lorenci, Miguel: Ataúlfo Argenta sin misterio. In: La Verdad, 13.04.2017.

N.N.: Comradely Criticism. In: Time, 16.03.1954.

Sanders, Alan: Ataúlfo Argenta. In: CD-Booklet zu: Decca 452 305-2.

BRAIN

Dressler, John C.: A Seventieth-Birthday Tribute. In: The Horn Call, Oktober 1991.

Fifield, Christopher: Brain, Dennis. In: The Oxford Companion to Music. Oxford Music Online. Oxford 2002.

Gamble, Stephen et al.: Dennis Brain – A Life in Music. Denton 2011.

Pettitt, Stephen J.: Dennis Brain: A Biography. London [2]1989.

Marshall, Robert L.: Dennis Brain on Record – A Comprehensive Discography of his Solo, Chamber and Orchestral Recording. Newton MA 1996.

Michael Meckna: The Legacy of Dennis Brain. In: The Horn Call, April 1991.

Sanders, Alan: Walter Legge. Words and Music. London 1998.

CANTELLI

Amelio-Ortiz: Guido Cantelli. Tele Potsdam (ZDF) 2001.

Bennett, Keith: Guido Cantelli – Just Eight Years of Fame. Woodbridge 2009.

Giarda, Mario et al.: Guido Cantelli maestro. 1996.

Kluge, Mark W.: Guido Cantelli – glühend, tragisch. In: CD-Booklet zu: Guido Cantelli – The Complete Warner.

Lewis, Laurence: Guido Cantelli. Portrait of a Maestro. A.S. Barnes & Co., San Diego 1981.

Sachs, Harvey: Toscanini. Philadelphia 1978.

Sante Colonna, Luigi: Presenza di Guido Cantelli. Novara 1962.

DU PRÉ

Debakcsy, Dale: By Body Betrayed. The Vanishing Of Jacqueline du Pré. In: Women you should know. Barnsley, 06.11.2019.

Easton, Carol: Jacqueline du Pré. Musik war ihr Leben. Eine Biographie. Wien 1991.

du Pré, Hilary et al.: Jacqueline du Pré. Ein Genie in der Familie. München/Berlin 1999.

Greenhill, Sam: Storm over top actress Miriam Margolyes' shock claim that cellist Jacqueline du Pré was helped to take her own life, aged 42, after being left wheelchair-bound from multiple sclerosis. In: Daily Mail, 3.9.2021.

Margolyes, Miriam: It was my duty to tell truth about Du Pré's death. The Observer, 5.9.2021.

Nupen, Christopher: Jacqueline du Pré – Wer war sie wirklich ? Allegro Films 2001.

Ders.: Jacqueline du Pré – A Celebration of Her Unique and Enduring Gift. Allegro Films 2007.

Ders.: Der Phönix auf Schallplatte. In: CD-Booklet zu: The Sound of Jacqueline du Pré. Warner.

Wilson, Elizabeth: Jacqueline du Pré: Her Life, Her Music, Her Legend. London 1999.

FERRAS

Allgemeine Informationen aus: http://www.associationferras.fr/association/index.html.

Bose, Sudip: The Inimitable Christian Ferras – What darkness lay beneath his excellence? In: The American Scholar, 26.1.2017.

Choudens, Thierry de: Christian Ferras – Le violon d'Icare. Genf 2004.

Haylock, Julian: A falling star: Christian Ferras reconsidered. In: CD-Booklet zu: Christian Ferras – Brahms, Schumann, Franck, Lekeu – Violin Sonatas. Brilliant Classics 2009.

Kim, Jaclyn: Christian Ferras and His Struggle with Depression. Long Beach 2018.

Kühn, Ernst: Christian Ferras. In: Fonoforum September 1959, 4.

Schlüren, Christoph: Musik, als entstünde sie zum ersten Mal. In: CD-Booklet zu: Christian Ferras – The SWR Recordings. SWR Classic.

FRICSAY

Caillat, Gérald: Fricsay – Music Transfigured: Rermembering Ferenc Fricsay. DVD Medici Arts 2008.

Fricsay, Ferenc: Erzähltes Leben. Deutsche Grammophongesellschaft Hannover 1962.

Ders.: Über Mozart und Bartok. Kopenhagen/Frankfurt 1962.

Göhner-Fricsay, Silvia et al.: Fragmente eines Panoramas des Menschseins; gelebt, geliebt, gelitten. Zug 2002.

Herzfeld, Friedrich (Hrsg.): Ferenc Fricsay. Ein Gedenkbuch. Berlin 1964.

Pufendorf, Lutz von (Hrsg.): Ferenc Fricsay. Retrospektive – Perspektive. Berlin/Wiesbaden 1988.

Sühring, Peter: Ferenc Fricsay – Der Dirigent als Musiker. München 2023.

GOULD

Bazzana, Kevin: Glenn Gould. Oxford 1998.

Cott, Jonathan: Conversations with Glenn Gould. Boston 1984.

Gould, Glenn: Von Bach bis Boulez/Vom Konzertsaal zum Tonstudio. Frankfurt/M. o.J.

Hozer, Michèle: Glenn Gould – Genie und Leidenschaft. ZDF/White Pine Pictures 2009.

Kazdin, Andrew: Glenn Gould. Ein Porträt. Zürich 1990.

Page, Tim (Hrsg.): The Glenn Gould Reader. New York 1985.

Stegemann, Michael: Glenn Gould. Leben und Werk. München/Zürich 1992.

Ders.: Glenn Gould und Herbert von Karajan. Protokoll einer ‚unmöglichen' Partnerschaft. In: CD-Booklet zu: Beethoven: Klavierkonzert No. 3. Berliner Philharmoniker. Karajan. Sony.

Ders.: Conducting Glenn Gould. „Die reinste Magie!". In: CD-Booklet zu: Glenn Gould. The Secret Live Tapes. Sony.

HASSID

Bilimoria, Cavas: Josef Hassid: The Forgotten Genius. In: Serenade, 27.10.2020.

Crimp, Bryan: Josef Hassid. In: CD-Booklet zu: The Complete Recordings of Josef Hassid. Testament.

Feinstein, Anthony: Psychosurgery and the child prodigy: the mental illness of violin virtuoso Josef Hassid. In: History of Psychiatry. 8/1997, 55–60.

Haendel, Ida: Woman with Violin. London 1970.

Lebrecht, Norman: The Song of Names. New York 2005.

Spear, Gerald S.: Yosi. The Life and Times of Josef Hassid. ²2020. In: www.josefhassid.com.

KAPELL

Downeys, Stephen: A Lasting Record. Sidney 2013.

Kapell, William: Technique and Musicianship. In: Etude, Dezember 1950.

Kimmelman, Michael: William Kapell: A Larger, Truer Vision of a Passionate Modern. In: New York Times, 11.10.1998.

Ders.: The Undefeated. In: The New York Review Of Books. Vol. 52,6. 24.3.2005.

Knight, Hyperion: An American Icarus. In: CD-Booklet zu: Great Pianists oft he 20th Century. William Kapell. Philips.

Page, Tim: William Kapell – A Documentary Life History of the American Pianist. Maryland 1992.

Rubinstein, Arthur: Mein glückliches Leben. Frankfurt 1980.

Summers, Jonathan: William Kapell. Naxos. Abgerufen am 21. Juli 2018 (englisch).

Thomson, Virgil: On William Kapell. In: New York Herald-Tribune. Oktober 1953.

KERTÉSZ

Holmes, John L.: Conductors. A record collector's guide, Gollancz Ltd. 1988.

Lyman, Darryl. Great Jews in Music, J.D. Publishers, 1986.

Matthew-Walker, Robert: (ohne Titel) In: CD-Booklet zu: Schostakowitsch: 5. Sinfonie. Testament.

Morrison, Richard (2004). Orchestra. The LSO: A Century of Triumph and Turbulence. London 2004.

Richter, Karl (Hg.): István Kertész. Augsburg 1974.

Stewart, Andrew: István Kertész – Die Londoner Jahre. In: CD-Booklet zu: István Kertész – The London Yeras. Decca.

Ders.: István Kertész in Wien. Die Decca-Aufnahmen. In: CD-Booklet zu: István Kertész in Vienna. The Decca Recordings. Decca.

LANZA

Bret, David: Sublime Serenade. Grand Rapids 2009.

Durso, Eddie: My Memories of Mario Lanza. Philadelphia 1992.

Hausner, Hermann M.: Mario Lanza – Tragödie einer Stimme. München/Salzburg 1962.

Mannering, Derek: Mario Lanza – Singing to the Gods. London 2001.

Mirkin, Gabe: What Killed Mario Lanza at Age 38? https://www.drmirkin.com/histories-and-mysteries/what-killed-mario-lanza-at-age-38.html. 12.10.2021

Perigo, Lindsay: The One Tenor. A Salute to Mario Lanza. Wellington 2013.

LIPATTI

Ainley, Mark: Dinu Lipatti – Prince of Pianists. 20.03.2018. In: https://www.thepianofiles.com/dinu-lipatti-prince-of-pianists/

Dinu Lipatti. In: https://www.dinulipatti.org/

Jäger, Monika: Das kompositorische Werk von Dinu Lipatti als Teil der europäischen Moderne. 2010.

Lempfrid, Wolfgang: Dinu Lipatti - Künstler von göttlicher Geistigkeit. In: PianoForte. Jg. 1/H.1. 1991. (mit Diskographie)

Lipatti, Anna: La vie du pianiste Dinu Lipatti écrite par sa mère. Paris 1954.

Piatigorsky, Gregor: Mein Cello und ich und unsere Begegnungen. München 1975.

Spycket, Jérôme: Clara Haskil. Eine Biographie. Bern 1977.

Tanasescu, Dragos et al: Lipatti. White Plains 1988.

MEWTON-WOOD

Amis, John: Noel Mewton-Wood – A Personal Memoir. In: CD-Booklet zu: Mewton-Wood plays Twentieth Century Piano Concertos. bms (The British Music Society).

Lebrecht, Norman: Big composer who acted small. In: The Lebrecht Weekly. 11.6.2008.

McKenna, C.W.F.: Noel Mewton-Wood in: Australian Dictionary of Biography, Band 15. Melbourne 2007.

Meher-Homji, Cyrus: CD-Booklet zu: Noel Mewton-Wood. The Legendary Recordings. Australian Heritage. ABC Classics.

Mitchell, Donald et al. (Hrsg.): Letters from a Life: The Selected Letters of Benjamin Britten 1913-1976, Band 3 und 4. London 2004 und 2008.

N.N.: Noel Mewton-Wood. In: Lagna. Lesbian and Gay Newsmedia Archive. 2017.

Orchard, Sonia: The Virtuoso. A Novel. Melbourne 2009.

Porter, Andrew: Noel Mewton-Wood. In: The Gramophone. Januar 1954.

NEVEU

Flesch, Carl F.: „... und spielst Du auch Geige?“ Der Sohn eines berühmten Musikers erzählt und blickt hinter die Kulissen. Zürich 1990.

Haendel, Ida: Woman With Violin. An Autobiography. London 1970.

N.N.: The Azores: These Are the Paths. In: Time, 7.11.1949.

Potter, Tully: Ginette Neveu. In CD-Booklet zu: Ginette Neveu. The Complete Recordings. Warner Classics.

Ronze-Neveu, Marie-Jeanne: Ginette Neveu. London 1957.

Schlüren, Christoph: Singuläres Leuchten. In: CD-Booklet zu: Ginette Neveu – Beethoven Brahms. Violin Concertos. SWRmusic.

Timmermann, Volker: Ginette Neveu (1919–1949). Ginette Neveu – Karriere zwischen Wettbewerbssiegen und Unfalltod. In: Carolin Stahrenberg, Susanne Rode-Breymann (Hrsg.): „... mein Wunsch ist es, Spuren zu hinterlassen ...“. Rezeptions- und Berufsgeschichte von Geigerinnen. Hannover 2011, 94–117.

Todes, Ariane: What happend to Ginette Neveus Stradivari? Ariane Todes goes into The Strad Archive to find out. In: Strad, 8.2.2013.

RABIN

Applebaum, Samuel: The way they play – 3: Book 3. 1975.

Feinstein, Anthony: Michael Rabin: America's Virtuoso Violinist. Amadeus-Press 2005.

Hornig, Norbert: Durch Licht und Schatten. Das Phänomen Michael Rabin. In: CD-Booklet zu: Michael Rabin. Audite.

Potter, Tully: Michael Rabin spielt Paganini. In: CD-Booklet zu: Paganini. 24 Caprices. EMI.

Rabin, Michael: A Performer's Perspective. In: Current Musicology 14/1972, 155ff.

RENARDY

Biographie in: https://de.knowledgr.com/12920673/OssyRenardy.

Potter, Tully: Ossy Renardy. In: The complete Remington Recordings. Biddulph.

Sanders, Alan: Ossy Renardy. In: CD-Booklet zu: Ossy Renardy (Bach, Paganini, Kreisler u.a.). Testament.

Taylor, Karen M.: Ossy Renardy. In: http://www.musicweb-interna tional.com/classrev/ 2003/ Dec03/renardy.htm.

Waiblinger, Michael: In CD-Booklet zu: Ossy Renardy. Live Performances 1939–1945. Melo Classic.

SCHMIDT

Fassbind, Alfred A.: Joseph Schmidt. Ein Lied geht um die Welt. Spuren einer Legende. Eine Biographie. Zürich 1992.

Ders.: Joseph Schmidt – Sein Lied ging um die Welt. Zürich 2012.

Hartmann, Lukas: Der Sänger. Zürich 2020.

Ney-Nowotny, Karl et al.: Joseph Schmidt – Das Leben und Sterben eines Unvergeßlichen. Wien 1962.

Patocka, Ralph-Günther: Schmidt, Joseph. In: Neue Deutsche Biographie. Bd. 23, Berlin 2007, S. 197f.

Prawy, Marcel: Josepf Schmidt zum 50. Todestag. ORF-Fernsehen 1992.

Schorn, Franz: Alte Schallplatten-Marken in Deutschland. Wilhelmshaven 1988.

SINOPOLI

Amling, Ulrich: Giuseppe Sinopoli – Der Traum des Analytikers. In: Der Tagesspiegel, 21.04.2001.

Ernst, Michael: In memoriam Giuseppe Sinopoli. In: Neue Musikzeitung, 19.04.2011.

Hörner, Stephan: Sinopoli, Giuseppe. In: Neue Deutsche Biographie (NDB). Band 24, Berlin 2010. (Digitalisat).

Kienzle, Ulrike: Giuseppe Sinopoli. Komponist, Dirigent, Archäologe. Bd.1: Lebenswege. Würzburg 2011.

Scholz, Dieter David: Mythos Maestro. Berlin 2002.

SITKOVETSKY

Menuhin, Yehudi: Unvollendete Reise. Lebenserinnerungen. München 1979.

Mukose, Boris: In: CD-Booklet zu: Julian Sitkovetsky Collection. Melodia. Moskau 2020.

The Violin Channel: Russian Violin Virtuoso Julian Sitkovetsky Born On This Day in 1925. 7. November 2017 (Internet).

WUNDERLICH

Decker, Marianne: Mein Bruder und ich. Manuskript. In: Fritz Wunderlich-Sammlung des Heimatmuseums Kusel.

Ferdinand, Horst: Wunderlich, Fritz. In: Baden-Württembergische Biographien. Band 2. Stuttgart 1999.

Fischer, Jens Malte: Fritz Wunderlich – Lebendigkeit einer Legende. In: CD-Booklet zu: Fritz Wunderlich – Biographie. Deutsche Grammophon.

Pfister, Werner: Fritz Wunderlich. Biographie. Zürich 1990.

Puttkammer, Joachim: Das Phänomen Fritz Wunderlich. Kückenshagen 2005.

Schäfer, Walter Erich: Bühne eines Lebens. Erinnerungen. München 1979.

Schwaiger, Egloff: Warum der Applaus. Berühmte Interpreten über ihre Musik. München 1968.

Staehler, Thomas et al.: Fritz Wunderlich. Leben und Legende. Loopfilm 2006.

Wunderlich, Barbara: Musik in der Wiege. In: CD-Booklet zu: Fritz Wunderlich. Schlager aus den 50ern. SWR-music.

Die aus fremdsprachigen Quellen zitierten Texte wurden von Herbert Haffner ins Deutsche übersetzt.

PERSONENREGISTER